汽车涂装技术

（书证融通版）

主　编　葛胜升

副主编　刘　宁　韩小伟　王志辉　韩二锋

参　编　郭文举　高连江　王鹏利　张俊红

　　　　金逸超　郭　顺　王　阔　柯国琴

　　　　张晨辉　王学成　贾　亮　胡　成

　　　　高　乐　夏　凯　龙凤凉　王杰身

机械工业出版社

本书是国家级职业教育专业教学资源库配套教材，是国家在线精品课程配套教材，是汽车运用与维修（含智能新能源汽车）1+X书证融通教材，同时也是"互联网+"创新教材。本书采用"以行动为导向、基于工作流程开发"进行设计，以项目化形式编写，每一个项目为一个独立技能单元。本书对每一个技能单元中的各种任务的操作过程都做了详细描述，具有较强的实践性。本书共有7个项目，主要内容包括工作安全与作业准备、喷涂设备的使用与维护、修补工艺、喷涂流程、全车喷涂、颜色调配、漆面缺陷处理。

　　本书可作为职业院校汽车类专业的教学用书，也可作为汽车专业领域1+X职业技能等级证书考试用书，还可作为企业技术培训资料和汽车爱好者的科普读物。

　　为便于教学，本书配套有课程标准、电子课件、实操微课、动画等资源。凡选用本书作为授课教材的教师均可登录www.cmpedu.com，以教师身份注册后免费下载，或电话向编辑索取，编辑电话：010-88379201。

图书在版编目（CIP）数据

汽车涂装技术：书证融通版 / 葛胜升主编. —北京：
机械工业出版社，2022.6（2024.1重印）
ISBN 978-7-111-70863-6

Ⅰ.①汽⋯　Ⅱ.①葛⋯　Ⅲ.①汽车－涂漆－职业教育－教材
Ⅳ.①U472.44

中国版本图书馆CIP数据核字（2022）第090326号

机械工业出版社（北京市百万庄大街22号　邮政编码100037）
策划编辑：师　哲　　　　　　　责任编辑：师　哲
责任校对：张亚楠　贾立萍　　　封面设计：张　静
责任印制：李　昂
北京捷迅佳彩印刷有限公司印刷
2024年1月第1版第3次印刷
210mm×285mm·12印张·319千字
标准书号：ISBN 978-7-111-70863-6
定价：54.80元

电话服务　　　　　　　　　　网络服务
客服电话：010-88361066　　机　工　官　网：www.cmpbook.com
　　　　　010-88379833　　机　工　官　博：weibo.com/cmp1952
　　　　　010-68326294　　金　书　网：www.golden-book.com
封底无防伪标均为盗版　机工教育服务网：www.cmpedu.com

国民生活水平日益提高，我国汽车产销量连续十年蝉联全球第一，随着国内汽车保有量的急剧增长，事故车的维修数量也明显增加。而在事故车维修作业中，汽车涂装作业约占 40%。目前我国汽车涂装从业人员普遍存在缺乏专业知识、操作不规范、安全环保意识较弱等问题，因此急需合格的汽车涂装技术技能型人才。2019 年 4 月，教育部、国家发展改革委员会等联合印发《关于在院校实施"学历证书 + 若干职业技能等级证书"制度试点方案》，其中 1+X 证书制度"汽车专业领域"职业技能等级中涵盖了"汽车车身漆面养护与涂装喷漆技术"模块标准。

为贯彻 1+X 证书制度相关精神，及时反映汽车涂装领域产业升级的新技术、新工艺、新规范，我们基于汽车涂装工作过程建设模块化课程，优化教学内容，编撰了这本面向职业院校的汽车涂装技术新形态一体化教材。从内容体例上，本书分为工作安全与作业准备、喷涂设备的使用与维护、修补工艺、喷涂流程、全车喷涂、颜色调配、漆面缺陷处理七个项目。本书在博采众长的基础上，力求达成以下目标。

1. 以新形态"互联网 + 课程"为载体，引领"线上 + 线下"混合式教学模式

本书为国家级职业教育汽车制造与装配技术（专业目录更名为汽车制造与试验技术）专业教学资源库配套教材，配套有 150 个微课、40 个动画、20 个技能训练操作视频以及全套文本资源包（课程标准、电子教案、PPT、学习指南、试题等），读者除了可以通过扫描二维码观看学习外，还可以登录国家级职业教育专业教学资源库子项目"汽车涂装技术"课程平台学习，从而随时随地身处汽车涂装维修第一线，通过"线上 + 线下"混合式教学模式，实现移动化、碎片化和终身化学习的目标。

2. 以行动为导向，体现职业教育特色

本书结构采用"以行动为导向、基于工作流程开发"进行设计，重构了汽车涂装技术课程体系。每个项目按照具体的工作内容分为若干个学习"任务"，强化工学结合、理实一体，实施案例教学、情景教学等行动导向教学。以学生为中心，教师是组织者、引导者。针对职业教育教学需求，将实训内容通过技能实训环节直接设计在实训任务当中，有条件的院校可用实训工具和设备开展实操训练。

3. 以能力为本位，对接职业技能等级考核标准

编者参考职业技能等级证书制度"汽车专业领域"职业技能等级"汽车车身漆面养护与涂装喷漆技术"模块标准，有针对性地调整了各项目任务，其中项目一～项目六为中级等级标准，项目七为拓展的高级等级标准，学生可根据自己的需要选择学习。将 1+X 评分表直接设计在任务当中，落实"课证融通"，使本书的内容能够充分反映当前汽车涂装技术的发展水平，增加大量的岗位所需基础知识点（如涂装行业法律法规、防毒面具的使用等）和新技术发展方向的知识点（如水性漆色漆喷涂、计算机调配颜色等）。

4. 落实立德树人为根本任务，全面推进"三全育人"

编者深入挖掘课程思政元素，落实课程思政要求，把劳动精神、工匠精神、劳模精神等育人要求贯穿整个教学过程，做好课程思政的系统设计（如全程贯穿 6S 文化育人和劳动教育，弘扬劳动精神，加强"完整的人"的培养；强化节能环保意识，有效减少油漆浪费，有机融入绿色发展理念；引入劳模精神、世界技能大赛冠军等案例，激发爱国情怀；喷涂品质控制，融入精益求精的工匠精神），以期实现润物无声的育人效果，实现思想政治教育与技术技能培养融合统一，全面推进"三全育人"。

芜湖职业技术学院葛胜升担任本书的主编，负责总体策划、大纲编写、架构搭建、体例设计与主要内容选定，以及统稿工作。参与本书编写的老师还有山东交通职业学院刘宁和高连江，陕西国防工业职业技术学院王鹏利和张俊红，浙江农业商贸职业学院韩二锋和金逸超，安徽机电职业技术学院郭顺，长春汽车工业高等专科学校王阔，湖南工业职业技术学院王志辉、夏凯和龙凤凉，芜湖职业技术学院韩小伟、郭文举、柯国琴、张晨辉和王学成，阜阳技师学院贾亮，芜湖技师学院胡成，北京市工业技师学院高乐，广西交通职业技术学院王杰身。

本书内容全面，通俗易懂，所选择的工作任务与企业岗位需求紧密联系在一起，既能满足高职院校汽车专业理实一体化教学需要，也可以作为企业培训用书。

由于编者水平和经验有限，书中难免存在不妥和错误之处，敬请广大读者批评指正。

编者

二维码索引

（续）

名　称	图形	页码	名　称	图形	页码
原子灰打磨工艺（完整）		80	调配清漆		105
中涂底漆的特性		84	喷涂清漆		106
调配中涂底漆		88	双工序喷涂工艺（完整）		107
中涂底漆的喷涂工艺		91	正向遮蔽法		116
打磨中涂底漆涂层		94	反向遮蔽法		118
粘尘除油		95	侧窗玻璃的遮蔽		120
寻找汽车油漆类型		98	特殊区域的遮蔽方法		121
学会查阅底色漆技术说明		99	不同板件的走枪顺序		123
学会查阅清漆技术说明		100	色彩的性质		130
色漆的调配		104	颜色感知三要素		130
喷枪的调节		104	色母挂图		133
色漆的喷涂		104	查找汽车车身涂层颜色配方		140

（续）

名　称	图形	页码	名　称	图形	页码
使用黏土训练调色技巧		147	抛光机		170
调漆前的准备		149	抛光剂		172
按照配方调配颜色（含试喷、烘烤）		149	去除尘点		177
汽车常见的漆面缺陷及其预防		161	抛光		178

目 录   CONTENTS

项目一　工作安全与作业准备

【学习目标】

1. 知识目标
1）了解相关法律法规要求。
2）熟悉涂装作业常见职业病致病因素。
3）熟悉喷涂环境设施的安全条件知识。
4）熟悉个体防护用品的选用知识。

2. 能力目标
1）能根据职业安全与健康标准，确定工作环境是否安全和对个人健康有无危害。
2）能正确使用和维护各类个体防护用品。
3）会检查喷涂环境和设施，以确保其符合国家的法律法规。

3. 素质目标
1）培养人身安全防护和安全意识。
2）培养遵守汽车喷涂操作规范和团队协作意识。
3）培养"人民至上、生命至上"意识。
4）培养自觉遵循 6S 管理理念（整理、整顿、安全、素养、清洁、清扫）。

【任务案例】

2017 年 7 月，华东某制桶公司在涂装生产过程中发生爆燃事故，导致 5 人死亡、3 人重伤。事故原因分析：工人杨某在喷漆房刷涂作业时，由于使用的油漆和稀释剂挥发而在喷漆房内形成爆炸性混合物，而杨某在喷涂作业时，使用了不符合燃爆环境使用要求的照明设备，且在移动时产生了火花，结果引燃了喷漆房内爆炸性混合物。而且事故发生前，生产区域的火灾自动报警探测器被拆除，自动喷水灭火系统管网阀门被关闭，导致初期火灾未得到有效控制进而酿成了不可挽回的悲剧。

【相关知识】

一、涂装作业职业健康知识

1. 职业健康相关法律法规
职业病是指企业、事业单位和个体经济组织等用人单位的劳动者在职业活动中，因接触粉尘、放射性物质或其他有毒、有害物质而引起的疾病。为了预防、控制和消除职业病危害，保护劳动者健康及其相关权益，促进经济社会发展，国家根据宪法制定了《中华人民共和国职业病防治法》。

职业病危害的防护主要有两个方面，一是职业健康防护设施的防护，二是个体防护用品的防护。职业健康防护设施是指应用工程技术手段控制工作场所产生的有毒、有害物质。防止发生职业病危害的一切技术措施包括：防尘，防毒，防噪声、振动，防暑降温、防寒、防潮，防非电离辐射（高频、微波、视频），防电离辐射，防生物危害。个体防护用品是指人们在生产中为了防御各种职业病侵害而在劳动过程中穿戴和配备的各种用品的总称，在某种意义上，它是劳动者防止职业病危害的最后一道防线。

2. 涂装作业常见职业病致病因素

（1）有机溶剂 有机溶剂是一类在生活和生产中广泛应用的有机化合物，其相对分子质量不大，常存在于涂料、黏合剂、漆和清洁剂中，其危害主要有：

1）神经毒性。有机溶剂对神经系统的损害大致有三种类型：第一种为中毒性神经衰弱和自主神经功能紊乱，病人可有头晕、头痛、失眠、多梦、嗜睡、无力、记忆力减退、食欲不振、消瘦，以及多汗、情绪不稳定、心跳加速或减慢，血压波动，皮肤温度下降或双侧肢体温度不对称等表现；第二种为中毒性末梢神经炎，可有肢端麻木、感觉减退、刺痛、四肢无力、肌肉萎缩等表现；第三种为中毒性脑病，比较少见，见于二硫化碳、苯、汽油等有机溶剂的严重急、慢性中毒。

2）血液毒性。以芳香烃，特别是苯最常见。苯达到一定剂量即可抑制骨髓造血功能，往往先出现白细胞减少，以后出现血小板减少，最后出现红细胞减少，造成全血细胞减少。个别接触苯的敏感者，可发生白血病。

3）肝肾毒性。多见于氯代烃类有机溶剂中毒，中毒性肝炎的病理改变主要是脂肪肝和肝细胞坏死。临床上可有肝区痛、食欲不振、无力、消瘦、肝脾肿大、肝功能异常等表现。有机溶剂引起的肾损害多为肾小管型，产生蛋白尿，肾功能呈进行性减退。

4）皮肤黏膜刺激。多数有机溶剂均有程度不等的皮肤黏膜刺激作用，但以酮类和酯类为主，可引起呼吸道炎症、支气管哮喘、接触性和过敏性皮炎、湿疹、结膜炎等。

（2）粉尘 粉尘是指悬浮在空气中的固体微粒。国际标准化组织将粒径小于 $75\mu m$ 的固体悬浮物定义为粉尘。在大气中，粉尘的存在是保持地球温度的主要原因之一，大气中粉尘过多或过少都会对环境产生灾难性的影响。

在生活和工作中，生产性粉尘是人类健康的天敌，是诱发多种疾病的主要原因。因粉尘颗粒细小，所以它能直接通过呼吸进入人体肺泡，对人身体健康产生危害，长期接触可引起呼吸道炎症、肺部纤维化改变，甚至发生尘肺。

（3）噪声 噪声从生理学观点来看，凡是干扰人们休息、学习和工作以及对人们所要听的声音产生干扰的声音，即不需要的声音，统称为噪声。当噪声对人及周围环境造成不良影响时，就形成噪声污染。

噪声的危害是多方面的，听力、神经和心血管是噪声最易损害的三大系统。损伤的严重程度取决于频率及声压级。声强大于 85dB 时，人将明显受到危害；声强大于 140dB 时，人耳将完全不能忍受。噪声对神经系统的影响表现为长期接触噪声可导致工人出现耳鸣、头痛、头晕、失眠、多梦、乏力和记忆力减退等神经衰弱综合征。长期接触噪声，还可引起机体心脏自主神经功能发生紊乱。高强度噪声还可影响人体免疫功能，干扰工人的情绪，并对女性月经、生育机能产生负面效应。

二、涂装作业个体防护用品

1. 防护眼镜

防护眼镜，又称护目镜，是个体防护装备中重要的组成部分。防护眼镜的种类很多，不同的场合需佩戴不同类型的防护眼镜，常见的有防尘眼镜、防冲击眼镜、防化学眼镜和防光辐射眼镜等。涂装作业时，防护眼镜可以防止稀释剂、固化剂、涂料的飞溅以及灰尘对眼睛造成的伤害。常见的防护眼镜如图1-1所示。

2. 防尘口罩

打磨旧漆层及打磨原子灰时会产生粉尘，作业人员必须戴防尘口罩，用于保护肺部免受打磨时产生的固体微粒的危害，常见的防尘口罩如图1-2所示。

图1-1　防护眼镜

图1-2　防尘口罩

3. 空气净化呼吸器

涂装作业用的空气净化呼吸器主要有三种。

1）过滤式防毒面具（常称为防毒面具）。适合于短时间接触有害气体的操作时佩戴，如图1-3所示。

2）半面式供气面罩。适合于长时间接触有害气体的操作时佩戴，这种类型的防护面罩，配备活性炭过滤器、空气加热器和加湿器，提供舒适安全的呼吸气体，呼吸空气的质量与环境空气无关，两侧送风，气流均匀。活性炭过滤器需要绑在腰上，不影响喷涂操作。半面式供气面罩如图1-4所示。

图1-3　过滤式防毒面具

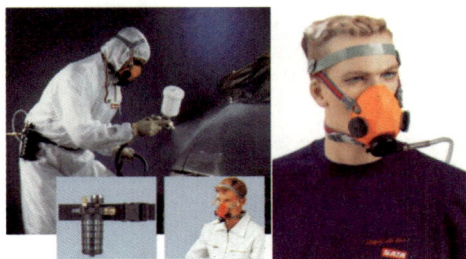

3）全面式供气面罩。与半面式供气面罩类似，只不过它能够将整个面部全部遮盖起来，实现对头部的完全保护。全面式供气面罩如图1-5所示。

图1-4　半面式供气面罩

图1-5　全面式供气面罩

4. 防护服

防护服通常分为两种。

（1）普通棉质工作服　主要在打磨等机械性作业时穿戴，用于防止受到边缘锋利的材料的伤害和脏污，如图1-6a所示。

（2）**防静电喷漆服**　主要在从事调漆、喷漆及抛光作业时穿戴，用于防止涂料、稀释剂及抛光剂飞溅等造成的危害。防静电喷漆服最好是带帽连体式，一般用透气、耐溶剂、防静电、不起毛材料制作，袖口为收紧式。防静电喷漆服是由专用的防静电洁净面料制作，具有高效、永久的防静电、防尘性能，如图1-6b所示。

a) 普通棉质工作服　　b) 防静电喷漆服

图1-6　防护服

5. 防噪耳塞

防噪耳塞一般是由硅胶或是低压泡沫材质、高弹性聚酯材料制成的，插入耳道后与外耳道紧密接触，达到隔声的目的，用于打磨、喷涂、使用气枪等噪声环境下操作的防护。常用的防噪耳塞如图1-7所示。

图1-7　防噪耳塞

6. 防护手套

防护手套主要有两种。

（1）**棉纱手套**　主要用在打磨或处理汽车零件时避免手部伤害，常见的棉手套如图1-8a所示。

（2）**胶手套**　主要用在可能接触到涂料、稀释剂等时，防止有害物质通过皮肤渗入人体。图1-8b所示为乳胶手套，图1-8c所示为一次性防溶剂手套。

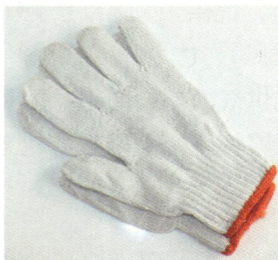

a) 棉纱手套　　　　　　b) 乳胶手套　　　　　　c) 一次性防溶剂手套

图1-8　防护手套

7. 安全鞋

安全鞋通常具有耐溶剂、绝缘等特性，鞋头和后跟均有内置钢板，如图1-9所示。在从事打磨、调漆、喷漆、抛光等作业时均要穿安全鞋。

图1-9　安全鞋

三、喷涂环境安全防护设施

喷涂作业场合的职业健康防护设施主要有打磨室除尘器，喷烤漆房通风设施，调漆室、油漆仓库排风机，灭火器等。

1. 打磨室除尘器

涂装工艺中，打磨旧漆层及打磨原子灰会产生其他粉尘，因此打磨室应设置除尘器。除尘器通过管道气路将含尘气体输送到除尘装置中，在其中进行气固分离后，将粉尘收集于该除尘装置内，而清洁的气体被引入总管或直接排入大气。从通风除尘的角度看，粉尘就是能够较长时间呈浮游状态存在于空气中的一切固体小颗粒，是一种分散体系，叫作气溶胶，其中空气为分散介质，固体颗粒为分散相。除尘器就是把这种固体小颗粒从气溶胶中分离出来的设备。侧吸罩除尘器如图1-10所示。

图1-10　侧吸罩除尘器

2. 喷烤漆房通风设施

喷烤漆房通风设施为喷烤漆房提供新鲜清洁的空气，使室内呈微负压状态以防止漆雾逸出室外，降低喷烤漆房空气中有毒有害物质浓度，空气流动能使温度迅速均匀扩散。喷烤漆房通风系统如图1-11所示。

3. 排风机

调漆室、油漆仓库应不断更换新鲜空气，避免油漆、稀释剂等挥发性有毒有害物质的聚集，以降低有毒有害物质的浓度。排风机运用空气对流通风原理以超强的吸力，将室内空气迅速抽走排出室外，使室内形成负压，进而从大门或窗户吸入新鲜空气。常用的排风机如图1-12所示。

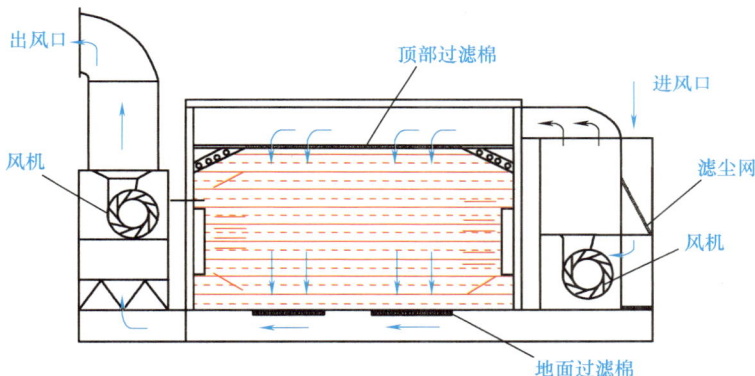

图1-11　喷烤漆房通风系统

图1-12　排风机

4. 灭火器

汽车涂装所用的涂料及稀释所用的溶剂绝大部分都是易燃和有毒物质。在涂装过程中能够形成漆雾、有机溶剂蒸气和粉尘，它们与空气混合积聚到一定的含量范围时，一旦接触明火就会引起火灾或爆炸事故。因此，汽车涂装场所必须配备灭火器。

（1）灭火器的分类　按其移动方式可分为手提式灭火器和推车式灭火器；按驱动灭火剂的动力来源可分为储气瓶式灭火器、储压式灭火器和化学反应式灭火器；按所充装的灭火剂可分为泡沫灭火器、二氧化碳灭火器、干粉灭火器、卤代烷灭火器（1211灭火器），还有酸碱灭火器、清水灭火器等。常用的手提式干粉灭火器如图1-13所示。

1）泡沫灭火器。适用于扑救液体和可熔化固体物质燃烧的火灾，如石油制品、油脂等物质燃烧的火灾，也适用于扑救固体有机物质燃烧的火灾，如木材、棉织品等物质燃烧的火灾；但不能扑救带电设备、可燃气体、轻金属以及水溶性可燃、易燃液体燃烧的火灾。

图1-13　手提式干粉灭火器

使用时，手提筒体上部的提环，迅速跑到火灾现场。应注意在奔跑过程中不得使灭火器过分倾斜，更不可颠倒，以免两种药剂混合而提前喷出。

2）二氧化碳灭火器。二氧化碳灭火器利用其内部所充装的高压液态二氧化碳本身的蒸气压力作为动力喷出灭火。二氧化碳灭火剂具有灭火不留痕迹、有一定的绝缘性能等特点，因此适用于扑救600V以下的带电电器、贵重设备、图书资料、仪器仪表等的初期火灾，以及一般的液体火灾；不适用于扑救轻金属火灾。灭火时只要将灭火器的喷筒对准火源，打开启闭阀，液态的二氧化碳就会立即汽化，并在高压作用下迅速喷出。应该注意二氧化碳是窒息性气体，对人体有害。

3）干粉灭火器。干粉灭火器是以高压二氧化碳作为动力，由喷射筒内的干粉进行灭火，为储气瓶式。它适用于扑救石油及其产品、可燃气体、易燃液体、电气设备的初期火灾，广泛应用于工厂、船舶、油库等场所。

（2）灭火原理　所有的火灾都可以通过抑制三个基本因素，即热、燃料和氧气来实现灭火。大多数灭火的原理是降低燃烧物的温度和隔离空气。要有效地使用灭火器，必须将灭火器对准火焰的底部进行喷射灭火。

【实训任务】

技能实训一　防毒面具的使用与维护

一、实训工具、设备及耗材

防毒面具、密封盒（或密封袋）、酒精棉球（或酒精棉片）等，实训工具、设备及耗材如图1-14所示。

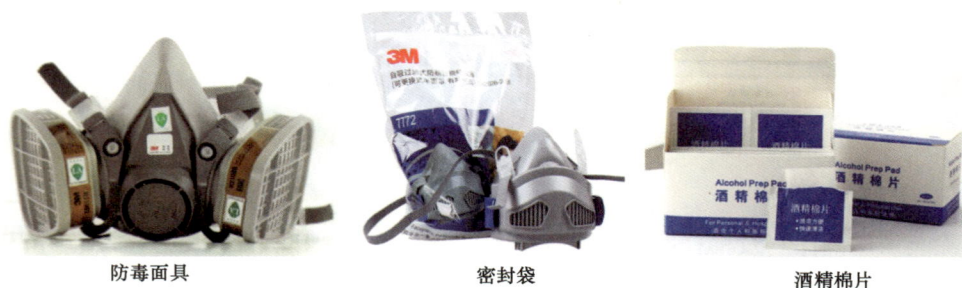

防毒面具　　　　密封袋　　　　酒精棉片
图1-14　实训工具、设备及耗材

二、作业准备

操作前，必须牢记劳动安全注意事项：
1）必须按照规范操作，时刻注意人身安全，慎防意外情况发生。
2）工作完毕应做好现场6S管理。

三、实训过程

1. 防毒面具使用前检查
1）使用前需检查面具是否有裂痕、破口，确保面具与脸部贴合严密。

2）检查呼气阀片有无变形、破裂及裂缝。

3）检查头带是否有弹性。

4）检查滤毒盒座密封圈是否完好。

2. 防毒面具正确佩戴

1）用双手将下面的头带拉向颈后，然后扣住，如图 1-15a、b 所示。

2）将面具盖住口鼻，然后将头带拉至头顶，如图 1-15c、d 所示。

3）上下调整面具，以不阻挡视野并保持良好密闭性为合适的位置，如图 1-15e 所示。

4）先调整前头带，然后调整后头带，不要拉得过紧，如图 1-15f 所示。

扫一扫

防毒面具的
佩戴

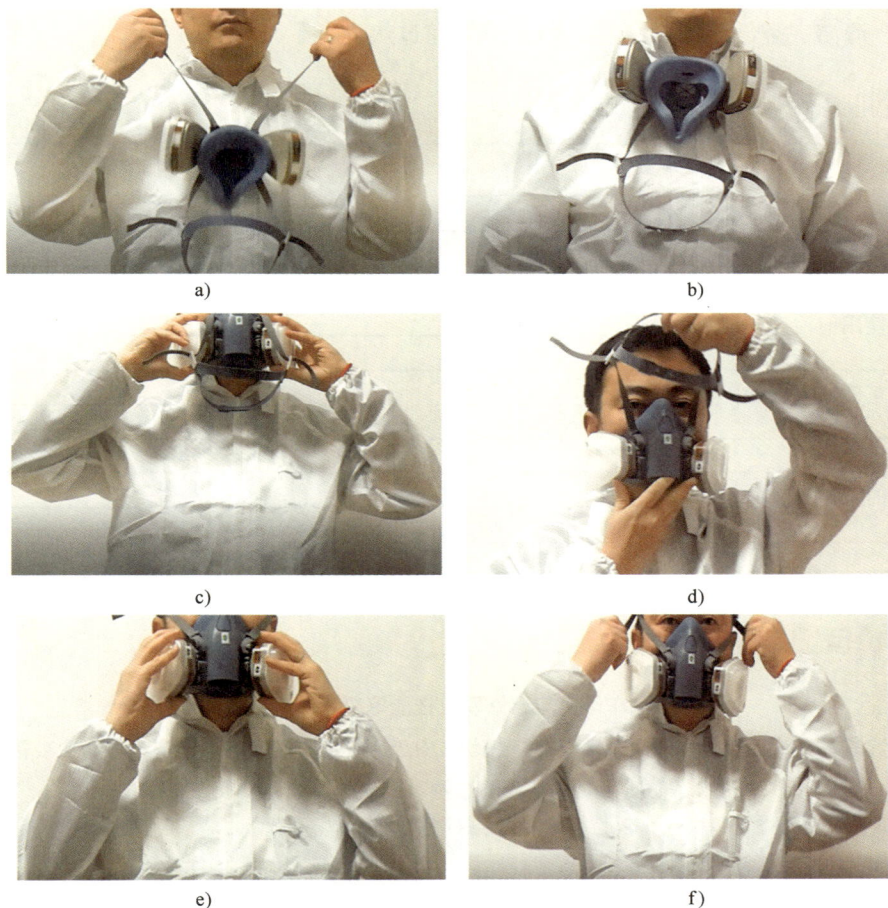

图 1-15　防毒面具正确佩戴

扫一扫

防毒面具的
密封性测试

3. 防毒面具气密性测试

（1）负压测试　双手掌抵住两边过滤棉的中心部分，限制空气流入过滤棉的呼吸管道。轻轻吸气，如果面具有轻微塌陷，并向脸部靠拢，而没有感觉气体从面部和面具间漏进，则表示佩戴密封性良好。如果有气体漏进，则需重新调整面具位置或者调整系带的松紧度，以制止漏气，重做以上负压测试，直至密封性良好。

（2）正压测试　将手掌盖住呼气阀并向外慢慢呼气，如面具向外轻轻鼓起，而没有感觉气体从面部及面具之间泄漏，则表示佩戴密封性良好。如感觉气体有泄漏，需重新调整面具位置或调整系带松紧度，以制止漏气，重新做以上正压测试，直至密封性良好。

注意： 佩戴的面具未能达到良好的密封性要求时，请勿进入污染区域，坚持生命至上，牢守安全底线。

4．过滤盒装配

1）更换过滤棉，将塑料盖拉起，将过滤棉放入塑料盖中，使印有文字的一面朝向过滤盒，将塑料盖靠近过滤棉并卡紧，如装配正确，过滤棉将完全遮盖住过滤盒表面。

2）将过滤盒标记部分对准面具本体的标记部分，然后扣上，以顺时针方向扭转过滤盒，至锁紧位置约 1/4 圈。

5．防毒面具的维护

（1）清洁　在每次使用后，应卸下过滤盒或过滤棉，之后用医用酒精棉球或 0.5% 高锰酸钾溶液擦拭清洁面罩。

（2）存放　清洁的防毒面具必须在污染区以外，使用密封盒或密封袋密封保存，且密封后仍应置于干燥、清洁、空气流通的场所，防止潮湿和过热。

四、实训小结

1. 涂装个体防护用品有哪些：_____

_____

2. 防毒面具使用场合：_____

_____

3. 防毒面具使用前检查项目：_____

_____

4. 防毒面具正确佩戴步骤：_____

_____

5. 防毒面具的维护：_____

_____

五、评价反馈

汽车运用与维修职业技能等级考试标准

"汽车车身漆面养护与涂装喷漆技术"模块（中级）—工作任务"工作安全与作业准备"

"防毒面具的使用与维护"子任务考核评价表

评分项	配分	评分标准	自评	互评	教师评价
1. 防毒面具使用前检查	30	□ 1.1 检查面具是否有裂痕、破口（5分） □ 1.2 检查呼气阀片有无变形、破裂及裂缝（5分） □ 1.3 检查头带是否有弹性（5分） □ 1.4 检查滤毒盒座密封圈是否完好 / 检查滤毒盒过滤棉有无破损（5分） □ 1.5 检查滤毒盒座密封圈是否完好 / 检查滤毒盒密封袋是否破损（5分） □ 1.6 检查滤毒盒是否在使用期内（5分）			
2. 防毒面具的气密性测试	20	□ 2.1 将手掌盖住呼气阀缓缓呼气，如面部感到有一定压力，但没有空气从面部和面具之间泄漏，表示密封性良好（10分） □ 2.2 若面部与面具之间有泄漏，需重新调节头带与面具排除漏气现象（10分）			

（续）

评分项	配分	评分标准	自评	互评	教师评价
3. 正确调试、佩戴防毒面具	20	□ 3.1 用双手将下面的头带拉向颈后，然后扣住（5分） □ 3.2 将面具盖住口鼻，然后将头带拉至头顶（5分） □ 3.3 上下调整面具，以不阻挡视野并保持良好密闭性为合适的位置（5分） □ 3.4 先调整前面头带，然后调整后头带，不要拉得过紧（5分）			
4. 防毒面具的维护	30	□ 4.1 使用后能及时使用酒精或 0.5% 高锰酸钾溶液擦拭干净（10分） □ 4.2 置阴凉处晾干（5分） □ 4.3 储存于干燥、清洁、空气流通的场所，防止潮湿和过热（5分） □ 4.4 滤毒罐要拧上罐盖、塞紧底塞 / 滤毒盒要及时用密封袋密封（10分）			
合计					
总评分（各项合计平均分）					

技能实训二　灭火器的使用与维护

一、实训工具、设备及耗材

灭火器。

二、作业准备

操作前，必须牢记劳动安全注意事项：

1）必须按照规范操作，时刻注意人身安全，慎防意外情况发生。

2）工作完毕应做好现场 6S 管理。

三、实训过程

1. 灭火器的使用前检查

1）灭火器铭牌应完整清晰，保险销和铅封应完好。

2）灭火器不应泄漏。

3）灭火器的压力表的指针应指在绿色区域（红色区域为压力过低，黄色区域为压力过大），如图 1-16 所示。

4）灭火器应在有效期内。

2. 灭火器的正确使用

1）把灭火器手柄上的保险销拔出来，这是一个固定销，防止平时意外压下手柄。

2）喷嘴对准火焰的底部，距离火焰约 3m。

3）用力压下灭火器的手柄，喷射出灭火剂。如果松开手柄，灭火器就停止喷射。移动喷嘴，前后吹扫火焰的底部。火焰扑灭后，要仔细观察，防止火焰复燃。

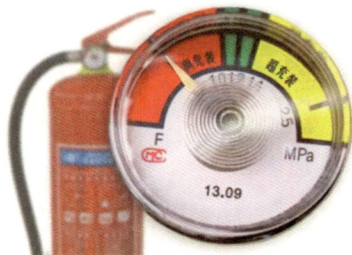

图 1-16　灭火器压力表

3. 灭火器的维护

1）灭火器以一个季度为间隔进行检查。环境恶劣时，应对灭火器进行更频繁的检查。

2）灭火器应置于设定位置，无障碍物，摆放稳定，没有挪作他用，责任人维护责任落实。

3）灭火器的使用说明应朝外，灭火器箱不得上锁，灭火器应避免日光暴晒和强辐射热。

4）灭火器筒体不应有锈蚀、变形现象，喷嘴和喷射软管不应有变形、开裂、损伤，灭火器压把等金属不应有严重损伤、锈蚀，灭火器的橡胶、塑料件不应变形、变色、老化或者断裂。

四、实训小结

1. 汽车涂装车间安全防护设施有哪些：_____

2. 灭火器使用前检查项目：_____
_____

3. 灭火器正确使用步骤：_____
_____
_____
_____

4. 灭火器的维护：_____
_____
_____

五、评价反馈

汽车运用与维修职业技能等级考试标准

"汽车车身漆面养护与涂装喷漆技术"模块（中级）—工作任务"工作安全与作业准备"

"灭火器的使用与维护"子任务考核评价表

评分项	配分	评分标准	自评	互评	教师评价
1. 灭火器使用前检查	40	☐ 1.1 检查灭火器铭牌是否完整清晰（5分） ☐ 1.2 检查灭火器有无泄漏（5分） ☐ 1.3 检查灭火器保险销和密封是否完好（10分） ☐ 1.4 检查灭火器的压力指示器的指针是否指在绿色区域（10分） ☐ 1.5 检查灭火器是否在有效期内（10分）			
2. 正确使用灭火器	30	☐ 2.1 把灭火器手柄上的保险销拔出来，这是一个固定销，防止平时意外压下手柄（10分） ☐ 2.2 喷嘴对准火焰的底部，距离火焰约3m（10分） ☐ 2.3 用力压下灭火器的手柄，喷射出灭火剂。如果松开手柄，灭火器就停止喷射。移动喷嘴，前后吹扫火焰的底部。火焰扑灭后，要仔细观察，防止火焰复燃（10分）			

（续）

评分项	配分	评分标准	自评	互评	教师评价
3. 正确维护灭火器	30	☐ 3.1 灭火器应置于设定位置，无障碍物，摆放稳定，没有挪作他用，责任人维护责任落实（10分） ☐ 3.2 灭火器的使用说明应朝外，灭火器箱不得上锁，灭火器应避免日光暴晒和强辐射热（10分） ☐ 3.3 灭火器筒体不应有锈蚀、变形现象，喷嘴和喷射软管不应有变形、开裂、损伤，灭火器压把等金属不应有严重损伤、锈蚀，灭火器的橡胶、塑料件不应变形、变色、老化或者断裂（10分）			
合计					
总评分（各项合计平均分）					

【任务拓展】

活动策划：坚持生命至上　牢守安全底线
——习近平新时代中国特色社会主义思想：生命至上、安全生产

一、活动背景

运用所学职业健康知识、职业健康相关法律法规、安全作业防护知识等，开展全面安全隐患排查，深学笃用习近平总书记关于安全生产和防灾减灾救灾的重要论述，认真落实全国安全生产电视电话会议精神，坚持人民至上、生命至上。

党的十八大以来，习近平总书记心系人民群众，坚持生命至上、安全第一的价值取向，在不同场合就防灾、减灾、救灾工作发表重要讲话或做出重要指示。2019年1月9日，国务院召开全国安全生产电视电话会议，中共中央政治局常委、国务院总理李克强做出重要批示。批示指出：安全生产工作是保障经济持续健康发展、人民安居乐业的大事，要坚持以习近平新时代中国特色社会主义思想为指导，坚持生命至上，树牢安全发展理念。

二、活动主题

坚持生命至上　牢守安全底线

本次活动以全面排查并消除安全隐患为切入点，将安全健康知识、个体安全防护和环境安全隐患排查相结合，将活动提升到一种新的境界，切实提高防灾减灾救灾能力。

【思考与练习】

1. 简述汽车涂装作业时可能对人体造成的伤害。
2. 简述喷涂环境安全防护设施。
3. 分别举例说明个体防护用品的使用场合。
4. 查阅相关资料，简述防毒面具的维护方法。
5. 简述灭火器的使用步骤及注意事项。
6. 保护眼睛的常用防护用品有哪些？

项目二 喷涂设备的使用与维护

【学习目标】

1. 知识目标

1）了解烤房的作用和结构。

2）了解红外线烤灯的结构与工作原理。

3）熟悉喷枪的类型、构造和工作原理。

4）熟悉电子秤、黏度计、漆膜仪、计算机调色系统等调色设备及工具的使用方法。

5）熟悉无尘干磨系统的结构与工作原理。

2. 能力目标

1）能进行喷烤漆房的使用和维护。

2）能进行红外线烤灯的操作与调整。

3）能进行喷枪的操作、调整与拆装。

4）能进行各类调色设备及工具的使用和维护。

5）能进行无尘干磨系统的使用与维护。

3. 素质目标

1）培养精益求精的工匠精神。

2）培养"高效节能"意识。

3）培养防护用品穿戴规范等劳动保护意识和安全意识。

4）培养遵守汽车喷涂操作规范和团队协作意识。

5）培养自觉遵循 6S 管理理念（整理、整顿、安全、素养、清洁、清扫）。

【任务案例】

某 4S 店采购了一台喷烤漆房，使用时间不到一年，喷烤漆房就出现了风量较小的问题，严重影响了汽车喷漆的质量。经厂家维修排查，发现过滤棉堵塞严重，风量较小的原因是 4S 店未按照喷烤漆房的维护要求及时更换过滤棉导致，更换过滤棉后，风量恢复正常。因此，掌握喷烤漆房等喷涂设备的使用和维护对于进行高质量、高效率的汽车修复涂装是非常必要的。

【相关知识】

一、喷烤漆房

1. 喷烤漆房的作用及分类

（1）喷烤漆房的作用　汽车漆面的外观质量不仅取决于油漆本身及其施工工艺，还受喷烤漆房等设备条件的影响，如应在 18~25℃ 的环境温度下喷漆，应在无尘的环境下喷漆等。在汽车修补涂装作业中，如果空气中的灰尘或者漆雾黏附到刚刚喷涂完成但尚未完全干燥的漆膜上，这些尘点、漆点就会严重影响喷漆的质量。漆雾如无法排除，也会严重影响操作人员的身体健康。同时漆雾若直接排出，会造成大气污染。因此，我们在涂装作业中，必须要安装喷烤漆房。

喷烤漆房的作用是提供干净、安全、照明良好、温度可控的喷漆、烤漆环境，使喷烤漆过程不受灰尘、漆雾的干扰，提高喷烤漆质量和效率，减少喷涂操作人员可能吸入的漆雾和溶剂雾气，并能限制排放和安全排放掉车身喷涂时产生的挥发性气体。喷烤漆房不仅关系到喷漆质量，还关系到保护喷涂操作人员的身体健康及环境保护，同时也是安全的需要，以避免溶剂蒸气和空气中的易爆混合物的积聚。

（2）喷烤漆房的分类　一般按照加热形式、作业区长度等进行分类。

① 按照加热形式分类。可分为燃油加热型喷烤漆房、燃气加热型喷烤漆房和电加热型喷烤漆房三类。

a. 燃油加热型喷烤漆房是以燃烧油料（煤油、柴油等）产生的热量间接加热空气介质，并在其中进行喷漆、烘烤作业的装置。

b. 燃气加热型喷烤漆房是以燃烧气态燃料（天然气、煤气、液化气等）产生的热量间接加热空气介质，并在其中进行喷漆、烘烤作业的装置。

c. 电加热型喷烤漆房是以电能转化的热量直接加热空气介质，并在其中进行喷漆、烘烤作业的装置。

② 按照作业区长度分类。可分为小型喷烤漆房、中型喷烤漆房、大型喷烤漆房、特大型喷烤漆房，其对应关系见表 2-1。

表 2-1　喷烤漆房按照作业区长度分类

规格	小型喷烤漆房	中型喷烤漆房	大型喷烤漆房	特大型喷烤漆房
作业区长度 L/m	$L \leqslant 8$	$8 < L \leqslant 12$	$12 < L \leqslant 16$	$L > 16$

2. 喷烤漆房的组成及工作原理

（1）喷烤漆房的组成　喷烤漆房的组成主要包括房体（墙板多为彩钢板或岩棉板，底部为钢格栅）、空气过滤系统（顶棉和底棉）、送排风系统（离心风机）、照明系统、加热系统、控制系统等。电加热型喷烤漆房的组成如图 2-1 所示。

（2）喷烤漆房的工作原理　喷烤漆房通常是集喷漆与烤漆为一体的喷烤两用房，其工作原理主要分为喷漆和烤漆两个过程。

喷漆时，外部空气经过初级过滤网过滤后，由风机送到房顶，再经过顶部过滤网二次过滤净化后进入房内。房内空气采用全降式，以 0.2~0.3m/s 的速度向下流动，使喷漆后的漆雾颗粒不能在空气中停留，而直接通过底部出风口被排出烤漆房外，底棉将喷漆房中产生的漆雾和其他污染过滤掉，使排入大气的气体无污染。这样不断地循环转换，使喷漆时房内空气洁净度达到较高标准，且送入的空气具有一定的压力，可在车的四周形成一恒定的气流以去除过量的油漆，从而大限度地保证喷漆的质量。

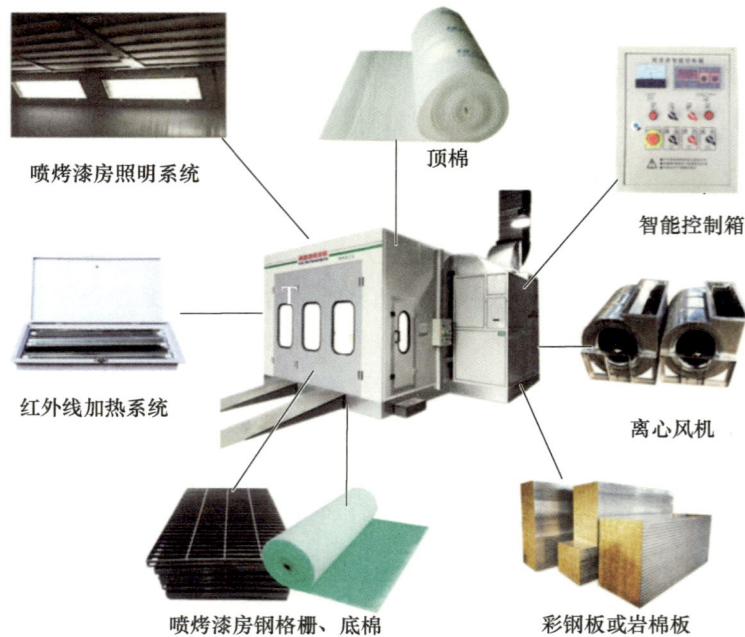

图 2-1　电加热型喷烤漆房的组成

烤漆时，风门调至烤漆位置，热风循环，烤房内的温度迅速升高到预定干燥温度。风机将外部新鲜空气进行初过滤后，与热能转换器发生热交换后送至烤漆房顶部，再经过二次过滤净化，热风经过风门的内循环作用，除吸收少量新鲜空气外，绝大部分热空气又被继续加热利用，使烤漆房内温度逐步升高。当温度达到设定的温度时，燃烧器自动停止。当温度下降到低于设定温度时，燃烧器自动开启，使房内温度保持恒定。最后，当烤漆时间达到设定的时间时，烤漆房自动关机，烤漆结束。

3. 喷烤漆房的维护要求

1）每半年对控制柜内的接线端子进行检查旋紧，并进行柜内除尘清洁，开关信号线的检查紧固。进行这项工作时，确保在无电状态下进行。

2）每三个月对电源电压进行检查，确保电压在要求范围内，零线接触良好。

3）每三个月对电机进行温升检查，应在要求范围内。

4）每三个月对气体回路进检查，确保无漏气现象。

5）底棉（漆雾过滤棉）的更换：根据系统的使用状况，一般每两个月对系统的底棉进行检查更换，如果使用频繁，应缩短更换周期，否则会影响漆雾处理效果。

6）活性炭过滤棉一般每半年进行一次更换。

7）各个减速箱及风机轴承座每个月检查一次以确保各个运动部件润滑良好。

8）顶棉、进风口过滤网每半年根据具体使用状况进行检查更换。

二、红外线干燥设备

1. 红外线辐射式干燥原理

热辐射的热能是以电磁波的形式传递的，无须中间媒介即可由热源直接辐射在被加热的物体上，利用辐射热使物体受热干燥，即辐射干燥。

红外线是太阳光线中众多不可见光线中的一种，太阳光谱中，除了有红、橙、黄、绿、青、蓝、紫七色可见光，红光的外侧还存在看不见的光线，这就是红外线，又称为红外热辐射，热作用强。红外线的频率低于可见光线，波长范围在 0.76~1000um 之间。

红外线也是电磁波，当红外线辐射到达物体时，一部分被物体表面反射，一部分被物体吸收，其余部分透过物体。被吸收的红外线辐射能力就转化为热能，使物体温度升高，被吸收的能量越多，物体的温度升高得越多。红外线波长不同，其穿透漆膜的能力也不同，波长越短，穿透能力越强，不同波长的红外线穿透性对比如图 2-2 所示。

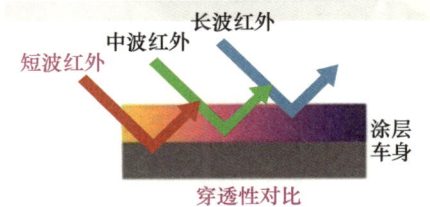
图 2-2　不同波长的红外线穿透性对比

红外线辐射式干燥原理是利用红外线热辐射，使物体吸收能量产生热量，物体中的水分或溶剂由内向外挥发，热能损耗小，干燥内外一致、透彻、高效，有利于提高涂层质量。

2. 短波红外线烤灯的结构与工作原理

（1）短波红外线烤灯的结构　短波红外线烤灯的结构主要有短波红外线光源、高温电源线、智能数字电控板、液压杆、电源线挂钩、电源线、自锁双轴承万向轮、舒适性把手等，其结构如图 2-3 所示。

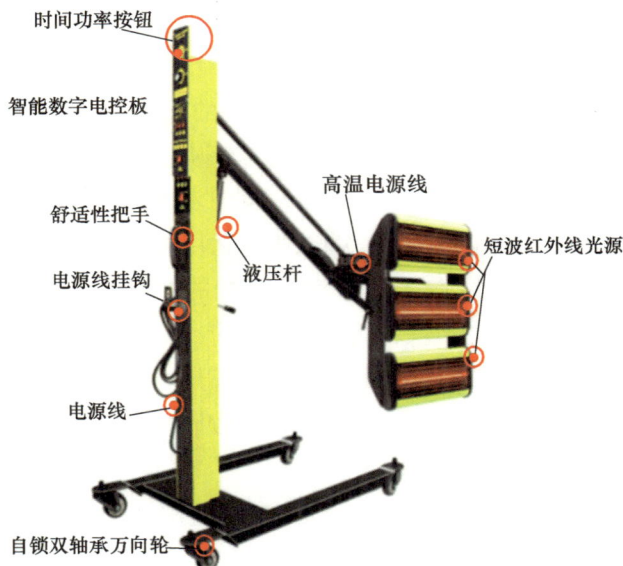
图 2-3　短波红外线烤灯结构示意图

（2）短波红外线烤灯的工作原理　短波红外线不同于中、长波的红外线，其波长具有很强的渗透力，直入漆层，使漆层基本的温度迅速升高产生自发热效应，漆层中的水分（或溶剂）则迅速由内向外挥发，加速漆层的固化，因此，漆层表面光泽度与丰满度高，镜面更加清晰，漆层附着力强，不易产生"橘皮、流挂"等缺陷，节约成本，提高效率。通常，汽车烤漆专用短波红外线烤灯，一般原子灰约 5min，面漆约 15min 即可干透，避免了在干燥过程中灰尘飘落在漆面上。

3. 长波红外线烤灯的结构与工作原理

（1）长波红外线烤灯的结构　长波红外线烤灯的结构与短波红外线烤灯的结构基本一致，主要是红外线光源不同。

（2）**长波红外线烤灯的工作原理**　长波红外线烤灯利用红外线辐射热使物体受热干燥，相比于短波红外线烤灯，其穿透力较差，一般用于表面烘干。

三、喷枪

1. 喷枪的类型及特点

喷枪的类型和规格较多，各家设备制造公司的分类和命名方法有所不同，但是其基本功能和原理是一致的，常用的分类方法有按照涂料的供给方式不同、按照涂料雾化技术不同和按照使用功能不同。

（1）**按照涂料的供给方式分类**　喷枪可分为重力式（上壶）喷枪、虹吸式（下壶）喷枪和压送式喷枪三种，如图 2-4 所示。

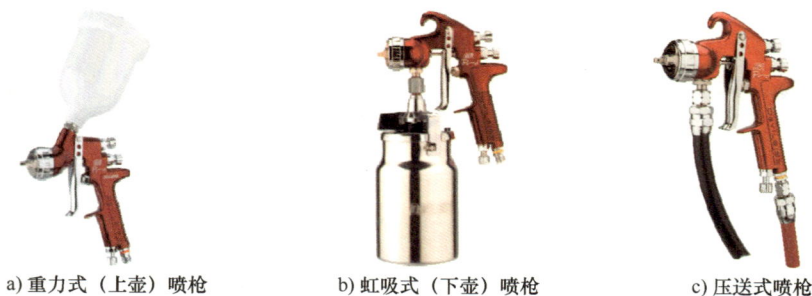

| a) 重力式（上壶）喷枪 | b) 虹吸式（下壶）喷枪 | c) 压送式喷枪 |

图 2-4　按照涂料供给方式分类的喷枪类型

1）重力式喷枪。又称为上壶喷枪，涂料罐位于喷枪的上方，它是利用重力使涂料流入喷枪。这种喷枪操作自由度大，施工容易，但是由于涂料罐在喷嘴上方，影响喷枪的稳定性。需要注意的是，重力式喷枪的涂料罐顶端的通风口必须打开，同时考虑到涂料罐中涂料过重会影响喷枪稳定性，故涂料罐的容量一般为 500~600mL，重力式喷枪适用于小规模作业，如局部修补等。

2）虹吸式喷枪。又称为下壶喷枪，涂料罐位于喷枪的下方，这种喷枪的压缩空气流在空气帽处产生一个低气压，提供虹吸作用，又称为文丘里效应。涂料罐中的涂料在负压的作用下向上进入虹吸管和喷枪，在空气帽处得到雾化，并从喷嘴处喷出。这种喷枪喷涂稳定性较好，便于向涂料罐中添加涂料或变换颜色。但是其喷涂水平表面比较困难，涂料罐容量较重力式大，一般在 1000mL 左右，因而操作人员易疲劳。

3）压送式喷枪。喷枪上没有涂料罐，涂料是在分开的涂料罐、储液罐或泵中得到加压的，在压力的作用下，涂料经过软管、喷嘴，在空气帽处得到雾化。这种喷枪的涂料罐溶剂大，喷涂大面积表面时不需要添加涂料，其缺点是变换颜色和喷枪清洗需要较多时间，适合于大面积作业，一般汽车制造厂中的喷涂车间使用这种喷涂系统。

（2）**按照涂料雾化技术分类**　喷枪可分为高气压喷枪、高流量低气压喷枪和低流量中气压喷枪三种，这三种喷枪的主要区别是在于内部结构上的不同，会产生不同的雾化效果，从外观上看没有多大区别。

1）高气压喷枪。又称为传统空气喷枪，在空气帽处使用低流量、高压力的压缩空气雾化涂料而进行喷涂，此种喷枪雾化气压较高，耗气量大，油漆利用率大约在 30%，上漆率低，大量的喷涂溶剂随着飞雾散布到周围环境中，造成了油漆的浪费，不仅增加了经济成本，而且 VOC、苯以及甲醛等大量有害物质排放非常大，严重污染环境，影响喷涂操作人员的身体健康。

2）高流量低气压喷枪。又称为 HVLP 喷枪，HVLP 是 High Volume Low Pressure 的缩写，中文意思是高流量低压力的空气喷涂，是一种环保省漆喷涂标准，全球很多国家均采用此项标准，HVLP 技术定义喷涂设备的传递效率（即油漆利用率）必须高于 65%，喷嘴处空气出口压力等于或小于 10PSI（约 0.68kg/cm^2）。

3）低流量中气压喷枪。又称为 LVMP 喷枪，在空气帽处使用低流量、中压力的压缩空气来雾化涂料。与普通的空气喷枪和 HVLP 喷枪相比，此种喷枪的各项性能介于高气压喷枪和 HVLP 喷枪之间。

（3）按照使用功能分类　喷枪分为面漆喷枪、底漆喷枪、小修补喷枪等。

1）面漆喷枪。面漆是中涂底漆之上的涂层的统称，包括素色漆、金属漆、珍珠漆、清漆等。以 SATA 上壶喷枪为例，面漆喷枪喷嘴口径为 1.2~1.4mm。

2）底漆喷枪。底漆是指中涂底漆，以 SATA 上壶喷枪为例，底漆喷枪喷嘴口径为 1.4~2.0mm，喷嘴口径为 1.4mm 的底漆喷枪一般用于自流平免磨底漆，喷嘴口径为 1.6 mm 及以上的底漆喷枪用于常规底漆喷涂。

3）小修补喷枪。专用于点修补、快修的迷你喷枪。以 SATA 上壶喷枪为例，小修补喷枪喷嘴口径为 0.8~1.2mm。

空气喷枪喷射出的椭圆形喷幅有 3 个区，最里面是中心湿润区，中间是雾化区，外层是过度雾化区。面漆主要是起到装饰作用，着色非常重要，要求面漆的颜色喷涂均匀，流平性要好，所以面漆喷枪喷幅中的雾化区比中心湿润区要宽大。底漆主要是填充待涂物件表面的砂痕或砂眼，以免面漆漆膜产生一些瑕疵，要求底漆喷枪的喷幅中心湿润区比雾化区要宽大，尤其是过度雾化区不宜过大。面漆与底漆喷幅比较如图 2-5 所示。

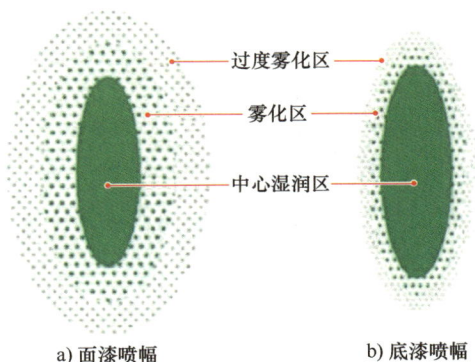

过度雾化区
雾化区
中心湿润区

a) 面漆喷幅　　　　　b) 底漆喷幅

图 2-5　面漆与底漆喷幅比较

2. 喷枪的构造及其主要部件的作用

（1）喷枪的构造　喷枪是一种经过精密设计和制造的专业工具，典型的喷枪由枪体和喷枪嘴组成。枪体由压缩空气接口、空气压力调节阀、空气开关阀、涂料流量调节阀、扇面（喷幅）调节阀、扳机、手柄、枪壶（涂料罐）等组成，喷枪嘴由空气帽、喷嘴、涂料针阀等组成，典型喷枪的构造与剖视图如图 2-6 所示，喷枪嘴分解图如图 2-7 所示。

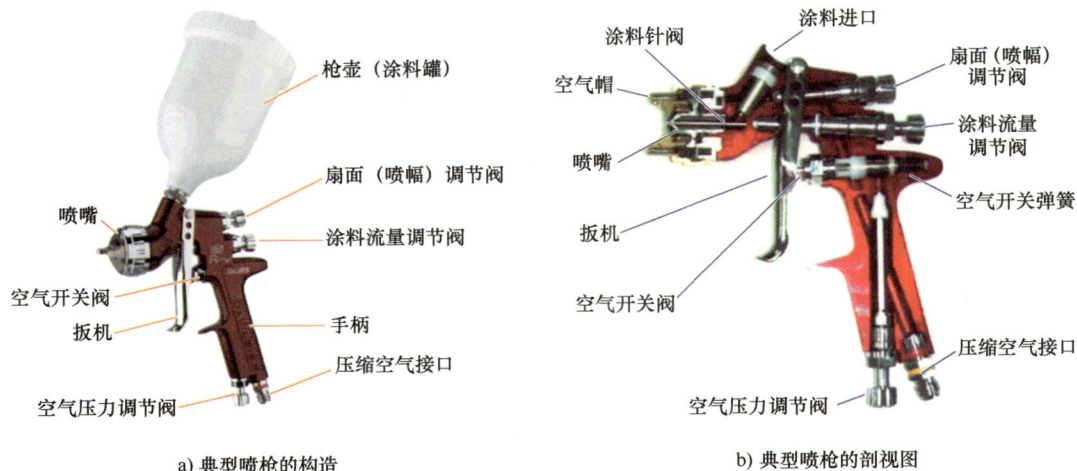

枪壶（涂料罐）
扇面（喷幅）调节阀
涂料流量调节阀
喷嘴
空气开关阀
扳机
手柄
压缩空气接口
空气压力调节阀

涂料进口
涂料针阀
空气帽
喷嘴
扇面（喷幅）调节阀
涂料流量调节阀
空气开关弹簧
扳机
空气开关阀
压缩空气接口
空气压力调节阀

a) 典型喷枪的构造　　　　　　　　b) 典型喷枪的剖视图

图 2-6　典型喷枪的构造与剖视图

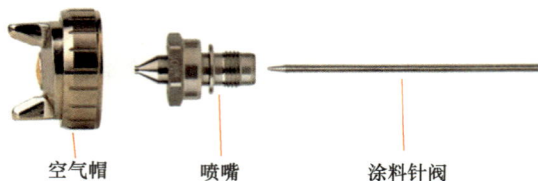

空气帽　　喷嘴　　涂料针阀

图 2-7　喷枪嘴分解图

（2）喷枪主要部件的作用

1）扳机。喷枪的扳机为两段式，第一段：扣下喷枪扳机时，空气阀先打开，从空气孔喷出的压缩空气在涂料喷嘴前面形成低压区；第二段：再用力扣下时，带动涂料针阀运动，涂料孔打开，高速气流吸引涂料。因此，喷枪的扳机开关在使用时，分为两档，第一档出气，可以吹去灰尘，第二档为出油漆。

2）空气帽。把压缩空气导入漆流，使漆液雾化，形成扇形，空气帽上有很多小孔，主要包括中心孔（1个）、辅助孔（4~10个）、角孔（2~4个），其作用各不相同，空气帽气孔的名称如图2-8所示。

中心孔又称为主雾化孔或主空气孔，作用是形成真空，吸出漆液，通常喷枪的口径就是指中心孔的直径；辅助孔又称为侧孔或者辅助雾化孔，其主要作用是促进漆液雾化，孔大或多，则雾化能力强；角孔，又称为扇幅控制孔，其主要作用是借助空气压力控制雾束形状。

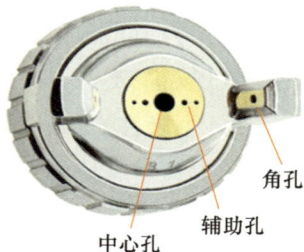

角孔

辅助孔

中心孔

图 2-8　空气帽气孔的名称

3）喷嘴。把漆流从喷枪中导向气流，和涂料针阀一起控制喷漆量。

4）涂料针阀。控制液体涂料的流量。喷涂时，通过扳机的运动来控制。连接针阀的尾部有一个螺母，用以调节针阀的伸缩幅度。

5）空气压力调节阀。用来调节进入喷枪压缩空气的压力大小，从而来调节良好的雾化效果和省漆功能。

6）涂料流量调节阀。可以改变扳机扣动时涂料针阀离开其阀座的距离，从而调节涂料的流量大小，又称为出漆量调节阀。

7）扇面（喷幅）调节阀。控制阀关上，雾束呈圆形，控制阀打开，雾束呈椭圆形。

3. 喷枪的工作原理

空气喷枪是指利用压缩空气的压力将进入到喷枪的液体涂料转化为液滴的喷涂工具，该过程称为雾化，雾化过程就是喷枪工作过程，雾化使涂料成为可喷涂的细小且均匀的液滴。当这些小液滴被以正确的方式喷到汽车表面后，就会结合形成一层厚度极薄而均匀、有光泽的薄膜。

（1）虹吸原理　涂料针阀和压缩空气阀分别控制着涂料和压缩空气的通道。扣下扳机时，打开空气阀，压缩空气进入喷枪内的空气通道，到达空气帽各气孔喷出，其中央气孔（呈环形）喷出的气流在涂料喷嘴出口处形成局部真空；再用力扣下扳机至全开时，涂料针阀后移打开喷嘴，由于涂料喷嘴出口处已形成真空，涂料罐中的涂料在真空吸力的作用下被推向已打开的涂料喷嘴，并喷出与压缩空气流接触。

（2）雾化原理　喷枪的雾化分为以下三个阶段进行：

第一阶段，涂料从喷嘴喷出后，被从环形口喷出的气流包围，气流产生的气旋使涂料分散。

第二阶段，涂料的液流与从辅助孔喷出的气流相遇时，气流控制液流的运动，进一步使其分散。

第三阶段，涂料受到从空气帽喇叭口喷出的气流作用，气流从相反的方向冲击涂料，使其成为扇形液雾。

四、调色设备及工具

1. 电子秤

电子秤，又称为配色天平或调漆秤，如图 2-9 所示，用于精确地称量涂料的质量，是一种可辅助计算适当混合配比用的专用称量设备，常用电子秤的量程可达 7500g，其精确度为 0.1g，汽车调色时利用电子秤称量颜色配方中各色母的质量。电子秤主要由秤器、秤盘和电源适配器等组成。其摆放地点应是无通风、无热源、无潮湿、无振动的环境。

2. 调漆架

调漆架，又称为涂料搅拌机，是用来存放和搅拌色母的调色设备。调漆架有 32、38、59 和 108 等多种规格，由电动机、存放架和搅拌爪等组成，常见的调漆架如图 2-10 所示。

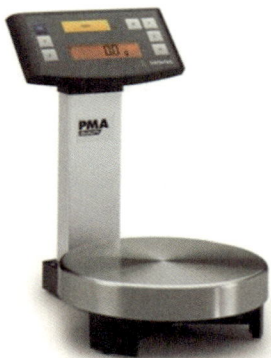

图 2-9　电子秤

图 2-10　调漆架

3. 比色灯箱

比色灯箱又称为目视比色箱、对色灯箱、标准光源对色灯箱，英文名：Color Controller Light Box 或 Color Assessment Cabinet，是在光线不好的情况下模拟自然光环境，用来检测货品颜色偏差的照明用调色设备。精确的比色，需要将试板与标准板在不同的标准光源下对比，所以调漆间需要配备标准比色灯箱，如图 2-11 所示。

比色灯箱内通常安装有 D65、TL84、CWF、UV、U30、F、A、TL83、HOR、U35 其中的几种光源，开启电源后，按下比色灯箱面板上的光源按键，相对应的比色光源即点亮，即可在灯箱内比较样板的颜色偏差。可单独按下一个按键也可同时按下多个按键，开启多种光源进行观察，其中 D65 光源为国际标准人工日光。

4. 烘箱

烘箱，又称为电热干燥箱，是一种强制烘干试验样板的烘干设备，如图 2-12 所示，一般是利用发热管通电后发热，经过风机利用空气流动将热量带到工作室内部，在工作室内与被烘烤物品进行热量交换，以达到烘烤或干燥的目的。

5. 黏度计

黏度计主要用于各种漆料的黏度测试，以使黏度达到便于喷涂的施工黏度。按照国家标准《涂料黏度测定法》（GB/T 1723—1993）中的有关规定，一般常用台式涂 4 黏度计进行测定，涂 4 黏度计如图 2-13 所示，流速杯一般用纯黄铜材质制作，标准容量 100mL，升降可调，使用时需要一个精度较高的秒表。工作原理是在一定温度下，流速杯中盛满被测液体后，用从孔内流出所需要的时间来测量液体的黏度，单位为秒。

图 2-11　比色灯箱　　　　　　图 2-12　烘箱　　　　　　图 2-13　涂 4 黏度计

6. 测色仪

最新的测色仪智能化程度极高，基于传感器、内置彩色照相机及强大的颜色数据库，可以读取汽车表面颜色，分析颗粒大小及其纹理细节，提供可靠的颜色解决方案，自带配方搜索、修色配方、可自建配方加入数据库等功能。测色仪的使用，大大缩短测色和调色的时间，对于测色人员的依赖程度低，物料消耗有效减少，大大提高了工作效率。

7. 其他调色工具

调色时，为了喷涂试板，还需要调漆杯（或调漆罐）、调漆尺、试色板、标准色卡等。

（1）调漆杯（或调漆罐）　在调漆过程中，用来盛装涂料的容器称为调漆杯，一般为塑料或铁制，调漆杯有 0.2L、0.3L、0.5L、1L、2L 等不同容量，根据杯子材质及硬度的不同可分为硬质调漆杯、软质调漆杯和铁制调漆罐，如图 2-14 所示。

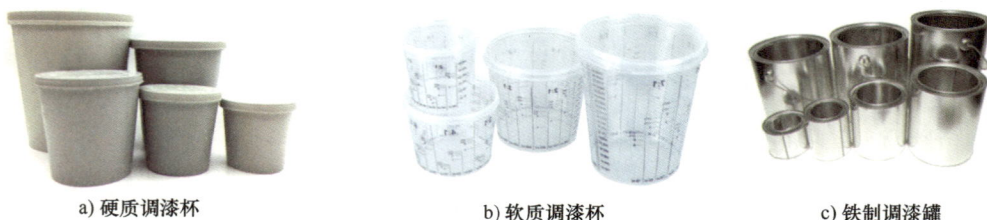

a) 硬质调漆杯　　　　　　　　b) 软质调漆杯　　　　　　　　c) 铁制调漆罐

图 2-14　调漆杯（罐）

（2）调漆尺　调漆中经常使用油漆专用调漆尺来代替搅拌棒，调漆尺如图 2-15 所示，一般为铝合金材质，耐磨耐腐蚀，表面光洁，刻度精准，调漆尺有正面和反面两个比例刻度，常见的正面刻度 2∶1，反面刻度 1∶1，也有正面刻度 4∶1，反面刻度 2∶1 等其他情况。

（3）试色板　为了进行颜色对比，需要喷涂试板，以进行适当的微调。有少数汽车维修企业使用扑克牌作为试板，因为是纸质材料，与实际车身板件相差较大，而且面积太小，易产生调色误差。

标准的喷涂试色板材料多为铝材质或钢材质，弹性较好，表面已喷涂了底漆，并且有黑色条纹（有的为黑白相间的方格），如图 2-16 所示。标准的试色板也有不同的形式和多种尺寸，常用的尺寸为约 10mm × 15cm。喷涂试色板时，最好使用带测试遮盖力黑线的试色板，在喷涂试色板时，喷涂有条纹的一面，要求喷涂面漆的厚度使条纹和底漆达到完全遮盖，即正面、侧面观察均看不出底漆的颜色及黑色条纹。

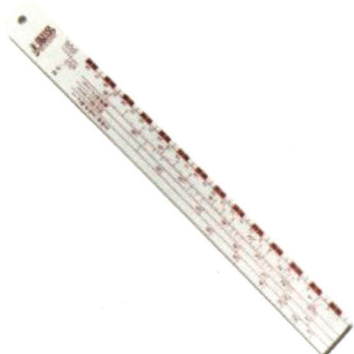

图 2-15　调漆尺

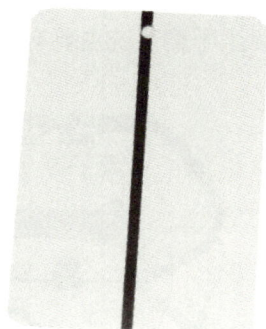

图 2-16　带有黑色条纹的试色板

（4）标准色卡　由各个不同颜色的色片组成，色片固定在色卡框中，所有颜色按颜色色群分类，可通过汽车制造商颜色代码、颜色资料参考书等资料找到与车色对应的色片，如图 2-17 所示，如果车身颜色和某张色片颜色不匹配，可以查看该色片相邻的其他色片的颜色是否与车身匹配。色片的正面是标准油漆小样和颜色代号，背面为对应的油漆配方。

图 2-17　标准色卡

五、打磨设备

1. 打磨机的种类

打磨是整个汽车修补流程中较为费时间的工序，打磨机可以大大缩短打磨的时间，降低操作人员的劳动强度，提高打磨质量。打磨机的种类很多，常见的分类方式主要有按驱动方式分类、按砂纸及运动方向分类等。

（1）根据驱动方式分类　可分为电动打磨机和气动打磨机两种，由于喷漆车间内有易燃物品，需要尽量减少电动工具的使用，所以汽车涂装作业时，主要采用压缩空气驱动的气动打磨机。

（2）根据砂纸及运动方向分类　可分为单作用打磨机、轨道式打磨机、双作用打磨机和往复直线式打磨机。

1）单作用打磨机。单作用打磨机的打磨盘垫绕一个固定的点转动，砂纸只作单一圆周运动，用于粗打磨作业，可用于清除铁锈、旧漆层等。由于打磨盘作单向圆周运动，盘面中心和边缘存在速度差，易造成打磨不均匀及产生圆形磨痕，因此在操作时不能把打磨盘垫平放在打磨面上，而是利用旋转边缘约 3cm 作为打磨时的打磨面，操作时要轻微倾斜，以保持最佳的打磨效果。

2）轨道式打磨机。轨道式打磨机的打磨盘垫和砂纸均呈矩形。运转时，轨道式打磨机在直线轨迹上产生移动并作圆周运动，由于打磨操作平压在打磨面上，各部件的运动均匀，不易产生划痕缺陷，主要适用于原子灰的打磨。

3）双作用打磨机。双作用打磨机的旋转轴式偏心轴，使得打磨盘垫在运转中作双重圆周运

打磨机
种类

动，旋转时产生振动，可避免单向旋转时产生的圆形磨痕。

　　4）往复直线式打磨机。往复直线式打磨机是一种长板式打磨机，只是简单的前后运动，砂纸安装在底板上靠来回直线运动研磨物面，一般适用于要求平整度的打磨工作。

2. 无尘干磨系统

　　常见的无尘干磨系统主要有移动式无尘干磨系统和中央集尘式干磨系统等，如图 2-18 所示。

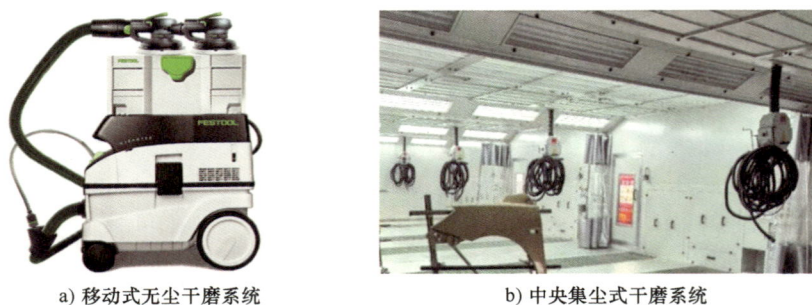

a) 移动式无尘干磨系统　　　　　　　　b) 中央集尘式干磨系统

图 2-18　无尘干磨系统

　　（1）移动式无尘干磨系统的结构及工作原理　　移动式无尘干磨系统使用方便，吸尘效果好，设备成本低，移动灵活，机动性强，可根据生产调度需要而在较大范围内调动，其主要由气动打磨机、吸尘设备、三合一套管、打磨垫、其他打磨材料等组成，如图 2-19 所示。

a) 气动打磨机　　b) 吸尘设备　　c) 三合一套管　　d) 打磨垫　　e) 软垫（保护垫）

图 2-19　移动式无尘干磨系统组成

　　1）气动打磨机。主要由无电刷电动机、调速机构、启动开关等组成，如图 2-20 所示，多为气动偏心振动双作用打磨机。

　　2）吸尘设备。依靠真空吸尘作用吸收打磨作业中产生的粉尘颗粒，改善工作环境，多为电驱动。

　　3）三合一套管。又称为压缩空气与吸尘管道，主要作用是为压缩空气的输入、输出和吸尘提供通道，其原理如图 2-21 所示。

启动开关　　无电刷电动机　　调速线路板　　偏心盘总成　　6寸48孔磨垫

图 2-20　打磨机内部结构

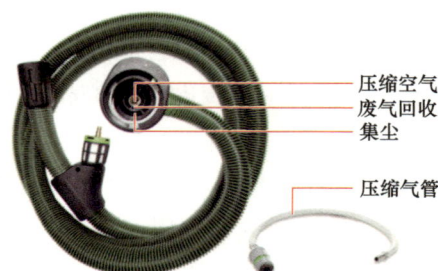

压缩空气　　废气回收　　集尘　　压缩气管

图 2-21　三合一套管内部结构

4）打磨垫。内置通道使大小颗粒粉尘顺利吸入管道，具有尼龙搭扣，使砂纸和打磨垫高度黏合，装卸砂纸快速、方便、牢固。

5）软垫。又称为保护垫，一般安装于打磨垫上，软垫上依靠尼龙搭扣再安装干磨砂纸，一般适用于打磨中涂底漆和面漆时的精细打磨，可有效防止漆面磨穿等现象。

（2）中央集尘干磨系统的结构与工作原理　中央集尘干磨系统主要由中央集尘主机、悬挂系统、集尘管路、供气（供电）管路、气动打磨机等组成，如图 2-22 所示，为固定工位设计，适用于工位多、工作频率高的车间，一般根据车间工位进行配置，仅可以在管路系统覆盖范围内工作。由于其强劲的中央集尘主机，集尘效果较移动式集尘系统更佳，集尘系统将打磨过程中产生的粉尘颗粒自动连续集中收集。

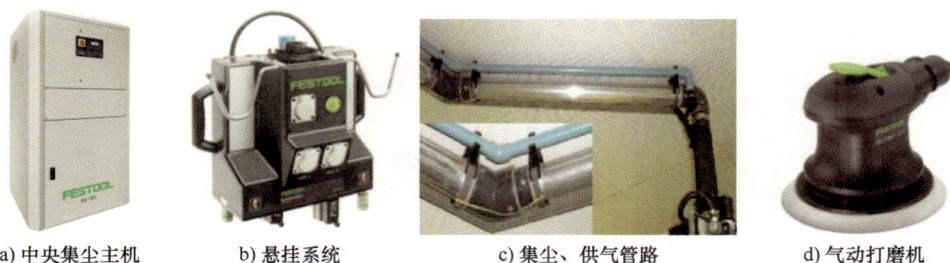

a）中央集尘主机　　　b）悬挂系统　　　　c）集尘、供气管路　　　d）气动打磨机

图 2-22　中央集尘干磨系统组成

中央集尘主机主要由涡轮真空机、电子控制箱、主滤芯和清洁系统、过滤袋、粉尘收集箱、总开关和工作状态指示灯组成，如图 2-23 所示。悬挂系统包括供气接口、供电接口、集尘接口、伺服系统、工具悬挂等；管路一般常见的有镀锌无缝钢管、铝合金管或复合材料管等三种。

图 2-23　中央集尘主机结构示意图

【实训任务】

技能实训一　喷烤漆房的使用与维护

一、实训工具、设备及耗材

喷烤漆房、过滤棉、劳保用品（喷漆服、防尘口罩、护目眼镜、安全鞋、棉纱手套等），实训工具、设备及耗材如图 2-24 所示。

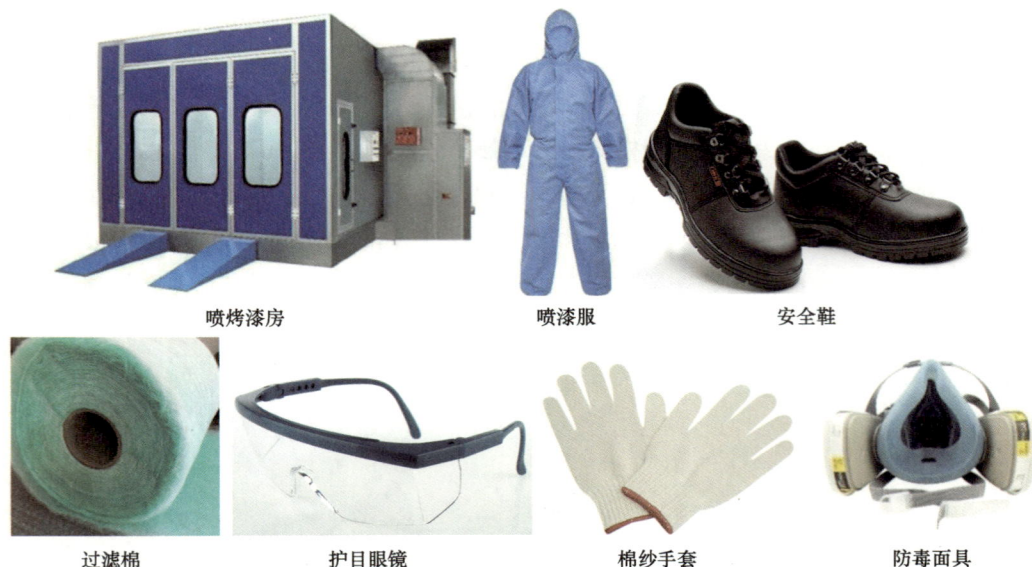

喷烤漆房	喷漆服	安全鞋
过滤棉	护目眼镜	棉纱手套 防毒面具

图 2-24　实训工具、设备及耗材

二、作业准备

1. 劳动安全

操作前，必须牢记劳动安全注意事项：

1）必须穿戴好喷漆服、防毒面具、护目眼镜、棉纱手套等劳动安全防护用品，才允许操作。

2）作业人员应接受培训并通过考核后，方可进行喷烤漆房的操作。

3）过滤棉更换后，要确保设备正常运行。

4）必须按照规范操作，时刻注意人身安全，慎防意外情况发生。

5）工作完毕应做好现场 6S 管理。

2. 过滤棉的选择

选择过滤棉要考虑的因素是过滤效果的要求，不同类型的过滤棉的适用性是不同的，常见的过滤棉有初效过滤棉、中效过滤棉、漆雾过滤棉等，常见的过滤棉种类如图 2-25 所示。

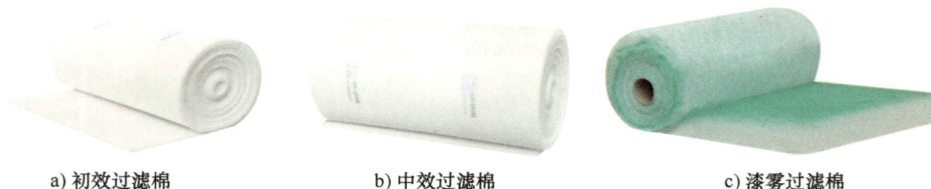

a) 初效过滤棉　　　　b) 中效过滤棉　　　　c) 漆雾过滤棉

图 2-25　常见过滤棉的种类

初效过滤棉一般使用聚酯纤维为主要原材料，过滤 $\geq 5\mu m$ 粗尘及异物，适用于新风过滤，应用于各种通风设备、除尘设备、送风系统中的初级过滤，包括喷烤漆房的送风系统的进风口过滤。

中效过滤棉采用逐级加密多层技术，出风面附玻璃纤维网或布加固，过滤 $\geq 1\mu m$ 粒子，适用于对空气净化有着严格要求的进气过滤，应用于喷烤漆房送风系统顶部的二级过滤，以及涂装车间送风系统精过滤等。

　　漆雾过滤棉是高强度的玻璃纤维递增结构，过滤漆雾、油雾、尘埃粒子等，迎风面为绿色，出风面为白色，适用于漆雾排放过滤或工业油雾类排放过滤，应用于喷烤漆房排风系统废气过滤及漆雾收集，涂装车间废气过滤及漆雾收集。

三、实训过程

1. 喷烤漆房的使用

喷烤漆房的操作面板如图 2-26 所示，分为喷漆和烤漆两个模式，分别介绍如下。

（1）喷漆模式

1）开启电源总开关，电源指示灯亮起。

2）打开照明灯开关，室内照明灯亮起。

3）汽车喷漆准备就绪，按下"启动"按钮，送风指示灯和引风指示灯亮起，喷烤漆房风机进入工作状态，形成正压，烤漆房内气流流通，烤漆房进入喷漆模式；可根据实际需要，选择是否拨动"加速风机"旋钮，加速气流流通。

4）喷漆完毕，按下"停止"按钮，风机停止工作，清除喷烤漆房内不需要的物品，关闭照明灯，不需要烤漆时，关闭电源总开关。

（2）烤漆模式

1）开启电源总开关，电源指示灯亮起。

2）拨动"烤漆选择"开关，按下"启动"按钮，烤漆指示灯亮起，喷烤漆房进入烤漆模式（可根据实际需要，选择是否打开照明灯开关）。

3）按下定时开关"SET"按键，并通过按下"上、下箭头"按键，调节烤漆所需要的温度，如图 2-27 所示，"红色数字"为当前烤房内温度显示，"绿色数字"为烤房内目标温度显示，正常烤漆温度为 60℃。

4）设置定时开关，拿下透明保护盖，旋转"时间钮"，调至所需时间。

5）数分钟后，喷烤漆房内烤灯自动关闭，烤漆指示灯灭。

6）根据实际需要，可以通过拨动"烤灯 1"旋钮、"烤灯 2"旋钮、"烤灯 3"旋钮分别关闭和打开对应喷烤漆房的烤灯。

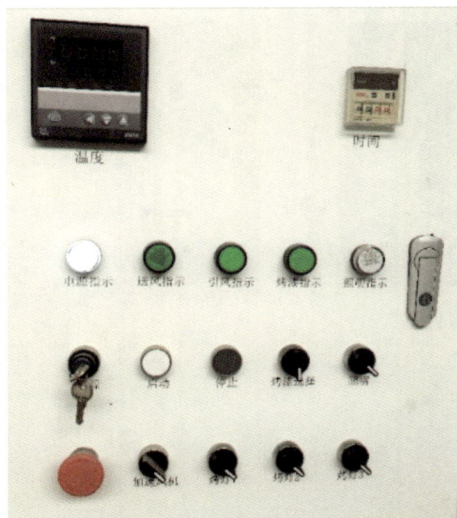

图 2-26　喷烤漆房操作面板

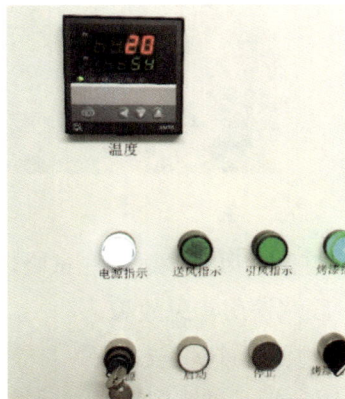

图 2-27　喷烤漆房温度调节

2. 喷烤漆房过滤棉的更换

1）确认喷烤漆房电源开关关闭。

2）打开进风口活动板，取出安装过滤棉的架子，如图 2-28 所示。

3）测量过滤棉架的尺寸，方便过滤棉的裁剪，如图 2-29 所示。

图 2-28　取出进风口的过滤棉架

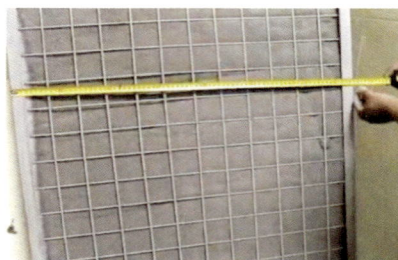

图 2-29　测量过滤棉架的尺寸

4）取出架子上原来使用的过滤棉，将架子放置在水平地面，根据过滤棉架子裁剪出合适尺寸的过滤棉（也可以按照测量的尺寸进行裁剪），如图 2-30 所示。

5）将过滤棉安装到架子里面，更换新的进风口过滤棉，如图 2-31 所示。

图 2-30　裁剪过滤棉

图 2-31　更换过滤棉

6）将安装好新过滤棉的架子安装到喷烤漆房出风口上，关上出风口缩紧扣，盖上柜板，如图 2-32 所示。

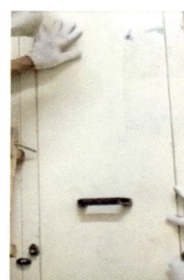

图 2-32　更换新的过滤棉的架子

7）打开抽风，调试并测试吸风量。

3. 喷烤漆房常见故障

（1）喷漆时风量较小

原因分析：过滤棉堵塞、活性炭较脏。

排除措施：清洁（更换）过滤棉、更换活性炭。

（2）风机不启动

原因分析：熔丝断路、电机故障、热继电器复位。

排除措施：更换熔丝、更换电机、按下复位按钮。

四、实训小结

1. 个体防护用品：＿＿＿＿＿＿＿＿＿＿＿＿＿＿＿＿＿＿＿＿＿＿＿＿＿＿＿＿＿＿＿＿＿＿＿＿＿   ＿＿＿   2. 实操步骤：＿＿＿＿＿＿＿＿＿＿＿＿＿＿＿＿＿＿＿＿＿＿＿＿＿＿＿＿＿＿＿＿＿＿＿＿＿＿   ＿＿＿   ＿＿＿   3. 喷烤漆房使用与维护的注意事项：＿＿＿＿＿＿＿＿＿＿＿＿＿＿＿＿＿＿＿＿＿＿＿＿＿＿＿   ＿＿＿

五、评价反馈

汽车运用与维修职业技能等级考试标准

"汽车车身漆面养护与涂装喷漆技术"模块（中级）—工作任务"喷涂设备的检测维修"

"喷烤漆房的使用与维护"子任务考核评价表

评分项	配分	评分标准	自评	互评	教师评价
1. 工位 6S 操作	10	□ 1.1 整理、整顿（2.5 分） □ 1.2 清理、清洁（2.5 分） □ 1.3 素养（2.5 分） □ 1.4 安全（2.5 分）			
2. 设备、工具、劳保用品的安全检查	10	□ 2.1 检查作业所需要的工具设备是否完备，有无损坏（2 分） □ 2.2 检查作业环境是否配备灭火器（2 分） □ 2.3 检查穿戴的劳保用品是否符合原子灰调配的实操要求（4 分） □ 2.4 检查过滤棉类型的选用是否符合要求（2 分）			
3. 正确使用喷烤漆房	30	□ 3.1 正确进行喷漆模式的操作（15 分） □ 3.2 正确进行烤漆模式的操作（15 分）			
4. 更换过滤棉	30	□ 4.1 更换前确定电源开关关闭（5 分） □ 4.2 取出安装过滤棉的架子（5 分） □ 4.3 裁剪合适尺寸的过滤棉（5 分） □ 4.4 将过滤棉安装到架子里（5 分） □ 4.5 将架子安装到喷烤漆房（5 分） □ 4.6 打开抽风，调试正常（5 分）			
5. 规范进行作业过程	10	□ 5.1 作业过程做到工具不落地（5 分） □ 5.2 作业过程做到耗材不落地（5 分）			
6. 工具清洁存放	10	□ 6.1 使用工具后对工具进行清洁（5 分） □ 6.2 作业完成后对工具进行复位（5 分）			
完成时间		定额时间 20min，每超过 5min，扣 5 分			
合计					
总评分（各项合计平均分）					

技能实训二　红外线干燥设备的使用与维护

一、实训工具、设备及耗材

短波红外线烤灯、长波红外线烤灯、劳保用品（工作服、防尘口罩、护目眼镜、安全鞋、棉纱手套等），实训工具、设备及耗材如图 2-33 所示。

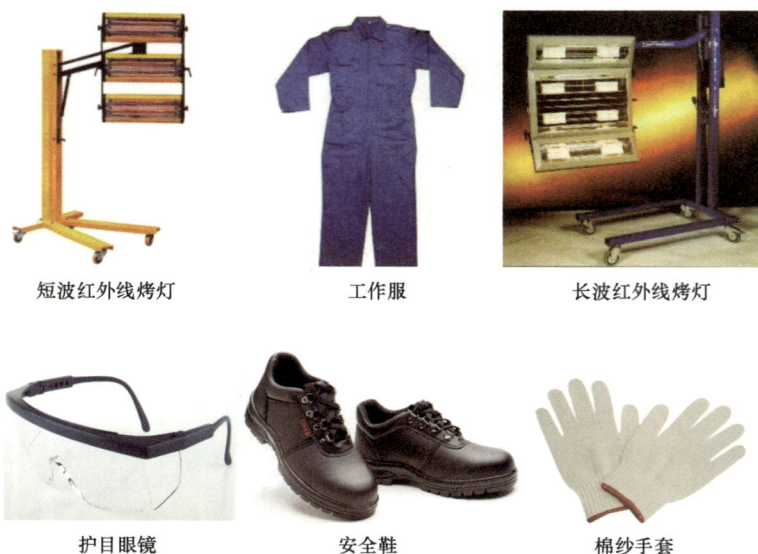

| 短波红外线烤灯 | 工作服 | 长波红外线烤灯 |

| 护目眼镜 | 安全鞋 | 棉纱手套 |

图 2-33　实训工具、设备及耗材

二、作业准备

操作前，必须牢记劳动安全注意事项：
1）必须穿戴好劳动安全防护用品，才允许操作。
2）作业人员应接受培训并通过考核后，方可进行红外线干燥设备的操作。
3）必须按照规范操作，时刻注意人身安全，慎防意外情况发生。
4）工作完毕应做好现场 6S 管理。

三、实训过程

1. 红外线烤灯的使用

（1）调整烤灯灯头位置　通过调节活动支臂的高低来适应不同高度的烘烤要求，烤灯灯头可以做任何角度的调整，以适应车身不同的形状要求，一般红外线烤灯至原子灰距离为 70~90cm，如图 2-34 所示。

（2）控制面板的操作　打开电源后，显示屏上会显示运行程序，不同类型的烤灯会有所区别，根据实际情况，选择合适的温度、时间以及烘烤模式等参数，如图 2-35 所示。

（3）烘烤　分为两个阶段，第一阶段为闪烁烘烤，第二阶段为烘干，烘烤结束后，烤灯自动关闭，并有蜂鸣提示。烘烤结束后，需要将烤灯支臂升起，轮子锁止，防止烤灯自己移动。

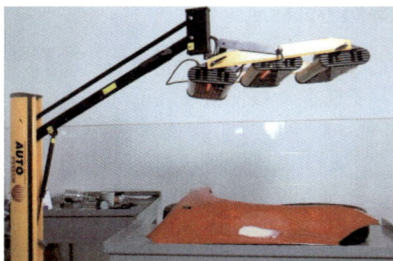

图 2-34　调整烤灯灯头位置

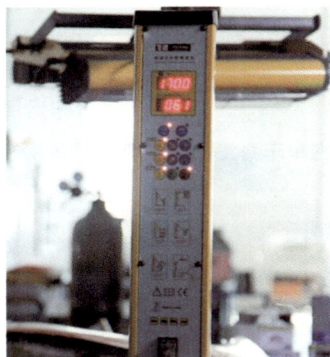

图 2-35　红外线烤灯控制面板

2. 红外线烤灯的故障及排除

（1）灯管不亮

原因分析：灯管损坏；灯头连接线路断路或者接触不良。

排除措施：更换灯管；更换或紧固连接线。

（2）开机灯管一直亮

原因分析：线路板损坏；电路短路。

排除措施：更换线路板；检测电路。

（3）显示器无显示

原因分析：插头没有插好或接触不良；主板损坏。

排除措施：连接插头或更换插头；更换主板。

3. 红外线烤灯使用注意事项

1）烘烤时，不要用眼睛直视。

2）烘烤时，不要用手触摸灯管。

3）不要用潮湿的手或者湿的手套触摸烤灯。

4）不要用烤灯烘烤易燃易爆品。

5）不要将烤灯放置在距离待干燥材料小于 50~60cm 的地方。

四、实训小结

1. 个体防护用品：_____

_____

2. 实操步骤：_____

_____

_____

3. 红外线烤灯使用与维护的注意事项：_____

_____

五、评价反馈

汽车运用与维修职业技能等级考试标准

"汽车车身漆面养护与涂装喷漆技术"模块（中级）—工作任务"喷涂设备的检测维修"

"红外线干燥设备的使用与维护"子任务考核评价表

评分项	配分	评分标准	自评	互评	教师评价
1. 工位 6S 操作	10	□ 1.1 整理、整顿（2.5 分） □ 1.2 清理、清洁（2.5 分） □ 1.3 素养（2.5 分） □ 1.4 安全（2.5 分）			
2. 设备、工具、劳保用品的安全检查	10	□ 2.1 检查作业所需要的工具设备是否完备，有无损坏（3 分） □ 2.2 检查作业环境是否配备灭火器（3 分） □ 2.3 检查穿戴的劳保用品是否符合红外线烤灯的实操要求（4 分）			
3. 正确使用红外线烤灯	45	□ 3.1 正确进行烤灯头部位置的调整（10 分） □ 3.2 正确进行控制面板的温度、时间、模式等操作（15 分） □ 3.3 操作过程中，有以下操作 1 项扣 2.5 分（10 分） 　　□ 烘烤时，用眼睛直视 　　□ 烘烤时，用手触摸灯管 　　□ 用潮湿的手或者湿的手套触摸烤灯 　　□ 用烤灯烘烤易燃易爆品 □ 3.4 烘烤结束，将烤灯支臂升起，轮子锁止防止操作（10 分）			
4. 诊断红外线烤灯的故障并排除	15	□ 4.1 灯管不亮的故障原因与排除措施（5 分） □ 4.2 开机灯管一直亮的故障原因与排除措施（5 分） □ 4.3 显示器无显示的故障原因与排除措施（5 分）			
5. 规范进行作业过程	10	□ 5.1 作业过程做到工具不落地（5 分） □ 5.2 作业过程做到耗材不落地（5 分）			
6. 工具清洁存放	10	□ 6.1 使用工具后对工具进行清洁（5 分） □ 6.2 作业完成后对工具进行复位（5 分）			
完成时间		定额时间 20min，每超过 5min，扣 5 分			
合计					
总评分（各项合计平均分）					

技能实训三　喷枪的拆装与维护

一、实训工具、设备及耗材

喷枪、专用拆装工具、润滑油、劳保用品（工作服、安全鞋、棉纱手套等），实训工具、设备及耗材如图 2-36 所示。

喷枪　　　　　　　专用拆装工具　　　　　　润滑剂

安全鞋　　　　　　棉纱手套　　　　　　工作服

图 2-36　实训工具、设备及耗材

二、作业准备

操作前，必须牢记劳动安全注意事项：

1）必须穿戴好劳动安全防护用品，才允许操作。

2）作业人员应接受培训并通过考核后，方可进行喷枪拆装与维护的操作。

3）必须按照规范操作，时刻注意人身安全，慎防意外情况发生。

4）工作完毕应做好现场 6S 管理。

三、实训过程

使用喷枪专用拆卸工具拆卸、润滑、安装喷枪。

1）逆时针拧下枪壶并放在事先准备好的软布上（喷枪零件比较精密，应放在软布上避免磨损），如图 2-37 所示。

2）取下内置漏斗，放置在软布上，如图 2-38 所示。

3）取下气帽，放置在软布上，如图 2-39 所示。

图 2-37　拧下枪壶图

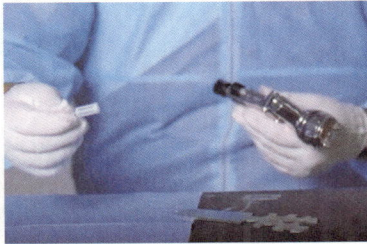

图 2-38　取下内置漏斗

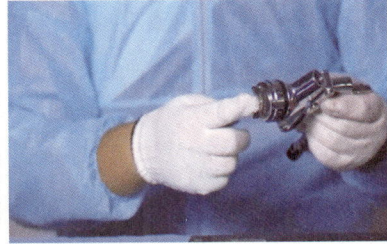

图 2-39　取下气帽

扫一扫

喷枪的拆装

4）逆时针旋开出漆量调节旋钮，放置一边，如图 2-40 所示。

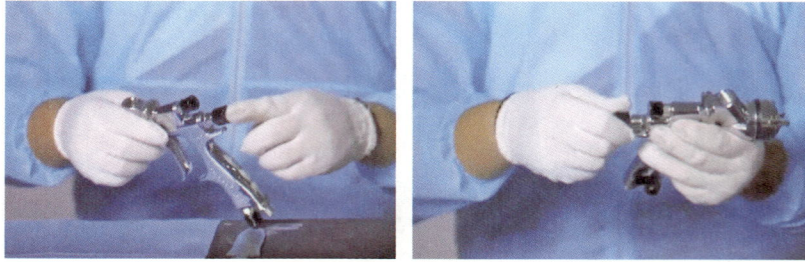

图 2-40　旋开出漆量调节旋钮

5）取出顶针，放置在软布上，如图 2-41 所示。

6）使用专用拆卸工具逆时针旋出枪嘴，放置在软布上，如图 2-42 所示。

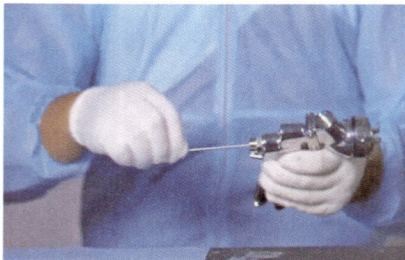

图 2-41　取出顶针

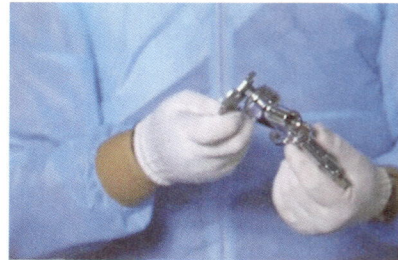

图 2-42　旋出枪嘴

7）逆时针旋出空气阀门内构件，如图 2-43 所示。

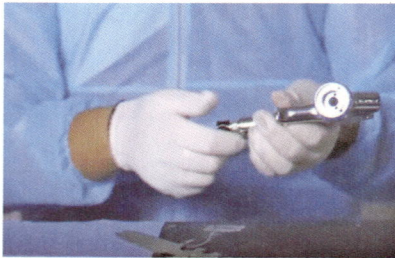

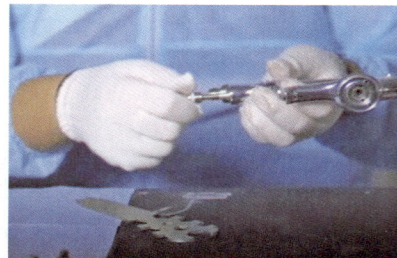

图 2-43　旋出空气阀门内构件

8）在空气阀门内构件上涂抹润滑油，如图 2-44 所示。

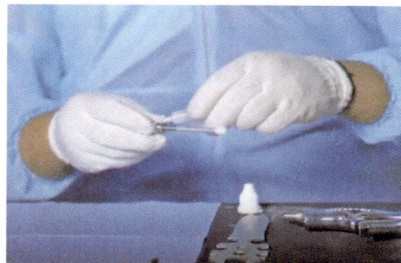

图 2-44　涂抹润滑油

9）按原来拆卸顺序装回去，如图 2-45 所示。

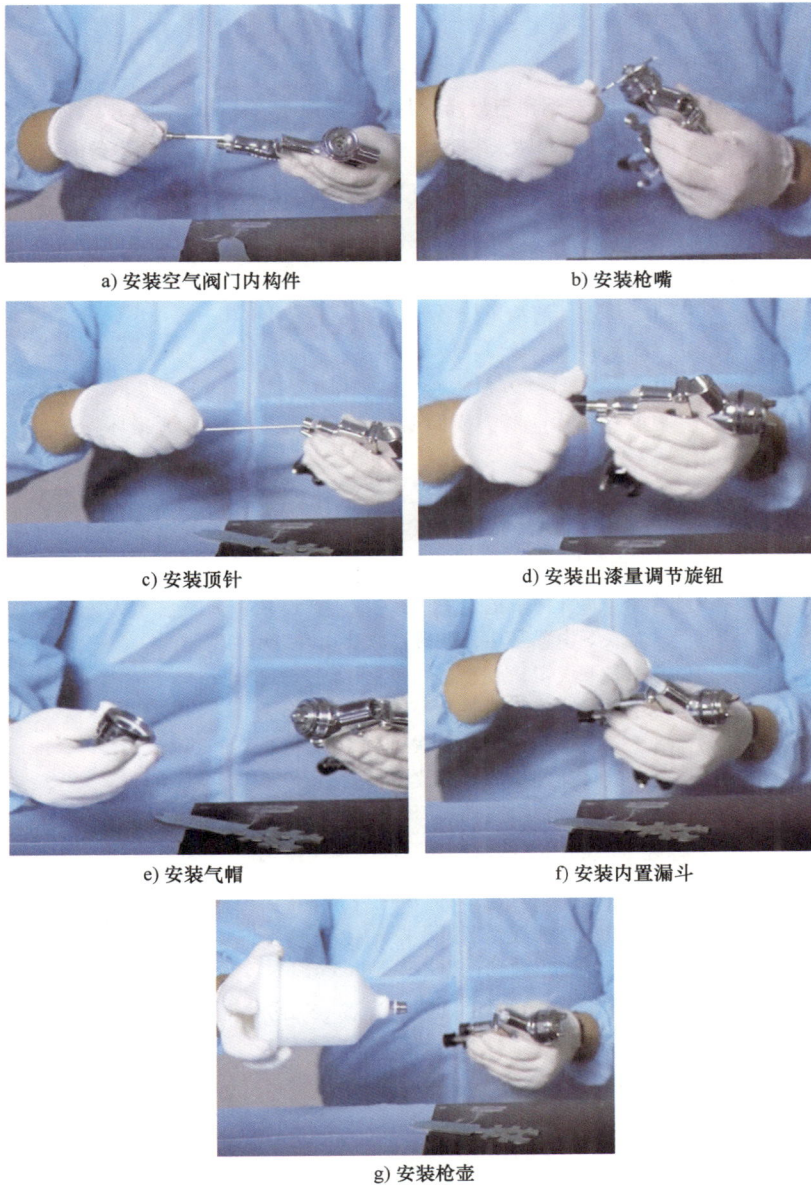

a) 安装空气阀门内构件　　　　b) 安装枪嘴

c) 安装顶针　　　　d) 安装出漆量调节旋钮

e) 安装气帽　　　　f) 安装内置漏斗

g) 安装枪壶

图 2-45　安装喷枪操作

10）完成拆卸、润滑剂及组装。

四、实训小结

1. 个体防护用品：_____

_____

_____

2. 实操步骤：_____

_____

3. 喷枪拆装与维护的注意事项：_____

_____

五、评价反馈

汽车运用与维修职业技能等级考试标准

"汽车车身漆面养护与涂装喷漆技术"模块（中级）—工作任务"喷涂设备的检测维修"

"喷枪的拆装与维护"子任务考核评价表

评分项	配分	评分标准	自评	互评	教师评价
1. 工位 6S 操作	10	□ 1.1 整理、整顿（2.5 分） □ 1.2 清理、清洁（2.5 分） □ 1.3 素养（2.5 分） □ 1.4 安全（2.5 分）			
2. 设备、工具、劳保用品的安全检查	10	□ 2.1 检查作业所需要的工具设备是否完备，有无损坏（3 分） □ 2.2 检查作业环境是否配备灭火器（3 分） □ 2.3 检查穿戴的劳保用品是否符合喷枪拆装与维护的实操要求（4 分）			
3. 正确拆卸喷枪	35	□ 3.1 逆时针拧下枪壶（5 分） □ 3.2 取下内置漏斗，放置在软布上（5 分） □ 3.3 取下气帽，放置在软布上（5 分） □ 3.4 逆时针旋开出漆量调节旋钮（5 分） □ 3.5 取出顶针，放置在软布上（5 分） □ 3.6 逆时针旋出枪嘴，放置在软布上（5 分） □ 3.7 逆时针旋出空气阀门内构件（5 分）			
4. 涂抹润滑油	10	□ 在空气阀门内构件上涂抹润滑油（10 分）			
5. 正确装复喷枪	15	□ 按原来拆卸的相反顺序装回去（15 分）			
6. 规范作业过程	10	□ 6.1 作业过程做到工具不落地（5 分） □ 6.2 作业过程做到耗材不落地（5 分）			
7. 工具清洁存放	10	□ 7.1 使用工具后对工具进行清洁（5 分） □ 7.2 作业完成后对工具进行复位（5 分）			
完成时间		定额时间 20min，每超过 5min，扣 5 分			
合计					
总评分（各项合计平均分）					

技能实训四　电子秤的使用与维护

一、实训工具、设备及耗材

电子秤、劳保用品（工作服、防尘口罩、护目眼镜、安全鞋、防溶剂手套等），实训工具、设备及耗材如图 2-46 所示。

电子秤　　　　安全鞋　　　　防溶剂手套　　　　工作服

图 2-46　实训工具、设备及耗材

二、作业准备

操作前，必须牢记劳动安全注意事项：

1）必须穿戴好劳动安全防护用品，才允许操作。

2）作业人员应接受培训并通过考核后，方可进行调色设备与工具的使用与维护操作。

3）必须按照规范操作，时刻注意人身安全，慎防意外情况发生。

4）工作完毕应做好现场 6S 管理。

三、实训过程

1. 电子秤的使用

（1）启动、校准电子秤　通过按下【电源】按钮，启动电子秤，电子秤自动实施自检，自检结束时显示"0.0g"。如显示的是另一数值，则用按钮【恢复零位 / 除皮】校准秤器，如图 2-47 所示。

（2）采用小数点后一位的称重

1）将空漆罐置于秤盘上。

2）按压按钮【恢复零位 / 除皮】，显示器上显示"0.0g"。

3）倒入并调配第一成分，读取数量。

4）倒入并调配其他成分，直至达到所需重量为止。

5）从秤盘上取下盛有内容物的油漆罐。

图 2-47　电子秤使用示意图

1—电源按钮　2—恢复零位 / 除皮按钮　3、4—系数计算按钮
5—清除和 REC 按钮　6—称量 / 采用重算按钮
7—显示屏　8—向上按钮　9—向下按钮

（3）系数计算　可以称量某一小于或大于基础配方的量（例如 1L 配方的 250mL），可以通过操作【系数计算】按钮选取不同的系数：0.25、0.5、0.75、1、1.5、2.0、2.5、3...

1）可以通过【向上】按钮将数值以 –0.1 步距、自系数 1.0 起。

2）可以通过【向下】按钮将数值以 +0.1 步距、自系数 0.25 起更换到 1.0。

例如：按下【系数计算】按钮到屏幕显示 0.25 后，放上质量是 10g 的物体，屏幕显示是"40g"。

（4）称量 / 采用重算　配方中的某一种成分倒入量过高，在此之前所倒入的所有数值均为精确调配。例如，某一种配方有 4 种成分，质量分别为 50g、110g、200g、1000g，加入第 3 种成分时倒入 203g，该成分给量过高，修正值为 200g，具体步骤如下：

1）将空油漆罐子置于秤盘上，屏幕显示"+118.0g"，按压【恢复零位 / 除皮】按钮，屏幕显示"0.0g"。

2）倒入第一种成分，屏幕显示"+50.0g"，按压【称量 / 采用重算】按钮，屏幕显示"STO 01"。

3）倒入第二种成分，屏幕显示"+110.0g"，按压【称量 / 采用重算】按钮，屏幕显示"STO 02"。

4）倒入第三种成分，屏幕显示"+203.0g"，该成分给量过高，需要修正。

5）按压【向下】按钮，重算功能即起动，屏幕显示"+203.0g"，同时"C"（correct 修正）在显示屏上闪烁。

6）多次按压【向下】按钮，修正至正确值 200g，按压【称量／采用重算】按钮，屏幕显示"COR 01"，同时显示"–1.7g"。

7）倒入第一种配方成分，至数值为"0.0g"。

8）按压【称量／采用重算】按钮，屏幕显示"COR 02"，同时显示"–2.0g"。

9）倒入第二种配方成分，至数值为"0.0g"。

10）按压【称量／采用重算】按钮，将自动返回配方程序中，"C"自行消失，屏幕显示"+200.0g"。

11）按压【清除和 REC】按钮检查经修正后总重量为多少，屏幕显示"C 1.03"，即修正系数为 1.03，修正后配方总质量 ＝ 配方原总质量 × 修正系数。

12）倒入第四种配方成分，屏幕显示"+1000.0g"。

2. 电子秤的维护

1）避免在阳光直射、高温、潮湿、粉尘浓度大或振动严重的地方使用或存放。

2）不要在风扇直接吹动下使用，不要大力冲击，称量时要小心轻放。

3）必须在规定的电压范围内使用，否则会造成损坏。

4）不要称超载的货物，以免损坏传感器。

5）长期不使用时，应将电源插头拔下。

6）秤盘要保持清洁，不要用水冲洗。

四、实训小结

1. 个体防护用品：_____
_____

2. 实操步骤：_____
_____
_____

3. 电子秤的使用与维护的注意事项：_____
_____

五、评价反馈

汽车运用与维修职业技能等级考试标准
"汽车车身漆面养护与涂装喷漆技术"模块（中级）—工作任务"喷涂设备的检测维修"
"电子秤的使用与维护"子任务考核评价表

评分项	配分	评分标准	自评	互评	教师评价
1. 工位 6S 操作	10	□ 1.1 整理、整顿（2.5 分） □ 1.2 清理、清洁（2.5 分） □ 1.3 素养（2.5 分） □ 1.4 安全（2.5 分）			
2. 设备、工具、劳保用品的安全检查	10	□ 2.1 检查作业所需要的工具设备是否完备，有无损坏（3 分） □ 2.2 检查作业环境是否配备灭火器（3 分） □ 2.3 检查穿戴的劳保用品是否符合电子秤的使用实操要求（4 分）			

（续）

评分项	配分	评分标准	自评	互评	教师评价
3. 电子秤的启动、校准	10	□ 3.1 启动电子秤，自检（5分） □ 3.2 会用按钮【恢复零位/除皮】校准秤器（5分）			
4. 采用小数点后一位称重	25	□ 4.1 空漆罐置于秤盘上（5分） □ 4.2 按压按钮【恢复零位/除皮】（5分） □ 4.3 倒入并调配第一成分，读取数量（5分） □ 4.4 倒入并调配其他成分，直至达到所需重量为止（5分） □ 4.5 从秤盘上取下盛有内容物的油漆罐（5分）			
5. 电子秤系数计算	15	□ 会操作【系数计算】按钮选取不同的系数，并进行电子秤系数计算（15分）			
6. 称量/采用重算	10	□ 能进行称量/采用重算（10分）			
7. 规范作业过程	10	□ 7.1 作业过程做到工具不落地（5分） □ 7.2 作业过程做到耗材不落地（5分）			
8. 工具清洁存放	10	□ 8.1 使用工具后对工具进行清洁（5分） □ 8.2 作业完成后对工具进行复位（5分）			
完成时间		定额时间20min，每超过5min，扣5分			
合计					
总评分（各项合计平均分）					

技能实训五　打磨设备的使用与维护

一、实训工具、设备及耗材

移动式无尘干磨系统（或中央集尘干磨系统）、劳保用品（防尘口罩、护目眼镜、安全鞋、棉纱手套等），实训工具、设备及耗材如图2-48所示。

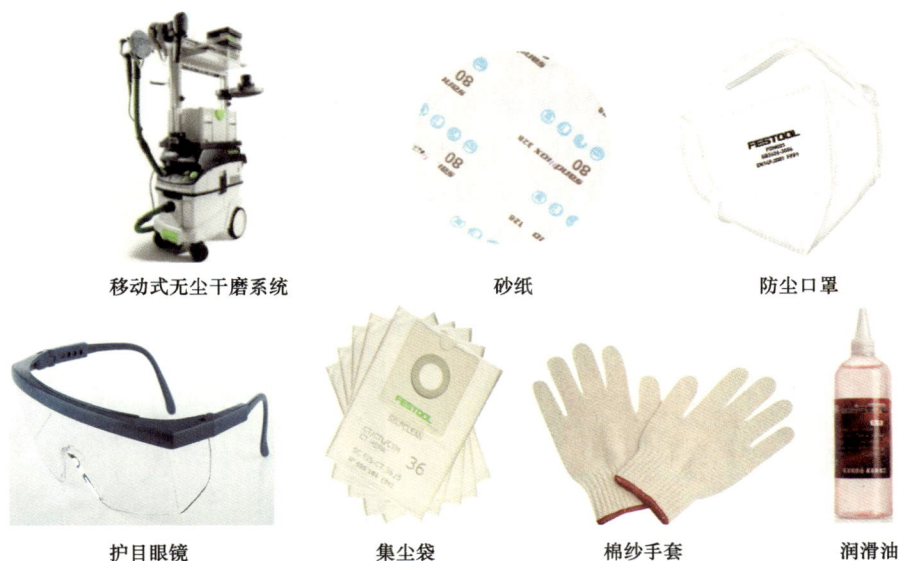

移动式无尘干磨系统　　砂纸　　防尘口罩

护目眼镜　　集尘袋　　棉纱手套　　润滑油

图2-48　实训工具、设备及耗材

二、作业准备

操作前，必须牢记劳动安全注意事项：

1）必须穿戴好防静电工作服、防尘口罩、护目眼镜、棉纱手套、耳塞等劳动安全防护用品，才允许操作。

2）作业人员应接受培训并通过考核后，方可进行无尘干磨系统的操作。

3）必须按照规范操作，时刻注意人身安全，慎防意外情况发生。

4）工作完毕应做好现场 6S 管理。

三、实训过程

1. 干磨系统的使用

在实际干磨操作过程中，使用较多的为移动式无尘干磨系统和集尘干磨系统，其操作步骤基本类似，下面以移动式无尘干磨系统为例，使用步骤如下：

1）插上电源，接好气源。

2）将打磨机三合一套管分别与打磨机、吸尘器连接，如图 2-49 所示。

3）调节吸尘器速度选择旋钮和控制模式旋钮。根据实际工作需要，调节吸尘器速度选择及控制模式旋钮。调节吸尘器速度选择旋钮，实现吸尘器转速的无级调速。控制模式旋钮有手动、关闭、自动三种模式可供选择，实际作业时较多使用自动（AUTO）模式，将吸尘器旋钮选择开关打到自动（AUTO）档位，吸尘器与打磨机联动工作，如图 2-50 所示。

图 2-49　连接三合一套管与打磨机

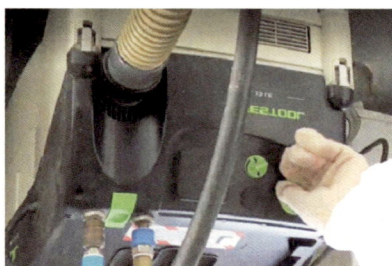

图 2-50　调节吸尘器速度及控制模式旋钮

4）通过调节压力旋钮将压力设置在 6.0bar（0.6MPa）。将压力调节旋钮向上拉，然后旋转调节旋钮将工作压力设定在 6.0bar（0.6MPa），压力表可显示压力值，如图 2-51 所示。

5）安装砂纸。正确选用砂纸，将砂纸孔对准磨垫孔并压实，砂纸应完全覆盖磨垫，如图 2-52 所示。

图 2-51　调节压力

图 2-52　安装砂纸

6）启动打磨机开关，试运行打磨机，确认吸尘联动运转，如图 2-53 所示。

7）根据实际需要，调节打磨机转速调节旋钮，调节转速。

8）工作完毕，关闭电源，绕好线管。

2. 干磨系统的维护

（1）润滑油的检查、更换及调节

1）检查润滑油。油杯中看不到润滑油时，要及时添加润滑油。

图 2-53　试运行打磨机

2）更换润滑油。将干磨系统的电源、气源断开；顺时针旋转油杯，取下油杯；向其加入润滑油（建议使用与打磨机品牌配套的润滑油）；逆时针旋转油杯，安装油杯，如图 2-54 所示。

a) 取下油杯　　　　　　　b) 倒入润滑油　　　　　　　c) 安装油杯

图 2-54　更换润滑油步骤

3）调节润滑油。储油器顶部有油量调节螺钉，顺时针方向旋转调节螺钉，油量减少；反之，油量增加，润滑油调节如图 2-55 所示。

进行润滑油量调节时，首先将调节螺钉顺时针旋转至完全关闭，然后逆时针方向旋转调节螺钉 1/3~1/2 周，此时油量约为 7~10min 一滴润滑油。

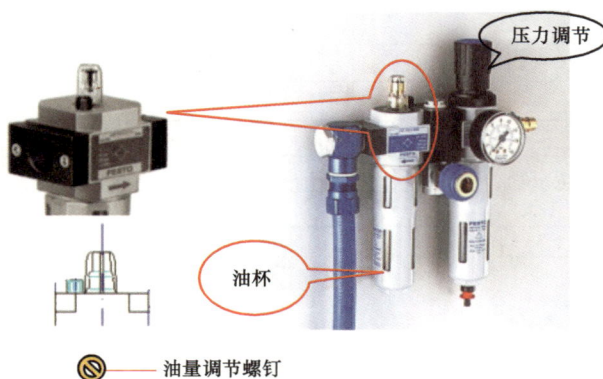

压力调节

油杯

油量调节螺钉

图 2-55　润滑油调节示意图

4）调试。连接电源、气源，确认干磨系统正常运作。

（2）干磨系统集尘袋的检查、更换

1）定期检查。集尘袋满了或者破裂，要及时更换集尘袋，注意集尘袋不能等满了再更换，否则无法形成负压，一般达到集尘袋容量的 2/3 就需要更换。

2）更换集尘袋。将干磨系统的电源、气源断开；打开吸尘桶两边卡扣；取出吸尘电机和滤清器；打开集尘袋卡扣，取出需要更换的集尘袋；将新的集尘袋装入；将集尘电机和滤清器装入集尘桶里；扣上集尘桶两边卡扣，更换集尘袋步骤如图 2-56 所示。

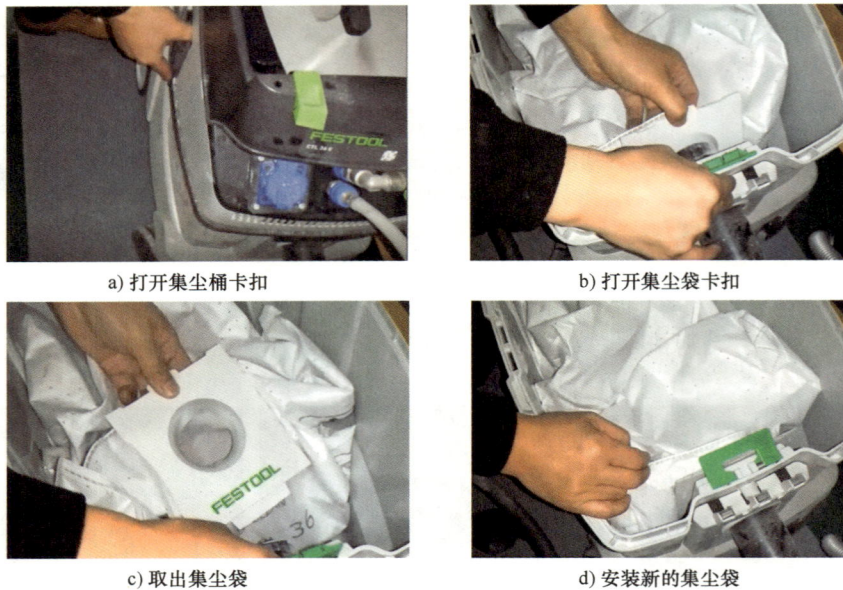

a) 打开集尘桶卡扣   b) 打开集尘袋卡扣

c) 取出集尘袋   d) 安装新的集尘袋

图 2-56　更换集尘袋步骤

3）调试。连接电源、气源，确认干磨系统正常运作。

（3）清洁　每周用清洁的压缩空气吹掉磨机内和手柄的最外圈堵塞的灰尘；定期清洁吸尘器空气过滤。

四、实训小结

1. 个体防护用品：_____

2. 实操步骤：_____

_____

_____

3. 干磨系统使用与维护的注意事项：_____

_____

五、评价反馈

汽车运用与维修职业技能等级考试标准
"汽车车身漆面养护与涂装喷漆技术"模块（中级）—工作任务"喷涂设备的检测维修"
"打磨设备的使用与维护"子任务考核评价表

评分项	配分	评分标准	自评	互评	教师评价
1. 工位 6S 操作	10	□ 1.1 整理、整顿（2.5 分） □ 1.2 清理、清洁（2.5 分） □ 1.3 素养（2.5 分） □ 1.4 安全（2.5 分）			

（续）

评分项	配分	评分标准	自评	互评	教师评价
2. 设备、工具、劳保用品的安全检查	10	□ 2.1 检查作业所需要的工具设备是否完备，有无损坏（2分） □ 2.2 检查作业环境是否配备灭火器（2分） □ 2.3 检查穿戴的劳保用品是否符合干磨系统的实操要求（4分） □ 2.4 检查润滑油、集尘袋是否正常（2分）			
3. 干磨系统的使用	30	□ 3.1 正确进行吸尘器转速和控制模式的操作（15分） □ 3.2 正确进行打磨机转速调节及试运行的操作（15分）			
4. 更换、调节润滑油	15	□ 4.1 检查润滑油情况（2分） □ 4.2 更换前确定断开气源、电源（2分） □ 4.3 拆卸油杯（2分） □ 4.4 加入润滑油（2分） □ 4.5 安装油杯（2分） □ 4.6 调节润滑油油量调节螺钉（3分） □ 4.7 调试正常（2分）			
5. 更换集尘袋	15	□ 5.1 更换前确定断开气源、电源（2分） □ 5.2 取出吸尘电机和滤清器（2分） □ 5.3 打开吸尘袋卡扣，拆卸集尘袋（3分） □ 5.4 安装新的集尘袋（3分） □ 5.5 将吸尘电机和滤清器装入吸尘桶（3分） □ 5.6 调试正常（2分）			
6. 规范作业过程	10	□ 6.1 作业过程做到工具不落地（5分） □ 6.2 作业过程做到耗材不落地（5分）			
7. 工具清洁存放	10	□ 7.1 使用工具后对工具进行清洁（5分） □ 7.2 作业完成后对工具进行复位（5分）			
完成时间		定额时间 20min，每超过 5min，扣 5分			
合计					
总评分（各项合计平均分）					

【任务拓展】

拓展知识：高效节能的环保省漆喷枪

习近平总书记在十八届中央政治局第六次集体学习时的讲话明确指出：节约资源是保护生态环境的根本之策。扬汤止沸不如釜底抽薪，在保护生态环境问题上尤其要确立这个观点。大部分对生态环境造成破坏的原因是来自对资源的粗放型使用。

传统空气喷枪的传递效率（即油漆利用率）大约在 30% 左右，另外 70% 左右的喷涂溶剂随着飞雾散布到周围环境当中，大量浪费油漆或者涂料，不仅增加经济成本，而且 VOC、苯以及甲醛等有害物质排放非常大，严重污染大气和水体环境，损害施工者健康。同时传统空气喷枪使用的空气压缩机的体积大，重量重。

HVLP 喷枪，又称为环保省漆喷枪，能够极大减少飞雾及反弹，降低油漆和溶剂的排放量，不仅能获得优质的表面效果，还能节约大量的涂料用量，方便快捷，同时能够保持工作环境的整洁，保护大气环境和施工人员身体健康。现在，由于 HVLP 喷枪设备一流的喷涂质量，超强的便携性、经济性和环保性，在现场精细喷涂中，如汽车、飞机、游艇、家具、橱柜喷涂等，大多数都采用 HVLP 喷枪，使得施工的单位成本降低 50%。

【思考与练习】

1. 常用的喷涂设备有哪些？
2. 简述喷烤漆房的作用和种类。
3. 简述红外线烤灯的操作步骤及注意事项。
4. 简述喷枪的结构、种类及拆装步骤。
5. 常用的调色设备与工具有哪些？
6. 常用的打磨设备的分类有哪些？

项目三 修补工艺

任务一 喷枪操作

【学习目标】

1. 知识目标

1）熟悉保持喷枪直线移动的技巧。

2）熟悉保持喷枪与板面枪距的要求。

3）掌握按标准走枪顺序进行喷涂的方法。

4）掌握保持正常的持枪角度的方法。

2. 能力目标

1）具有保持喷枪沿直线移动的能力。

2）具有保持喷枪与板面枪距的能力。

3）具有按标准走枪顺序进行喷涂的能力。

4）具有保持正常的持枪角度的能力。

3. 素质目标

1）激发学生对喷涂工作的兴趣，提高对本职业的认同感。

2）通过练习喷涂技术的多变性，培养学生灵活处理问题的能力。

3）培养"低碳环保、绿色发展"理念。

【任务案例】

某汽车维修企业，汽车喷漆维修学徒小王在喷漆过程中常出现"流挂"现象，经过企业技师的耐心指导，最终解决了这一问题。原来小王在喷漆的过程中，没有按照油漆供应商的相关要求调节喷枪，且在汽车喷涂时，喷枪的距离过近、速度过慢，从而导致出现"流挂"现象。因此，喷枪是涂装修补的关键设备，其质量对涂装修补的质量影响大，了解和掌握喷枪的正确使用对于进行高质量、精益求精的汽车修补涂装是非常必要的。

【相关知识】

一、喷枪的选择

喷漆之前，首先要学会选择喷枪，常见的喷枪口径有 1.0mm、1.3mm、1.4mm、1.7mm 等。正确地选择喷枪，应查阅涂料生产商的涂料技术说明。例如，在鹦鹉 90 系列底色漆对喷枪的技术说明（表 3-1）中可以查到，该涂料建议使用重力式喷枪，喷枪口径为 1.3mm（HVLP 喷枪）或者 1.3~1.4mm（兼容喷枪），气压为 2bar（0.2MPa）。

表 3-1　鹦鹉 90 系列底色漆对喷枪的技术说明

重力枪罐 喷涂气压	HVLP 喷枪：1.3mm 2.0~3.0bar/0.7bar 风帽气压	兼容喷枪： 1.3~1.4mm　2bar

二、喷枪的调节

喷枪的调节主要包括气压调节、扇面调节和出漆量调节，调节后需要进行喷涂试验。

1. 气压调节

喷枪喷嘴处的空气压力对于得到合适的喷雾扇形有明显的影响，一般要求扣紧扳机的同时将进气气压调节到 2.0bar（0.2MPa），喷枪的气压大小可以通过喷枪上的气压表显示，如图 3-1 所示。

a) 枪尾外接指针气压表　　　　　　　　　　b) 枪身数字气压表

图 3-1　喷枪气压调节

2. 扇面调节

通过调节喷幅控制旋钮可以调节喷雾直径的大小，如图 3-2 所示。

3. 出漆量调节

出漆量调节又称为涂料流量调节，流量调整旋钮在拧出时漆流量增大，在拧进时流量减小，如图 3-3 所示。

4. 调枪试验

调枪试验，又称为试枪。在设定好喷枪的空气压力、喷雾扇形以及出漆量后，就可以在遮蔽纸上进行调枪试验，调枪试验包括"喷幅测试"和"垂流测试"。

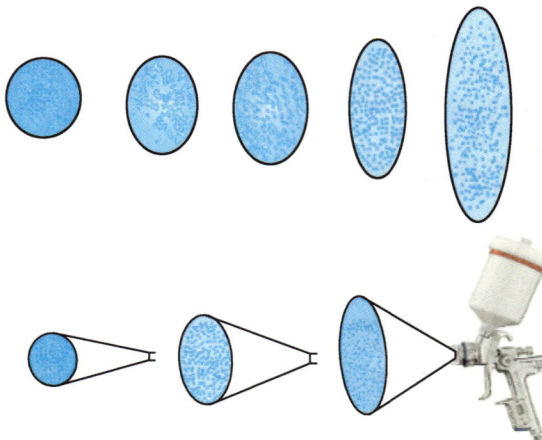

图 3-2　喷枪扇面调节

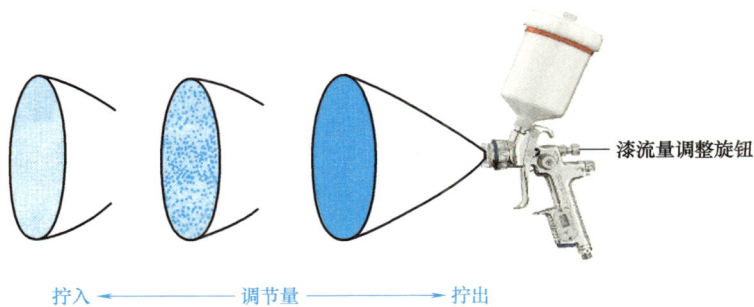

拧入 ← ────── 调节量 ────── → 拧出

漆流量调整旋钮

图 3-3　喷枪出漆量调节

喷幅测试时，喷枪距离测试面约 15cm，喷枪与测试面成 90° 直角，扣动扳机，保持 2~3s，观察喷幅，如图 3-4 所示，喷幅的高度一般在 10~23cm，根据实际修理类型（如局部修理、大面积修理或全身修理等）而略有差异。

垂流测试，空气帽旋转 90°，以喷出水平的图案，喷涂至图案有垂流现象后立即停止，观察垂直喷幅的形状和尺寸是否均匀。如果垂流过于明显的位于中间或两端，说明存在问题，需进行相应的调整。如果所有的调节都合适，则流痕的长度应大致相等（图 3-5a）；如果流痕两边长、中间短（图 3-5b），则是喷雾形状调得太宽或气压太高，将喷幅控制旋钮转回 1/2 圈或增加流量，反复进行这两项调节，直到流痕的长度相等；如果流痕中间比两边长（图 3-5c），则说明涂料流量太大，调节流量控制旋钮，直到流痕的长度相等。

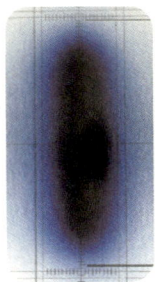

图 3-4　喷幅测试形状

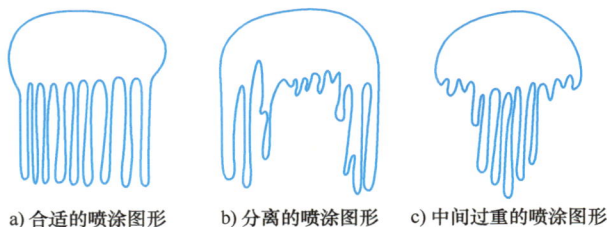

a) 合适的喷涂图形　　b) 分离的喷涂图形　　c) 中间过重的喷涂图形

图 3-5　垂流测试

三、喷涂技巧四要素

对喷涂工作而言，要想获得良好的效果，正确的喷涂操作是非常重要的。主要归纳为喷涂四要素，即角度、距离、速度和重叠。

1. 角度

在喷枪移动过程中，不论是横形的喷雾还是纵形的喷雾，在上下或左右移动时，均要保持喷枪与被喷件的角度成 90° 直角。任何时候，只要喷涂角度偏离不垂直于板件时，均会造成传递效率和涂装质量的降低。当被喷件表面的角度发生变化，喷枪的角度也应随之变化，如图 3-6 所示。

2. 距离

喷枪枪嘴与待喷件表面保持适当的距离非常重要，一般情况下距离 15cm 左右（可按油漆供应商提供的工艺条件操作），如果喷涂距离过近，

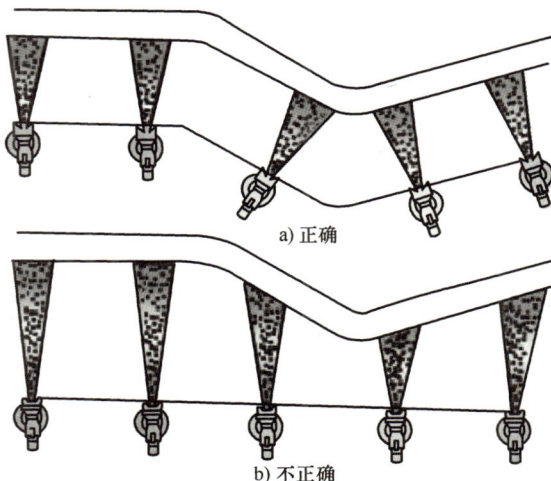

a) 正确

b) 不正确

图 3-6　喷涂角度要素技巧

扫一扫

喷涂手法四要素

45

会造成涂料堆积，漆膜过湿过厚，容易产生流挂，如果是金属漆，可能造成斑点，颜色有色差等；如果距离过远，造成干喷，易产生表面粗糙不光滑，涂层出现橘皮或发干，并影响颜色的后果，如图 3-7 所示。

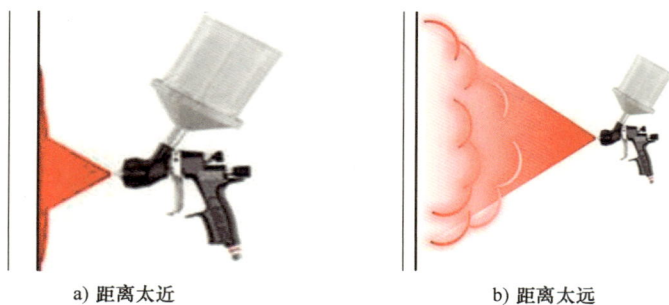

a) 距离太近　　b) 距离太远

图 3-7　喷涂距离要素技巧

3. 速度

移动喷枪的速度应稳定，喷枪的移动速度与涂料干燥速度、环境温度、涂料的黏度有关。移动速度过快，会使油漆太干，漆膜粗糙无光，产生橘皮；移动过慢，容易产生流挂，如是金属漆容易引起聚银和起云。一般速度为 30~50cm/s，具体根据不同的喷涂工序略有差异。

4. 重叠

重叠就是每道喷幅间有合适的相互重叠，这样做的目的是为了确保喷涂后的漆面不会产生间隙（也称之为漏枪），整板喷涂建议每道间重叠 50%~75%，如图 3-8 所示。50% 的重叠是可以达到最小材料消耗及均匀的、薄的膜厚，因为很难达到机器人的作用效果，所以根据颜色不同、遮盖力的不同、涂料黏度的不同等等，通常采用介于 50%~75% 的重叠，过于密集的重叠（超过75% 重叠）易造成漆膜堆积流挂或漆膜过厚。

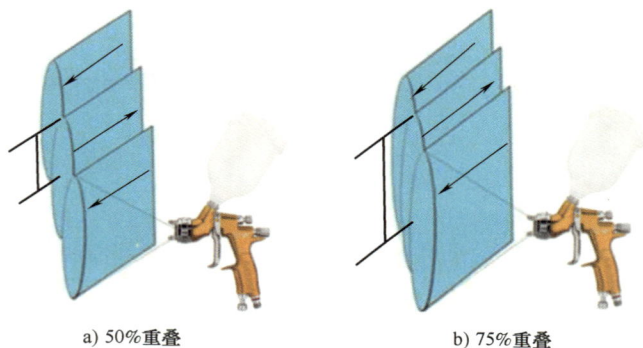

a) 50%重叠　　b) 75%重叠

图 3-8　喷涂重叠

四、喷枪的扳机控制

由于扣紧扳机时的瞬间涂料流量较大，因此为了避免每次走枪行将结束时所喷出的涂料堆积在工件边缘，需要在喷涂开始稍扣扳机，在喷枪行程的末端略微放松一点扳机，以减少出漆量，如图 3-9 所示。也可以采取在待喷涂板件边缘以外扣下扳机和松开扳机的方式，以免在边缘处停顿造成涂料堆积。

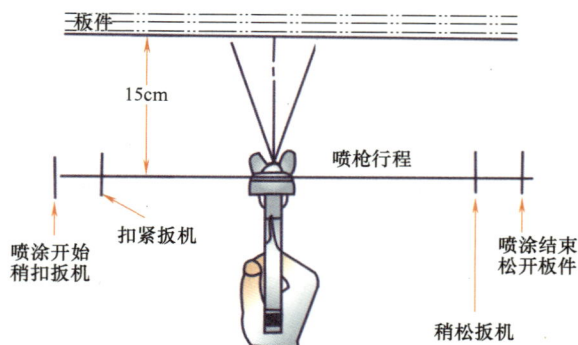

图 3-9　喷枪的扳机控制

【实训任务】

技能实训　喷枪的操作

一、实训工具、设备及耗材

实训板件、喷枪、稀释剂（或香蕉水）、劳保用品（防护服、防毒面具、护目眼镜、安全鞋、防溶剂手套等），实训工具、设备及耗材如图 3-10 所示。

| 防护服 | 实训板件 | 喷枪 | 稀释剂 |

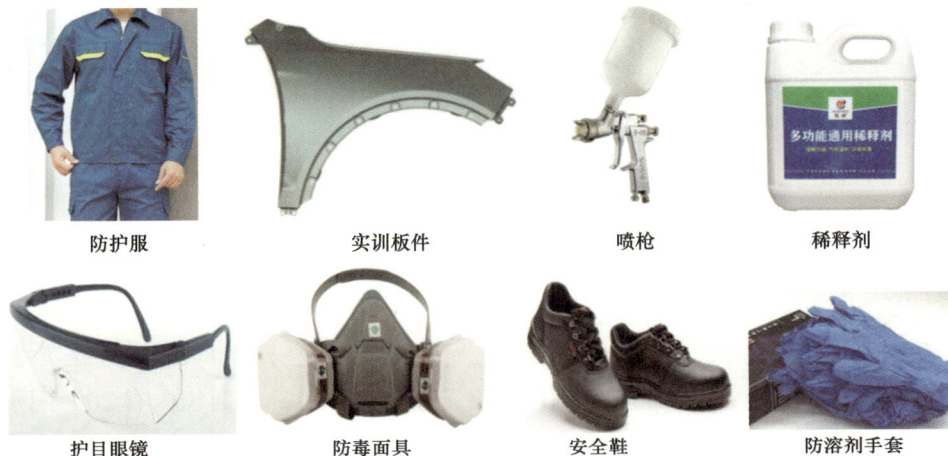

| 护目眼镜 | 防毒面具 | 安全鞋 | 防溶剂手套 |

图 3-10　实训工具、设备及耗材

二、作业准备

操作前，必须牢记劳动安全注意事项：

1）必须穿戴好工作服、防毒面具、护目眼镜、防溶剂手套等劳动安全防护用品，才允许操作。

2）注意防火安全措施。

3）必须按照规范操作，时刻注意人身安全，慎防意外情况发生。

4）工作完毕应做好现场 6S 管理。

三、实训过程

1. 喷枪的选择

根据涂料生产商的涂料技术说明，选择喷枪，如图 3-11 所示为 1.3mm 口径的喷枪。

2. 涂料过滤与装枪

（1）检查枪杯　检查枪杯有无污垢，检查其气孔，有无堵塞。

（2）涂料过滤　将调好的油漆通过过滤漏斗过滤后倒入枪杯内，如图 3-12 所示。

（3）装枪　将装好油漆的枪杯盖上杯盖，装入喷枪，如图 3-13 所示。

图 3-11　1.3mm 口径喷枪

图 3-12　涂料的过滤

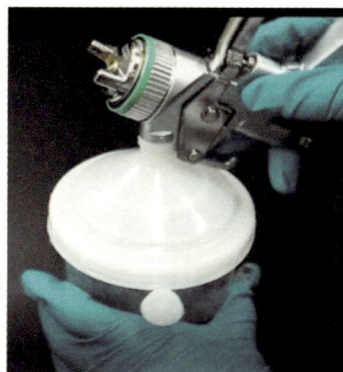

图 3-13　装枪

对于部分喷枪，由于其储液壶内带有滤网或滤塞，故涂料装枪时无须过滤（如过滤，效果会更好）。下面以常用的一次性透明枪杯为例，介绍其装枪过程。

1）从杯盖边缘处，取下密封塞，如图 3-14a 所示。

2）将密封塞压入储液壶的底部小孔，按压到位，如图 3-14b 所示。

3）将调制好的涂料倒入枪杯内（少量用漆时，也可根据枪杯上的容量刻度进行涂料的调制，也可辅以调漆比例尺进行），如图 3-14c 所示。

4）将滤网安装在杯盖中，如图 3-14d 所示。滤网有目数之分，目数定义为 1 英寸 ×1 英寸的面积内有多少个网孔数。如 "200u"，即 200 目，表示 1in × 1in 的面积内有 200 个网孔，目数越大，物料颗粒越细。

5）盖上杯盖，将枪杯装入喷枪并拧紧，如图 3-14e、f 所示。

6）翻转喷枪，将储液壶底部的密封塞向上提起一点（不要拉掉），即可进行喷涂操作，如图 3-14g、h 所示。

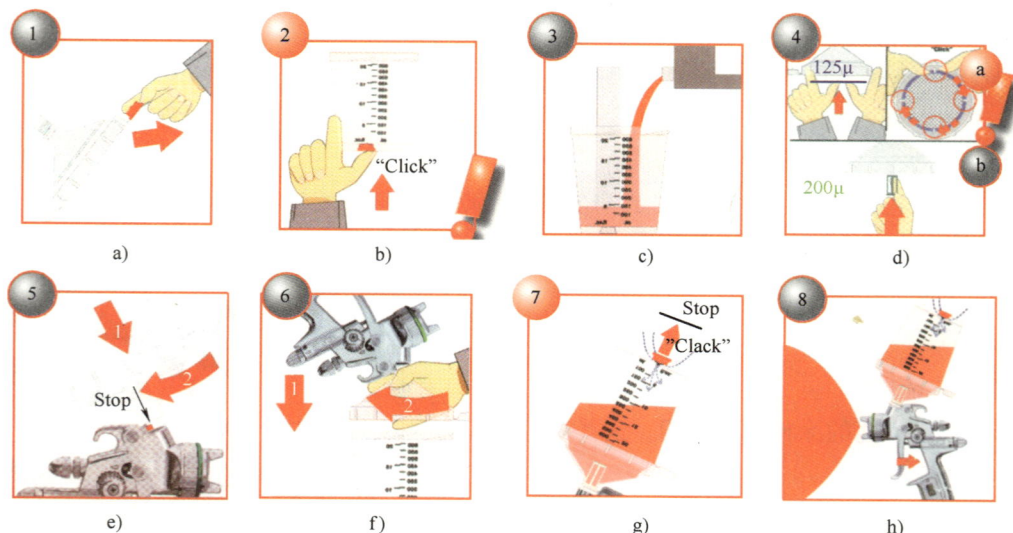

图 3-14　一次性透明枪杯装枪步骤

3. 喷枪调整

（1）气压调整　手握喷枪柄，压扣扳机到 1 档位，压缩空气阀门打开，调整气压调节旋钮，观察气压表直到气压符合规定，如图 3-15 所示。喷枪气压的大小，要按照涂料说明书的规定。通常情况下，喷枪适合的气压约 2.0bar（0.2MPa）。

（2）喷幅调整　喷幅调节旋钮的位置如图 3-16 所示。增大喷幅，需要逆时针旋转喷幅调节旋钮；减小喷幅，需要顺时针旋转喷幅调节旋钮。一般情况下对于整板（或整车）喷涂，为了获得良好的喷涂效果，建议将喷枪喷幅调节到最大状态。

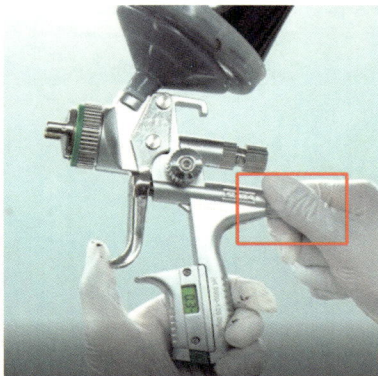

图 3-15　气压调整

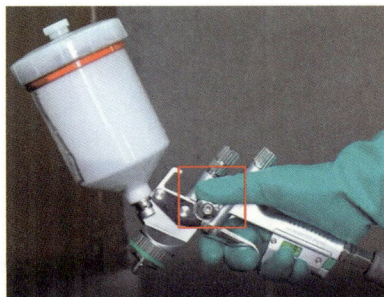

图 3-16　调整喷幅

扫一扫

喷枪的调节

（3）出漆量调整　出漆量调节旋钮的位置如图 3-17 所示。增大涂料流量，需要逆时针旋转出漆量调节旋钮，增大枪针行程，从而增大涂料流量；减小涂料流量，需要顺时针旋转出漆量调节旋钮，减小枪针行程，从而降低涂料流量。

4. 试枪

以涂料生产商巴斯夫鹦鹉 90 系列底色漆为例，气压调整至 2.0bar（0.2MPa），出漆量全开，扇面全开，进行试喷，如图 3-18 所示。

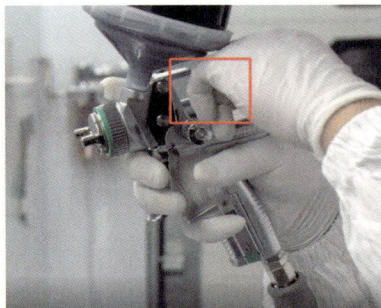

图 3-17　调整出漆量

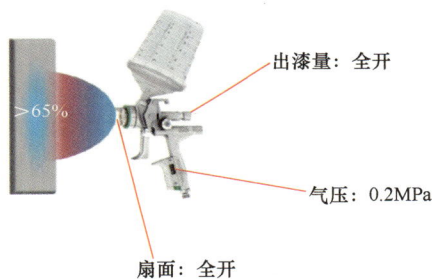

出漆量：全开

气压：0.2MPa

扇面：全开

\>65%

图 3-18　试枪

四、实训小结

1. 个体防护用品：_____
_____

2. 喷枪选择：_____
_____

3. 实操步骤：_____
_____

4. 注意事项：_____
_____

五、评价反馈

汽车运用与维修职业技能等级考试标准
"汽车车身漆面养护与涂装喷漆技术"模块（中级）—工作任务"修补工艺"
"喷枪的操作"子任务考核评价表

评分项	配分	评分标准	自评	互评	教师评价
1. 工位 6S 操作	10	☐ 1.1 整理、整顿（2.5 分） ☐ 1.2 清理、清洁（2.5 分） ☐ 1.3 素养（2.5 分） ☐ 1.4 安全（2.5 分）			
2. 设备、工具、劳保用品的安全检查	10	☐ 2.1 检查作业所需要的工具设备是否完备，有无损坏（2 分） ☐ 2.2 检查作业环境是否配备灭火器（2 分） ☐ 2.3 检查穿戴的劳保用品是否符合喷枪操作的实操要求（4 分） ☐ 2.4 检查喷枪类型的选用是否符合待修补板件（2 分）			
3. 板件的除油除尘操作	10	☐ 3.1 进行除油除尘操作（5 分） ☐ 3.2 擦（喷）湿后要及时擦干（5 分）			
4. 正确操作喷枪	50	☐ 4.1 能保持喷枪沿直线运动（10 分） ☐ 4.2 能保持喷枪与板件的距离（15 分） ☐ 4.3 能按标准走枪顺序进行喷涂（15 分） ☐ 4.4 能保持正常的持枪角度（10 分）			
5. 规范作业过程	10	☐ 5.1 作业过程做到工具不落地（5 分） ☐ 5.2 作业过程做到喷枪、涂料等耗材不落地（5 分）			
6. 工具清洁存放	10	☐ 6.1 使用工具后对工具进行清洁（5 分） ☐ 6.2 作业完成后对工具进行复位（5 分）			
完成时间		定额时间 15min，每超过 5min，扣 5 分			
合计					
总评分（各项合计平均分）					

【任务拓展】

VR 虚拟实训——"低碳"教学，绿色发展

一、概述

为了有效减少油漆浪费和降低环境污染，强化学生的节能环保意识，采用"先虚后实"教学方法，即先 VR 虚拟仿真训练定手法，再进行实喷训练。通过 VR 虚拟现实技术，有效破解"喷枪操作"教学难点，特别是喷枪调节"三步法"和操作手法"距离、角度、速度、重叠率"四要素的技能训练，学生可以反复模拟练习，逐渐掌握操作关键要点，同时系统通过大数据分析，给出个体全过程评估报告，教师可以随时查看，实施过程评价。系统第三人称回放，有针对性个性化指导，激发学生积极性，有效打破传统涂装教学对时间、空间及设备的要求。

二、VR 虚拟实训实施

组织学生分工协作，每组 2~4 人，可以从主修工、辅修工、安全员、记录员四种角色中选择 2~4 个角色，实施小组 PK。老师全程记录得分情况，巡视指导，组织练习喷涂四要素。

同学们团结协作，进行 VR 虚拟仿真实训，反复模拟练习调枪三步法和喷涂手法四要素，破解教学难点，VR 虚拟实训实施如图 3-19 所示。

图 3-19　VR 虚拟实训实施

三、大数据分析

通过 VR 人工智能评分系统，查看个体全过程评估报告，评选出"最佳喷涂组"；通过大数据分析，总结学生在 VR 虚拟实训中遇到的问题。

同学们通过分析"速度、角度、距离、重叠"四个要素的得分，找到自己喷涂手法的不足及注意事项，VR 人工智能评分系统界面如图 3-20 所示。

四、个性化指导

针对学生遇到的问题，通过第三人称回放，进行有针对性个性化指导，不断改进，VR 系统第三人称回放如图 3-21 所示。

图 3-20　VR 人工智能评分系统界面

图 3-21　VR 系统第三人称回放

同学们针对遇到的不足，通过观看第三人称回放，在老师的指导下，不断改进和提高，逐渐掌握喷涂手法的四要素。

【思考与练习】

1. 常见的喷枪口径有哪些？
2. 如何正确调节喷枪？
3. 喷枪的正确操作及注意事项是什么？

任务二　底材处理

【学习目标】

1. 知识目标

1）掌握涂料的定义、组成及分类。

2）了解汽车涂装的作用。

3）掌握车身涂层的鉴别方法。

4）掌握底材处理的目的及底漆的特性。

2. 能力目标

1）能用正确的方法对漆膜损伤进行评估。

2）能按照标准对底材表面进行除锈。

3）能对损伤部位进行去除旧漆和羽状边打磨。

4）能正确施涂底漆。

3. 素质目标

1）培养安全操作意识，养成良好的劳动作业习惯。

2）培养团队协作意识。

3）加强 6S 管理和"完整的人"的培养。

【任务案例】

客户反映：在某 4S 店进行汽车喷漆，数月后修补部位出现了"起泡"现象，经返修后，原喷漆修补部位的底材处产生了内部锈蚀，从而导致"起泡"现象产生。由此可见，汽车底材处理对汽车喷漆质量有很大影响。为了防止此类事情，需要采用正确的方法和工艺对底材进行处理。

【相关知识】

一、涂料

1. 涂料的定义

涂料通常称作"油漆"，是指涂布在物体表面上，能够形成具有保护、装饰或其他特殊性能的固态保护膜的液体或固态材料的总称。车身涂料是指各类型汽车在制造过程中与涂装线上使用的涂料以及汽车维修使用的修补涂料。车身涂料要满足金属表面涂膜的耐候性、耐热性、耐酸雨性、抗紫外线照射性以及色相的耐迁移性能等。

2. 涂料的组成

涂料的组成一般有四种基本成分：主要成膜物质、颜料、溶剂和添加剂等。

（1）主要成膜物质　指油料和树脂等，是涂料最基本的组成物质，能够单独成膜，也可以黏结颜料等共同成膜。其主要作用是将涂料中的各种物质黏合在一起并和其他物质共同构成涂料性能，如对底材的附着力、耐候性及其他物理或化学性能。现代汽车所用的涂料中已不使用油料，而完全采用树脂作为主要成膜物质。树脂是多种高分子化合物相互溶合而成的混合物。将其涂布于物体表面上，待溶剂挥发后能形成一层光亮、坚韧而耐久的薄膜。按照来源分类，树脂可以分为天然树脂和人工合成树脂。常用于汽车修补涂装的树脂有环氧树脂、丙烯酸聚氨酯树脂、醇酸树脂、硝基纤维素树脂等。

（2）颜料 是经研磨成颗粒的天然矿物或合成的化合物，它一般不溶于水或其他介质（如油等），但其细微个体粉末能均匀地分散在介质中。它不能离开主要成膜物质而单独成膜，必须在油料或树脂的固着下形成涂膜。在涂料中，颜料的功能主要是提供颜色及特殊效果，提供涂料的遮盖力，提供填充性（即膜厚）、打磨性、耐候性及防腐性等。另外，像汽车涂装中常用的铝粉、珍珠粉、干涉珍珠（变色龙珍珠）等则属于特殊效果颜料。

（3）溶剂 使得颜料和树脂更容易混合。

（4）添加剂 又称助剂，指少量用于涂料中却能影响涂料生产、储存、运输、施工及涂膜性能的物质，是涂料不可缺少的部分，常用的添加剂有催干剂、防潮剂、固化剂、分散剂、消泡剂、流平剂、光稳剂等。

3. 涂料的分类

（1）按车身对象分类 新车原装漆、汽车修补漆。

（2）按涂层上下分类 底漆、中涂漆、色漆、清漆。

（3）按涂装方式分类 电泳漆、液体喷漆、粉末涂料、特殊涂料（如 PVC 密封涂料）。

（4）按是否含颜料分类 不含颜料的清漆、含有颜料的色漆、含有大量体质的稠厚浆状体的原子灰。

（5）按溶剂构成分类 以一般有机溶剂作为稀释剂的，称为溶剂性漆；以水作为稀释剂的，称为水性漆。

（6）按成膜机理分类 可分为氧化聚合型漆、固化剂固化型漆、热固型漆、挥发性漆等。

4. 涂料的作用

汽车是一种陆路交通工具，其使用的环境、气候、道路条件复杂而多变，为此它需要有良好的耐候、耐蚀、耐擦伤及抗石击的特性，即应在日晒、雨淋、风沙冲击、干湿交替、冷热变换、盐雾与酸雨侵蚀的环境下，具有良好的保光、保色、不粉化、不脱落、不起泡、不锈蚀能力。此外，覆盖在车身表面的油漆涂装层还是汽车一层美丽的外装，对于绝大多数用户而言，往往外观是决定是否购买某车的主要因素。由此可见，汽车涂装主要具有防护和装饰作用。此外，汽车涂装修补过程中，有底漆层、中涂层、面漆层等，其作用有所不同，见表3-2。

表3-2 汽车涂层类型及作用

用 途		主 要 作 用
底漆层		保护底材、防止锈蚀、提高附着力
中涂层	腻子层	填补凹陷、恢复或塑造表面形状
	中涂底漆层	填补细小凹陷、封闭底层、提高丰满度
面漆层		提供颜色、亮度、机械性能、保护性能

5. 车身涂层类型

汽车油漆涂层层数随着车辆要求的不同而异，作为保护性和装饰性要求最高的轿车涂层一般

扫一扫

汽车涂装的作用

有以下几种形式的涂层结构。

（1）**原厂涂层**　汽车原厂涂层一般包括底漆层、中涂底漆层和面漆层三层结构，如图 3-22 所示。

（2）**修补涂层**　汽车修补涂层采用标准的工艺，其涂层结构如图 3-23 所示。

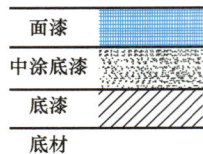

图 3-22　原厂汽车涂层　　　　图 3-23　标准汽车修补涂层

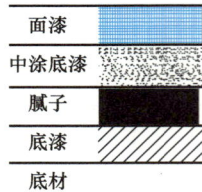

6. 底漆

底漆是直接涂覆在经过表面处理的工件表面上的第一道涂层，它是整个涂层的基础，汽车修补用的底漆品种很多，常用的底漆主要有磷化底漆和环氧底漆。

（1）**磷化底漆**　磷化底漆也称侵蚀底漆，是以化学防腐手段来达到防腐目的的，磷化底漆涂布后能将金属表面通过化学反应生成一层不导电、多孔的磷化膜，一般称为转换涂层。磷化膜具有多孔性和不良导电性，使上层涂料能渗入到这些孔隙中，而不良导电性也预防了电化学腐蚀的形成，其特性如图 3-24 所示。

磷化底漆使金属表面钝化，起防腐蚀作用。

图 3-24　磷化底漆特性

磷化底漆能提高底漆对金属表面的附着力、耐蚀能力及热老化性能，可代替磷化处理，适用于各种金属（如钢、铁、铝、铜及铝镁合金等），并能耐一定的温度，可做烘烤面漆的底漆，但由于成膜很薄，一般不能单独作为底漆使用，必须与其他底漆配套使用。

（2）**环氧底漆**　环氧底漆是以环氧树脂为主要成膜物质制成的底漆，是物理隔绝防腐底漆的代表，可根据需要制成多种类型的产品，如高温烘烤型、双组分型、单组分型等，环氧底漆附着力极强，对金属、木材、玻璃、塑料、陶瓷、纺织物等都有很好的附着力和黏结力；涂膜韧性好，耐挠曲，且硬度比较高；耐化学品性优良，尤其是耐碱性更为突出；因为环氧树脂的分子结构内含有醚键，而醚键在化学上是最稳定的，所以对水、溶剂、酸、碱和其他化学品都有良好的抵抗力；具有良好的电绝缘性，耐久性、耐热性良好。

环氧树脂类涂料也存在一些缺点，比如，耐候性差、表面粉化较快，这也是它主要用于底层涂料的原因之一。环氧底漆使用胺类作为固化剂，对人体和皮肤有一定的刺激性，因此在使用时要加以注意。

二、底材处理步骤

通常底材处理包括清洁、面漆涂层类型鉴别、板件损伤评估、去除旧漆膜、打磨羽状边、防锈处理等几项作业。

1. 清洁

当维修车辆进入维修场地前，需用高压水对整个车体上附着的污渍、泥土进行彻底的清洁，如图 3-25 所示。进入涂漆维修工位后，需用除油剂对维修区进行再次清洁、除油，以去除车身上的硅、油、蜡、沥青及塑料件上脱模剂等残留物，如图 3-26 所示。

图 3-25　车辆清洁

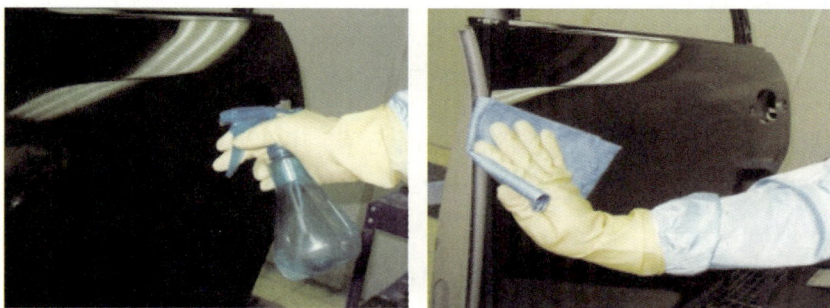

图 3-26　板件清洁、除油

2. 面漆涂层类型鉴别

车辆清洁后，需对维修车辆面漆的类型进行准确的评估。因为原涂层及底材的类型如果与修补涂层的类型不符，将会出现严重的涂膜缺陷，对修补质量有很大的影响。因此，要采用合理的方法鉴别面漆层是素色漆还是银粉漆、珍珠漆等。如果是素色漆，还需判断是单工序素色漆还是双工序素色漆；是热固性漆膜还是热塑性漆膜。确定车身原有涂层的类型时，常用打磨法、涂抹溶剂法和加热法。

（1）打磨法　检测时使用砂纸或蘸有粗蜡的棉布，在破损涂层部位进行打磨，打磨后观察砂纸表面，如图 3-27 所示，若砂纸表面有带颜色的涂料，则说明漆面为单工序面漆；若砂纸表面没有带颜色的涂料，则说明涂层是双工序或三工序面漆。

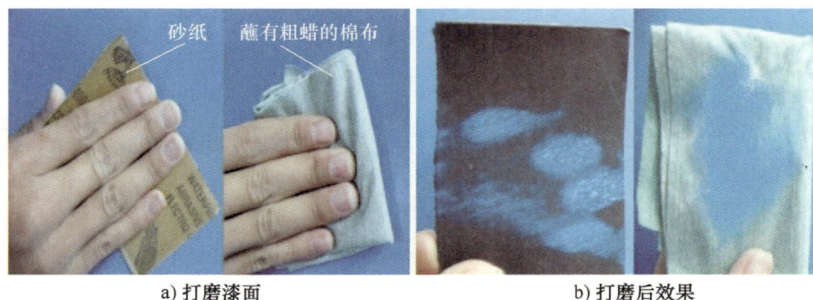

砂纸　　蘸有粗蜡的棉布

a) 打磨漆面　　　　　　　　　　b) 打磨后效果

图 3-27　打磨法鉴别漆面类型

（2）涂抹溶剂法　检测时应使用白色的软布，蘸上硝基稀释剂，在破损涂层周围轻轻擦拭，如图 3-28 所示，如果有颜色或出现溶解，则说明旧涂层使用的是溶剂挥发型涂料，此种涂层在修补时要充分考虑新涂层中的溶剂会溶解旧涂层，造成咬底、起皱等缺陷。施工时可以将旧涂层完全打磨掉，再进行涂装作业，也可采用干喷的方式做中间隔离。如果不掉色或没有出现溶解，则说明旧涂层使用的是烘烤聚合型或双组分型涂料。此种涂料在修补时一般能承受重喷涂料中溶剂的溶解，施工时稍加注意可避免出现涂膜缺陷。

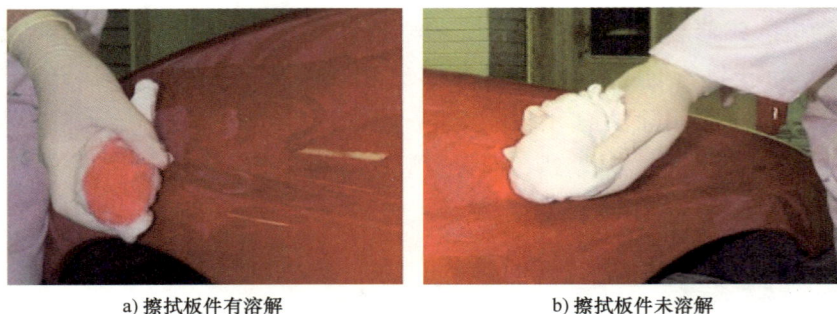

a) 擦拭板件有溶解　　　　　　　　　　b) 擦拭板件未溶解

图 3-28　涂抹溶剂法鉴别漆面类型

（3）加热法　用 P800 砂纸湿磨，消除原漆面光泽，用红外线灯加热打磨过的部位，稍后观察打磨、加热的部位。如果这时漆面上的光泽重现，表明涂层是树脂型漆。

3. 板件损伤评估

在实际作业中损伤评估的方法主要有目视评估、触摸评估和直尺评估。

（1）目视评估　目视评估在实际维修过程中较为常见，其方法是在光源下用眼睛侧面观察漆面，利用漆面上的反光即可发现很小的变形。但当损伤区经钣金作业已去除损伤区涂层后，或光源不足的地方就不能采用这种方法。

（2）触摸评估　触摸评估可在任何车身表面上进行。评估者可戴上棉纱手套，从多个方向用手触摸工件，将注意力集中在手上，用手去感觉损伤范围的大小。通过触感感觉到不平表面的范围，且在评估过程中还能感知损伤处凹陷的深浅。通过指压可以找到损伤区域中的弹性变形。

（3）直尺评估　将直尺置于钢板表面，比较未损伤部位和损伤部位与直尺之间的间隙来确定损伤程度。

4. 去除旧漆膜

当确定损伤区范围后，就必须将损伤范围内的涂层全部去除，如有锈迹也应全部去除，如图 3-29 所示。去除损伤区涂层和锈迹的方法有很多，实际作业多用打磨机去除，速度快、效率高。虽然有些损伤涂层表面看起来没有任何损伤、开裂，更没有剥落，但内部涂层有开裂或剥落的可能，如不完全去除，漆面修复后会造成漆膜缺陷。

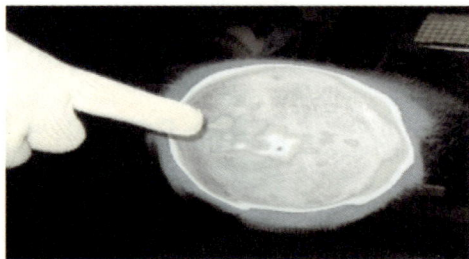

图 3-29　去除损伤部位旧漆膜

去除旧漆膜时，针对不同的底材，需要采用不同的处理方法。常见的底材处理方法有以下几种：

（1）钢铁底材预处理　钢铁产生锈蚀的原因是钢铁容易被氧化，车身表面会由于涂层开裂、脱落、碰撞使钢铁暴露在空气中，空气中的水分、氧气、工业污染物等会使钢铁表面产生锈蚀。

为了增加金属的耐蚀能力，底材用酸性金属处理液进行处理，形成化学处理涂层，如磷化、钝化等，以提高耐蚀能力。

（2）镀锌金属底材预处理　为了提升车身耐腐蚀性，镀锌板在车身上的使用比率越来越高，对镀锌板预处理提出了越来越高的要求。镀锌板表面平滑，涂层附着不牢。锌是一个活泼金属，会与涂料的基料反应生成锌皂，锌皂破坏了锌板表面与涂层的附着力。为使涂层与镀锌板表面结合牢固，需对镀锌板进行表面预处理，使镀锌板的表面形成一个防止锌与基料反应的保护膜。

（3）铝及铝合金底材的预处理　铝及铝合金板材比钢铁表面光滑，涂膜附着不牢，在进行化学处理前，与其他金属板材一样，先要进行清洗，去掉油污和杂物。清洗时注意铝制品不像钢材能耐强碱的侵蚀，不能使用强碱的清洗液进行清洗，一般采用有机溶剂脱脂法、表面活性脱脂法，或由磷酸钠、硅酸钠等配制的碱液清洗。

（4）塑料底材预处理　塑料底材不会生锈，易于着色，本身就具有耐腐蚀和装饰性，但并不是没有保护的必要。涂层对塑料的附着力较低，涂装前须通过打磨、除静电、除尘、退火、表面脱脂等方法对塑料表面进行处理，以提高涂层对塑料制品的附着力，减少涂装缺陷的产生。

5. 打磨羽状边

在清除损伤区漆膜后，在原子灰刮涂之前需产生一个宽的、平滑的边缘，以增加附着力，此时可以打磨涂膜边缘，形成一个缓和的斜坡，这个斜坡就是羽状边，如图 3-30 所示。通常羽状边由两部分组成，分别是羽状边区域和磨毛区域。规范的羽状边，要求打磨后过渡平顺，无台阶（用手触摸底材和涂层，不能明显地感触到有台阶），磨毛区范围合理（便于原子灰的刮涂、打磨），如图 3-31 所示。

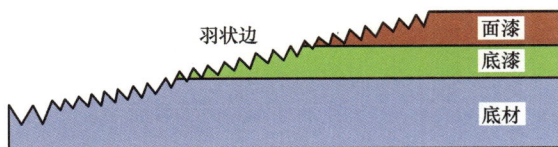

图 3-30　羽状边示意图

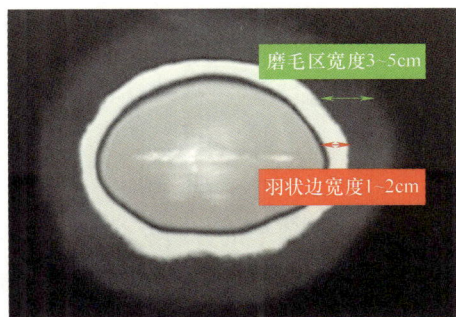

图 3-31　羽状边效果

6. 防锈处理

防锈处理作为底材处理最后一道工序，非常关键。新车在生产线上喷涂时，为防止金属表面腐蚀，提高附着力，需进行防锈处理。在修补时，也不能在裸露的钢板表面直接喷漆，也须进行防锈处理。目前汽车修补漆作业中常用的防锈处理是采用施涂环氧底漆和侵蚀底漆。环氧底漆不但有较强的抗腐蚀能力，且能提供较高附着力，方便下道原子灰施工或中涂底漆喷涂，而施涂侵蚀底漆后便不可进行原子灰施工。其施工可采用喷涂或刷涂两种方式，一般较小面积时可采用刷涂，如面积较大或者整板施涂时可采用喷涂（采用 1.3mm 口径的面漆喷枪）的方法。环氧底漆施工只要求一个连续的薄层即可，只需 $15\sim20\mu m$，无须喷涂太厚，以免增加涂料消耗及漆层闪干时间，降低工作效率。

【实训任务】

技能实训 底 材 处 理

一、实训工具、设备及耗材

实训板件、干磨系统、干磨砂纸、除油剂、除油布、环氧底漆、记号笔、劳保用品（工作服、防毒面具、护目眼镜、安全鞋、防溶剂手套等），实训工具、设备及耗材如图 3-32 所示。

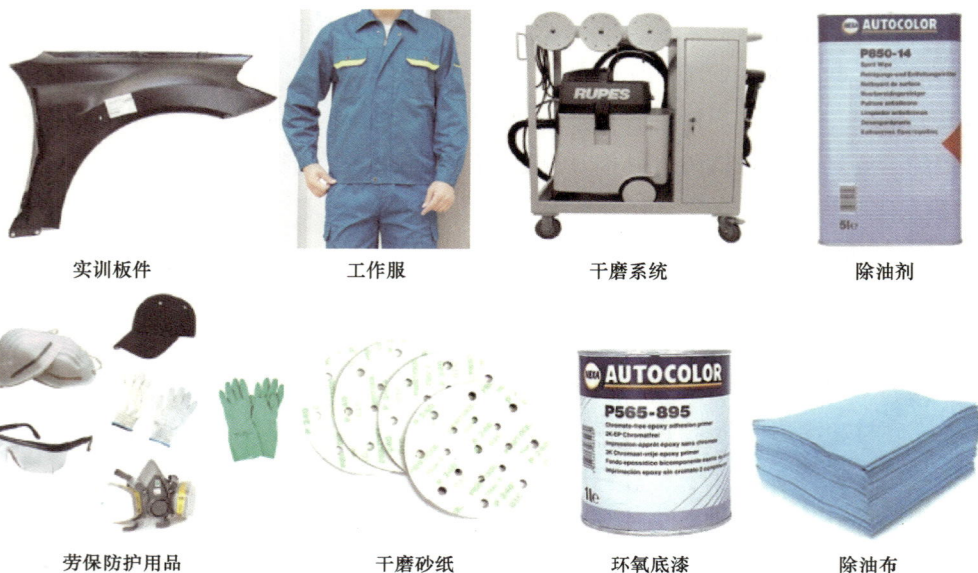

实训板件	工作服	干磨系统	除油剂
劳保防护用品	干磨砂纸	环氧底漆	除油布

图 3-32 实训工具、设备及耗材

二、作业准备

操作前，必须牢记劳动安全注意事项：

1）必须穿戴好工作服、防毒面具、护目眼镜、棉纱手套、防溶剂手套等劳动安全防护用品，才允许操作。

2）必须按照规范操作，时刻注意人身安全，慎防意外情况发生。

3）工作完毕应做好现场 6S 管理。

三、实训过程

1. 损伤范围评估

1）操作人员穿好实训服、安全鞋，同时将操作需要的材料及工具整齐摆放在操作台上，如图 3-33 所示。

2）穿戴防尘口罩、护目眼镜、棉纱手套、安全帽等防护用品，如图 3-34 所示。

3）用抹尘布配合吹尘枪，一边擦尘一边吹尘，将板件清洁干净，如图 3-35 所示。

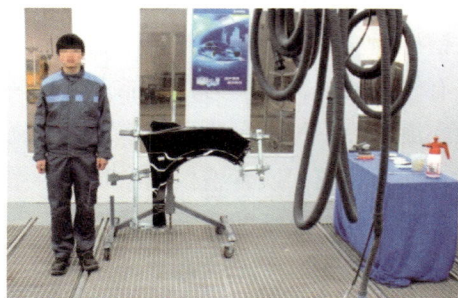

图 3-33 操作前准备

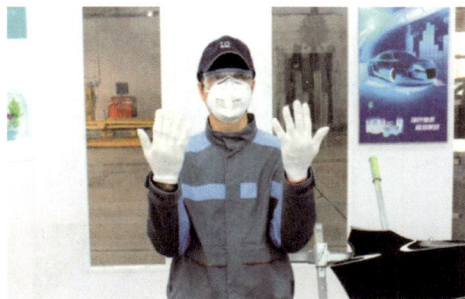

图 3-34 穿戴安全防护用品

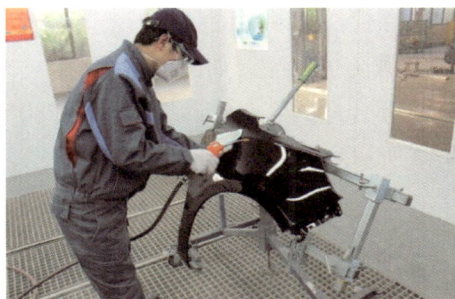

图 3-35 清洁板件

4）更换防护用品，戴上防溶剂手套及防毒面具，如图 3-36 所示。

5）将除油剂均匀喷涂于旧涂层上，如图 3-37 所示。

图 3-36 更换防护用品

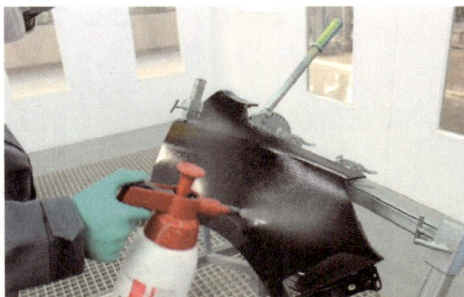

图 3-37 板件除油

6）用除油布将工件上的除油剂擦干，如图 3-38 所示，具体操作方法如下：

方法一：用装有除油剂的喷壶在工件上喷涂一层除油剂，待工件上除油剂未干时用除油布将其擦干（注意除油擦拭时的先后顺序，通常先面后边、由上而下，不得来回重复擦拭，以免造成二次污染。一般一块除油布擦拭的面积控制在 0.2~0.3m²）。

方法二：也可以采用两块除油布，一块除油布用除油剂湿润后，在工件上擦拭，面积控制在 0.2~0.3m²，一小块一小块地进行，当工件表面还湿润时，用另一块干净的除油布将其擦干。

图 3-38 擦拭除油剂

扫一扫

除油

注意： 板件除油时，擦拭要向着同一个方向，不要来回擦拭。

7）进行损伤评估，用手从多个方向触摸板件，用眼睛从多个角度观察板件损伤情况，如图 3-39 所示。用记号笔标记损伤范围，如图 3-40 所示。

图 3-39 板件损伤评估

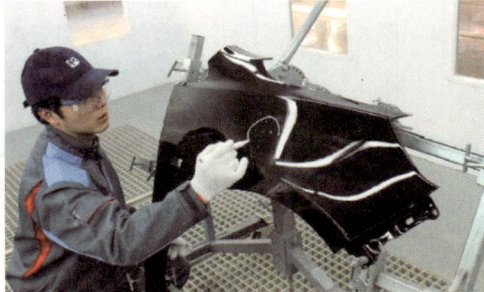

图 3-40 标记损伤范围

2. 去除损伤区域旧漆膜

1）穿戴防护用品，如图 3-41 所示。

2）选择合适的磨头及砂纸，选用 P80 干磨砂纸配合偏心距为 6mm 的打磨头去除损伤区漆膜，如图 3-42 所示。

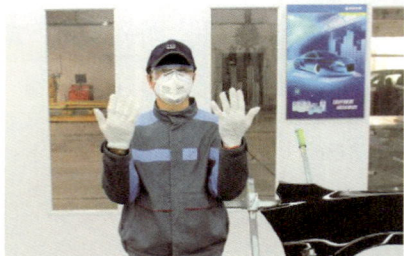

图 3-41　穿戴防护用品

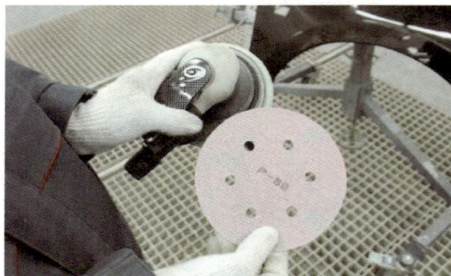

图 3-42　选择砂纸及磨头

3）将砂纸粘在干磨头磨垫上，启动干磨机，如图 3-43 所示。

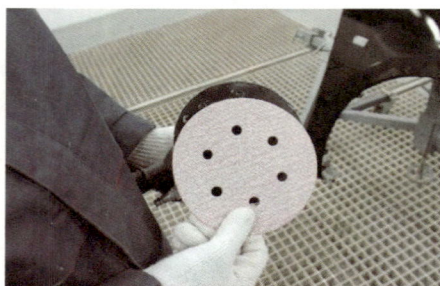

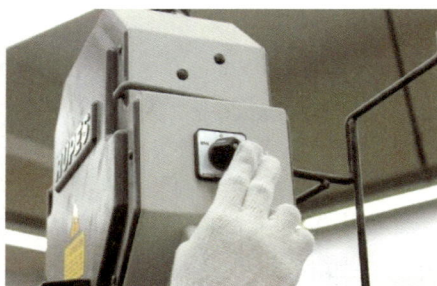

图 3-43　粘砂纸并启动干磨机

4）将损伤区域旧漆膜去除，如图 3-44 所示。打磨时将磨头与工件接触角度控制在 5°~10°，用砂纸外侧 10mm 左右部位打磨损伤漆膜。

打磨时不得在磨头上施加压力。根据损伤范围的判断，沿着所画的轨迹，将损伤范围内的漆膜全部去除，如图 3-45 所示。

用打磨机去除损伤旧漆膜后，板件上较深的损伤区域可能会残留旧漆膜，可用铲刀去除残留损伤旧漆，如图 3-46 所示。最后，擦去板件表面打磨后残留的粉尘，如图 3-47 所示。

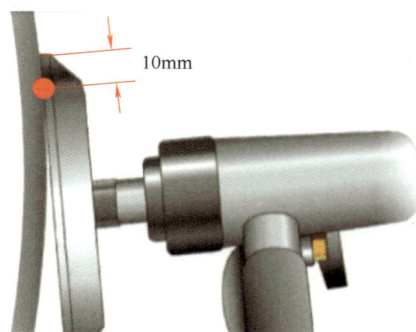

图 3-44　磨头与工件接触角度示意图

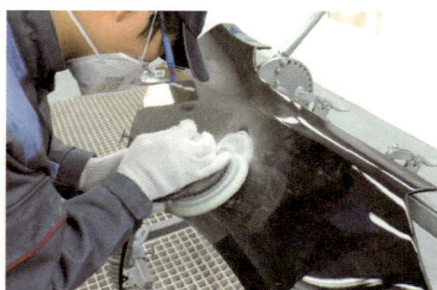

图 3-45　打磨机去除旧漆膜

扫一扫

使用干磨系统去除旧漆层

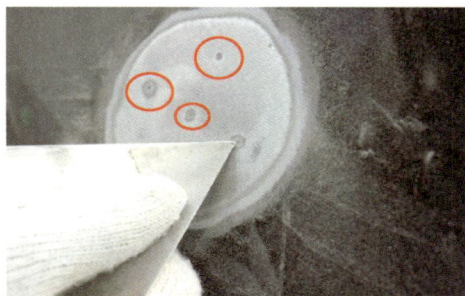

图 3-46　用铲刀去除损伤旧漆

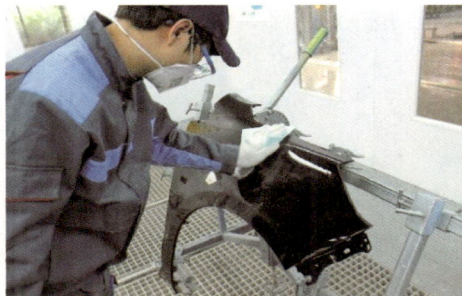

图 3-47　擦去板件表面粉尘

3. 打磨羽状边

去除旧漆膜后、刮灰（刮涂腻子）之前，需要产生一个宽的、平滑的边缘。通过打磨旧漆膜边缘，形成一个缓和的斜坡，这个斜坡就是羽状边。羽状边在干磨工艺中是非常重要的，会直接影响腻子打磨后的平整度。如果没有做好这道工序，施涂面漆以后，会出现明显的边界痕迹。

打磨羽状边过程，如图 3-48 所示。

1）选择 P120 砂纸配合 6mm 打磨头（图 3-48a）。

2）将打磨头与工件接触后再启动磨机（图 3-48b）。

3）打磨时将打磨头与工件倾斜 5°~10° 的角度打磨，用砂纸外侧 30mm 左右的部位打磨羽状边。为使打磨后的羽状边又顺又宽，应采用从外向内的打磨方法，顺着打磨机旋转方向顺时针打磨羽状边（图 3-48c、d）。

4）沿着去除旧漆膜后的痕迹移动打磨头，能使打磨后的羽状边形状更加规则，在打磨过程中目视检查研磨痕迹（图 3-48e）。

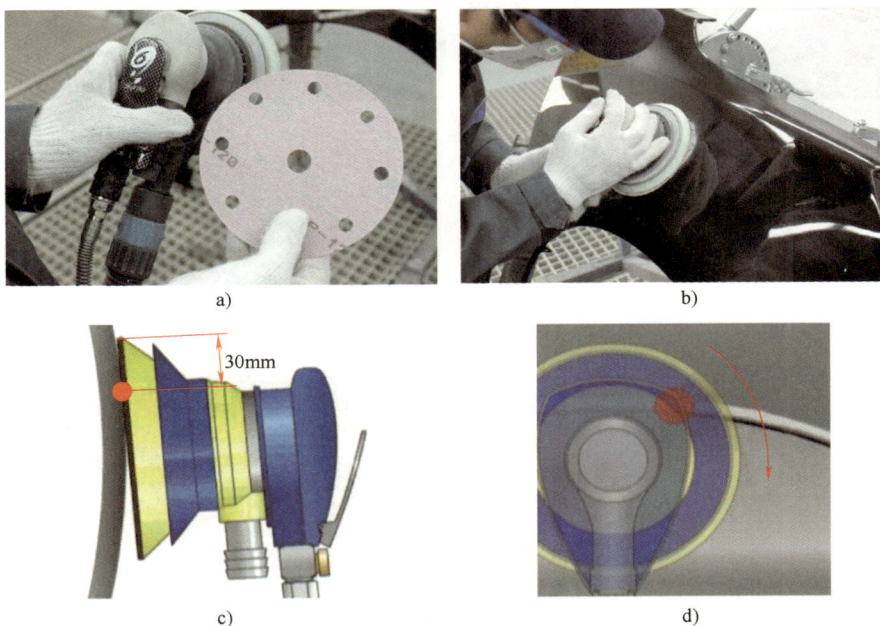

扫一扫

干磨系统打磨羽状边

a)

b)

30mm

c)

d)

图 3-48　打磨羽状边

e)

f)

g)

h)

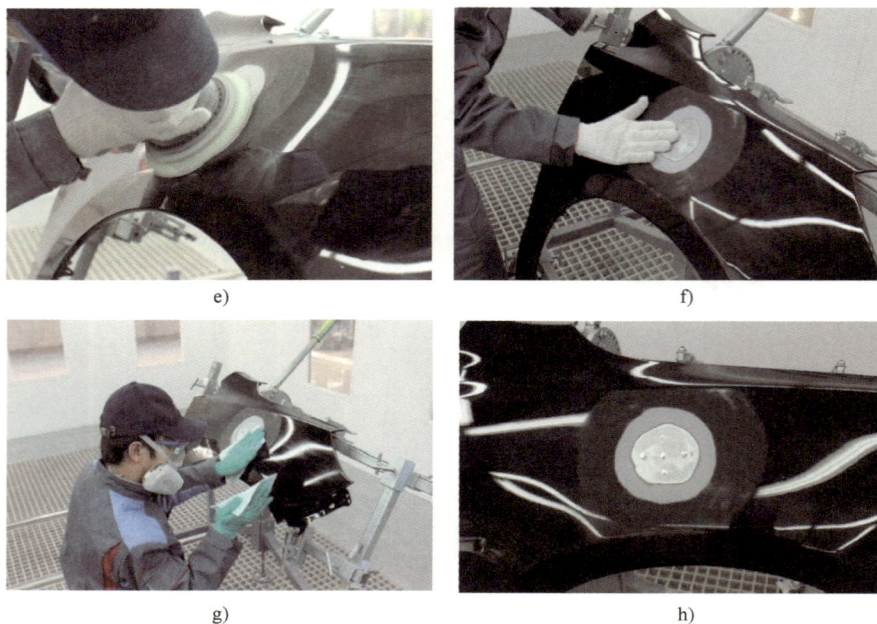

图 3-48　打磨羽状边（续）

注意：

羽状边打磨后的要求：

1）羽状边形状规则，边缘没有明显的台阶和较陡的坡度。

2）原厂涂层，通常根据漆膜厚度不同羽状边打磨后的宽度为 15~30mm，如图 3-49a 所示。

3）为方便原子灰刮涂及增加原子灰与涂层的附着力，在羽状边外 30~50mm 之间研磨涂层直至哑光，如图 3-49b 所示。

5）检查打磨效果并用无纺布擦去打磨后的粉尘，更换防护用品，对打磨后的板件进行除油（图 3-48f、g）。

6）完成羽状边打磨后的效果（图 3-48h）。羽状边打磨后要求如图 3-49 所示。

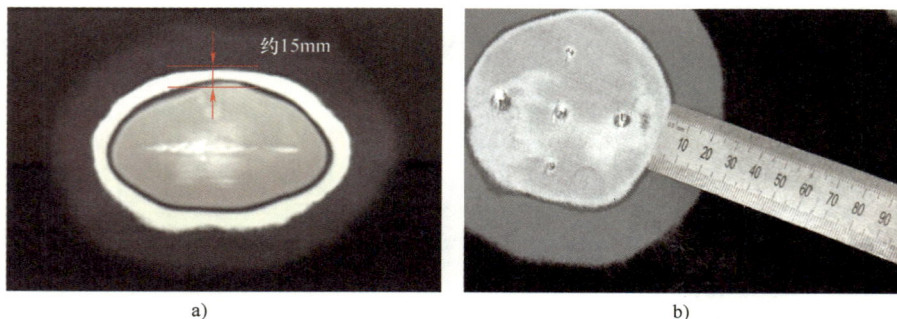

约15mm
a)

b)

图 3-49　羽状边打磨后要求

4. 施涂环氧底漆

用无纺布蘸少许调配后的环氧底漆，在裸钢板处涂一薄层环氧底漆，起到防锈、增强附着力的作用，最后整理工位，如图 3-50 所示。

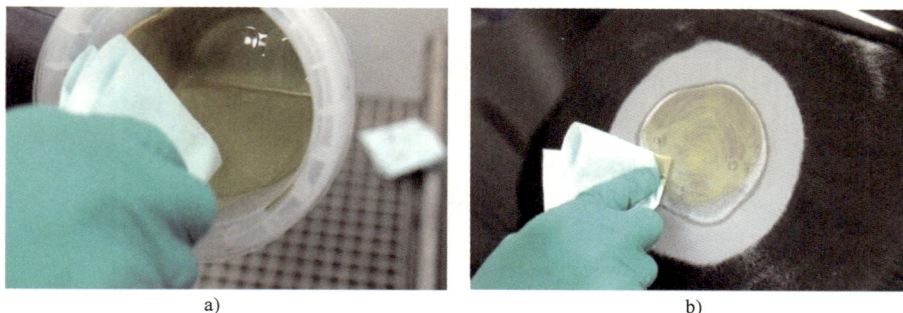

a)

b)

图 3-50　施涂环氧底漆

扫一扫

旧漆膜预处理工艺
（完整）

四、实训小结

1. 个体防护用品：_____
_____

2. 去除旧漆膜操作步骤：_____
_____

3. 羽状边打磨操作步骤：_____
_____

4. 羽状边打磨注意事项：_____
_____

五、评价反馈

汽车运用与维修职业技能等级考试标准

"汽车车身漆面养护与涂装喷漆技术"模块（中级）—工作任务"修补工艺"

"底材处理"子任务考核评价表

评分项	配分	评分标准	自评	互评	教师评价
1. 工位 6S 操作	10	☐ 1.1 整理、整顿（2.5 分） ☐ 1.2 清理、清洁（2.5 分） ☐ 1.3 素养（2.5 分） ☐ 1.4 安全（2.5 分）			
2. 设备、工具、劳保用品的安全检查	10	☐ 2.1 检查作业所需要的工具设备是否完备，有无损坏（2 分） ☐ 2.2 检查作业环境是否配备灭火器（2 分） ☐ 2.3 检查穿戴的劳保用品是否符合底材处理的实操要求（3 分） ☐ 2.4 检查磨头的选用是否符合去除旧漆膜及原子灰打磨（3 分）			
3. 板件的除油除尘操作	10	☐ 3.1 正确进行除油除尘操作（5 分） ☐ 3.2 擦（喷）湿后要及时擦干（5 分）			
4. 去除损伤部位旧漆膜并打磨出羽状边效果	50	☐ 4.1 对损伤部位进行受损评估（10 分） ☐ 4.2 去除损伤部位旧漆膜时，干磨机使用手法及砂纸型号应选择正确（15 分） ☐ 4.3 打磨羽状边时，羽状边过渡区域范围应合理（15 分） ☐ 4.4 环氧底漆的施涂操作应正确（10 分）			
5. 规范作业过程	10	☐ 5.1 作业过程做到工具不落地（5 分） ☐ 5.2 去除旧漆膜时，磨头先接触板件后再启动（5 分）			
6. 工具清洁存放	10	☐ 6.1 使用工具后对工具进行清洁（5 分） ☐ 6.2 作业完成后对工具进行复位（5 分）			
完成时间		定额时间 15min，每超过 5min，扣 5 分			
合计					
总评分（各项合计平均分）					

【任务拓展】

情智故事：6S 管理，培养"完整的人"

一、6S 的内涵及其起源

6S 是一种企业的管理模式，6S 就是整理（SEIRI）、整顿（SEITON）、清扫（SEISO）、清洁（SEIKETSU）、素养（SHITSUKE）、安全（SAFETY）六个项目，因均以"S"开头，简称6S。提起6S，首先要从5S谈起。5S起源于日本，日企将5S活动作为工厂管理的基础，推行各种品质管理手法，并由此掀起5S热潮。在丰田公司倡导推行下，5S对于提升企业形象、安全生产、标准化的推进、创造令人心怡的工作场所等方面的巨大作用逐渐被各国管理界所认识。我国企业在5S现场管理的基础上，结合国家如火如荼的安全生产活动，在原来5S基础上增加了安全（SAFETY）要素，形成6S。

二、6S 浅谈

1）整理（SEIRI）——将工作现场的所有物品区分为有用品和无用品，有用的留下来，其他的都清理掉。目的：腾出空间，空间活用，防止误用，保持清爽的工作环境。

2）整顿（SEITON）——把留下来的必要物品依规定位置摆放，并放置整齐加以标识。目的：使工作场所一目了然，减少寻找物品的时间，整整齐齐的工作环境，减少过多的积压物品。

3）清扫（SEISO）——将工作场所内看得见与看不见的地方清扫干净，保持工作场所干净、亮丽，创造良好的工作环境。目的：稳定品质，减少工业伤害。

4）清洁（SEIKETSU）——将整理、整顿、清扫进行到底，并且制度化，经常保持环境处在整洁美观的状态。目的：创造明朗现场，维持上述3S推行成果。

5）素养（SHITSUKE）——每位成员养成良好的习惯，并遵守规则做事，培养积极主动的精神（也称习惯性）。目的：促进良好行为习惯的形成，培养遵守规则的员工，发扬团队精神。

6）安全（SAFETY）——重视成员安全教育，每时每刻都有安全第一观念，防患于未然。目的：建立及维护安全生产的环境，所有的工作应建立在安全的前提下。

三、各要素的联系

6S 之间彼此关联，整理、整顿、清扫是具体内容；清洁是指将上面的3S实施的做法制度化、规范化，并贯彻执行及维持结果；素养是指培养每位员工养成良好的习惯，并遵守规则做事。开展6S容易，但长时间的维持必须靠素养的提升；安全是基础，要尊重生命，杜绝违章。

四、加强"完整的人"的培养

在课前、课中、课后全程贯穿6S文化育人，有效解决学情分析中的学生安全意识较弱、缺乏劳动素养、动手能力有差异等不足，老师以身示范、带头做好6S，配套优质专业的职业防护装备，并将6S的达成度纳入到教学评价中，有机融入职业素养、安全劳动教育元素，加强"完整的人"的培养。

【思考与练习】

1. 对板件除油作业时，不能来回擦拭板件，为什么？

2. 对板件进行损伤评估时，需要从不同方向和角度对板件进行目视和触摸，为什么？

3. 去除旧漆膜后，打磨出完美的羽状边效果应该具有什么特点。

4. 施涂环氧底漆时，一般需要施涂一薄层环氧底漆即可，为什么？

任务三　喷漆前处理

【学习目标】

1. 知识目标

1）掌握砂纸的选用方法。

2）掌握原子灰的选用方法。

3）熟悉原子灰调配比例要求。

4）掌握原子灰搅拌手法。

2. 能力目标

1）能进行原子灰刮涂前板件表面清洁。

2）能按正确比例调配原子灰。

3）能用正确的手法搅拌、刮涂原子灰。

4）能正确采用干磨机打磨原子灰。

3. 素质目标

1）培养安全防护意识，养成良好的劳动作业习惯。

2）培养团队协作意识及车间 6S 管理作业。

3）培训追求"新技术、新工艺、新方法"，加强"品质控制"的意识。

【任务案例】

某汽车维修店在进行原子灰物料采购时，考虑到节约成本，只采购了普通原子灰，在施工后出现了面漆脱落等严重问题。产生脱落的主要原因是原涂层及底材的类型与修补涂层的类型不符，例如，在镀锌板底材上施涂普通原子灰会造成附着力不良而引起脱落；在自然挥发型涂料或热塑料性涂料上施涂普通原子灰会造成咬底或涂膜脱落等现象，对修补质量有很大影响。为防止此类事情发生，需要采用正确的方法进行喷涂前处理。同时，扎实的工作作风、严谨的工作态度，也是成败的关键因素。

【相关知识】

一、原子灰

1. 原子灰的组成

原子灰俗称腻子，又称为聚合型腻子，是一种膏状或厚浆状的涂料，易干燥，干燥后坚硬能耐砂纸打磨。腻子一般用刮具刮涂于底材的表面，用来填平底材上的凹坑、缝隙、孔眼、刮痕等缺陷，使底材表面达到平整、匀顺，使面漆的丰满度和光泽度能够充分地显现。

普通原子灰由不饱和聚酯树脂、填充材料、颜料及苯乙烯配制而成。原子灰中的颜料以体质颜料为主要物质，配以少量的着色颜料。填充材料主要使用滑石粉、碳酸钙、沉淀硫酸钡等，起填充作用并提高原子灰的弹性、抗裂性、硬度以及施工性能等。着色颜料以黄色、白色为主，是为了降低彩度，提高遮盖能力。

2. 原子灰的类型

不同涂料生产厂家对其生产的原子灰分类方法不同，所生产的各类原子灰的特点与用途也各有差异，使用前请仔细查看使用说明。常见的原子灰类型如图 3-51 所示，下面分别介绍。

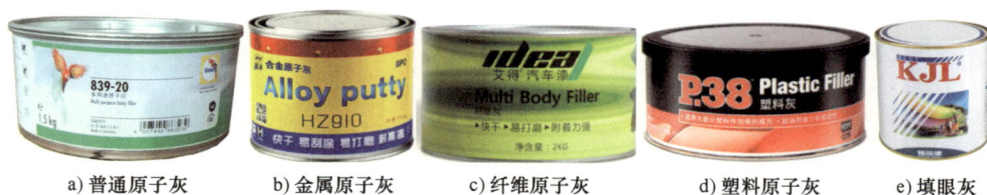

| a) 普通原子灰 | b) 金属原子灰 | c) 纤维原子灰 | d) 塑料原子灰 | e) 填眼灰 |

图 3-51 原子灰的类型

（1）普通原子灰 普通原子灰多为聚酯树脂型，膏体细腻，操作方便，填充能力强。该原子灰干燥快，受气候影响小，牢固，附着力强，不易开裂，填充性能好，硬度高，打磨性好，表面细滑光洁，固化后收缩性小，可以提高施工速度和产品质量，因此被广泛使用。

普通原子灰适用于大多数底材，例如，良好的旧漆层、裸钢板表面等。因其具有良好的附着力和弹性，也可用于车用塑料保险杠，但刮涂不宜太厚。普通原子灰不适用于镀锌板、不锈钢板、铝板和经磷化处理的裸金属表面，否则易造成附着力不够而开裂。但是在这些金属表面首先喷涂一层隔绝底漆（一般为环氧）后可正常使用。

（2）金属原子灰 又称为合金原子灰，比普通原子灰性能更加良好，除了可用于普通原子灰所适用的一切场合外，还可以直接用于镀锌板、不锈钢板和铝板等裸金属，但是不适合于经磷化处理的裸金属表面。合金原子灰性能卓越，使用方便，应用很广泛，价格高于普通原子灰。

（3）纤维原子灰 纤维原子灰中含有纤维物质（一般为玻璃纤维），干燥后质轻，附着力强，硬度高，可以直接填充直径小于 50mm 的孔洞或锈蚀，而无须钣金修复，对孔洞的隔绝防腐蚀能力很强。用于比较深的金属凹陷部位，填补效果良好。但表面呈现多孔状，需要使用普通原子灰做填平工作，适用于钢铁板、镀锌板、铝合金板及塑料纤维板等表面。

（4）塑料原子灰 专用于柔软的塑料制品的填补工作，调和后呈膏状，干燥后像软塑料一样，与底材附着良好。虽然干燥后质地柔软，但是打磨性能较好，可以机器打磨，常用于塑料件的修复。

（5）填眼灰 俗称红灰，又称为幼滑原子灰，以单组分较为常见。填眼灰膏体极其细腻，主要用于填补细小的砂纸痕、针孔及微小的凹陷等。填眼灰干燥时间短，即用即取，不加固化剂，干燥后较软易打磨，用在填补小坑非常适合，可以提高生产率并保证质量，所以也是涂装必备的用品。但是其填补能力较差，且不耐溶剂，易被面漆中的溶剂腐蚀，故不能大面积刮涂。

3. 原子灰特性

（1）填充性 在待修复的底材上，难免会存在凹坑、孔眼、裂纹、焊缝等，原子灰可以对其进行多层填充并整平，对物理缺陷具有良好的填充性能。

（2）施工性 原子灰具备可刮涂、可干燥、可打磨等优良的施工性能。

（3）可塑性 原子灰具有良好的可塑性能，可在钢板件、塑料件、旧涂层、铝制件等不同的面板上刮涂。

（4）稳定性　原子灰位于中涂底漆和底材之间，正常使用不易出现开裂和脱落等现象，具有较强的稳定性。

4. 原子灰的作用

原子灰的作用主要是对底材凹坑、针缩孔、裂纹和小焊缝等缺陷的填平与修饰，满足面漆前底材表面的平整、平滑，同时原子灰也有吸附作用，能牢固地附着在配套底漆涂层与中涂底漆上，在涂层中起到承上启下的作用，故底漆及原子灰的正确选择与调配对一个高质量的修补涂装来说，是非常关键的。

二、固化剂

原子灰多为双组分产品，使用时要和固化剂调配后才能使用，以提高硬度并缩短干燥时间。常见的固化剂如图 3-52 所示。

原子灰和固化剂的加入量比例一般为质量比 100∶2 至 100∶3，具体数据应以涂料技术说明书为准。例如，鹦鹉原子灰（型号 839-20）适合的配合比例为 3% 质量比，对应的固化剂为 948-36。固化剂过多，干燥后易开裂，固化剂过少，就难以固化干燥。

图 3-52　固化剂

三、原子灰刮涂工具及刮涂技巧

1. 刮涂工具

刮腻子常用工具包括调拌腻子盒、钢制腻子板、腻子铲刀、牛角刮刀和橡胶刮刀，如图 3-53 所示。

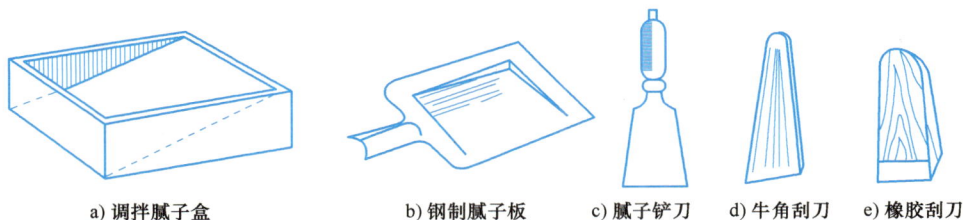

a) 调拌腻子盒　　　　b) 钢制腻子板　　c) 腻子铲刀　　d) 牛角刮刀　　e) 橡胶刮刀

图 3-53　刮腻子的常用工具

2. 刮刀的握法

刮原子灰时，以左手握原子灰托板，右手拿刮刀。刮刀有以下几种握法：

（1）直握法　直握时，食指压紧刀板，拇指和另外四指握住刀柄，适用于小型钢刮刀，如图 3-54a 所示。

（2）横握法　横握时，拇指和食指夹持住刮刀靠近刀柄的部分或中部，另外三指压在刀板上，如图 3-54b 所示。

（3）其他握法　刮刀的其他握法如图 3-54c、d 所示。右手握刀人常用的握法如图 3-54e、f 所示。

3. 刮原子灰的手法

（1）往返刮涂法　是先把原子灰敷在平面的边缘成一条线，刮刀尖成30°~40°向外推向前方，将原子灰刮涂于低陷处，多余原子灰挤压在刮刀口的右面成一条线。这种方法适合于刮涂平面物体。

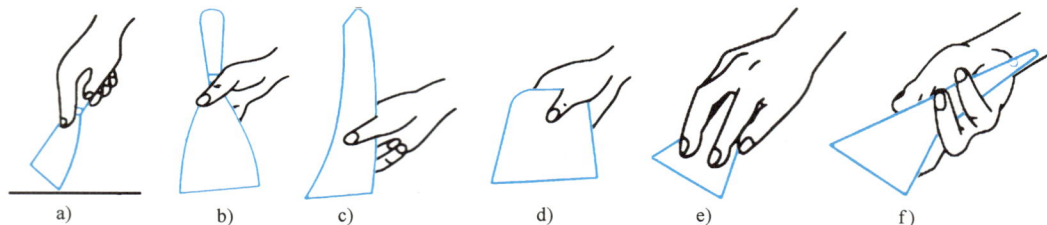

图 3-54　刮刀的握法

（2）一边倒刮涂法　是刮刀只向一面刮涂。汽车车身刮涂原子灰的顺序是从上往下刮，或从前往后刮。

4. 不同表面刮涂原子灰的技巧

（1）局部修补原子灰刮涂法　一般采用填刮的刮涂方法，第一步先将原子灰往金属表面上薄薄地抹一层，如图 3-55a 所示，刮涂时刮刀的角度一般为 45°~70°，刮刀上要加一定的力，提高原子灰和金属表面的附着力，并填充砂眼等；第二步逐渐用原子灰填满修补的凹坑，如图 3-55b 所示，刮涂时刮刀的倾斜角度通常为 35°~45°，注意原子灰中不要混入空气，否则会产生气孔和开裂；第三步用刮刀轻轻刮平修补表面，原子灰中间要稍微隆起。

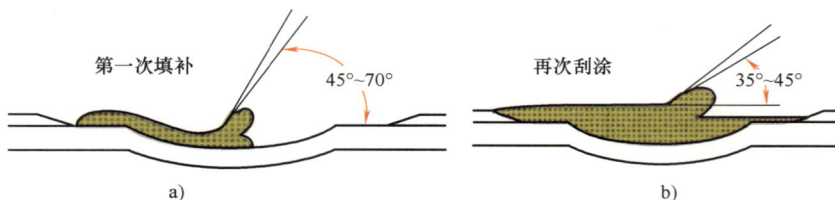

图 3-55　局部修补原子灰刮涂法

（2）较大面刮涂　第一步施涂第一层原子灰时，将原子灰薄薄地施涂在整个表面上，如图 3-56a 所示；第二步施涂时候，边缘不要厚，以减少后续打磨工序中的工作量，可用食指向刮刀的顶部施力，以便在顶部涂一薄层，如图 3-56b 所示。第三步施涂时候，要与第二层覆盖的部分有重叠。开始时要用力一点，将刮刀抵压在板件表面上，然后释放压力，同时滑动刮刀；施涂结束时，再向刮刀施加一点力，以便涂一薄层，如图 3-56c 所示；最终要让原子灰中间区域微微隆起，可以再施涂第四层，直到整个表面上施涂的原子灰达到要求，如图 3-56d 所示。

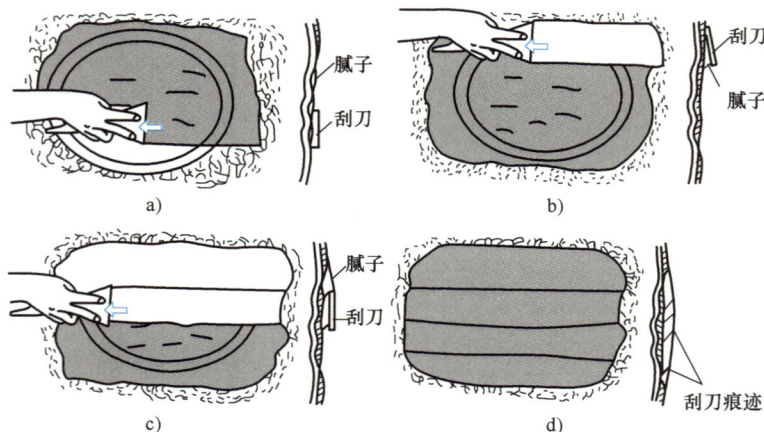

图 3-56　较大面刮涂手法

四、打磨指导层

1. 打磨指导层类型

打磨指导层有打磨指导碳粉和打磨指导涂料两种。

（1）打磨指导碳粉　由粉扑（海绵）和粉盒两部分组成。粉扑用于将黑色的碳粉施涂于待打磨表面，粉盒内盛装碳粉，如图 3-57 所示。

图 3-57　打磨指导碳粉

（2）打磨指导涂料　也称为指导层漆。使用时，应在打磨前将指导层漆喷涂于待打磨表面。指导层漆的类型有使用喷枪喷涂式和手喷罐式两种。采用手喷罐式指导层漆，只需要将自喷罐充分摇匀后，在原子灰表面薄喷 1~2 层，待其闪干约 5min 后即可打磨。

2. 打磨碳粉指示剂的作用与特性

碳粉指示剂的主要作用是用来显示涂层缺陷的，原子灰自身没有光泽且研磨时会产生少量的粉尘，表面的不平整以及砂眼、砂痕等缺陷都不容易看出，所以在原子灰研磨前应该在其表面施涂碳粉指示剂，能帮助操作技师更好地掌握。

碳粉指示剂可修复细微不平整之处，使其立刻变得清晰可见，打磨之后，原子灰高的部位的碳粉会被打磨掉，残留有碳粉的部位，说明有气孔或凹陷。而且可以用来判断需打磨表面是否已经完全打磨，无遗漏，避免不必要的返工。碳粉指示剂不含溶剂，不会排放二氧化碳或其他有害气雾，多为环保型。

3. 打磨碳粉指示剂的使用

使用时，用海绵将黑色的碳粉均匀地涂抹到原子灰上，通过按压手柄控制出粉量，使用简单，单手操作，碳粉筒内的碳粉撒到外面，不会堵塞砂纸，碳粉的使用能够确保手工或机器打磨的效果更好。

五、原子灰打磨砂纸选用

原子灰的打磨通常都会用到几个型号的砂纸，每一个型号都有它的作用和要求。粗打磨用到的砂纸主要是 P120 和 P180 砂纸，均在原子灰的范围内进行打磨；细打磨用到的砂纸主要是 P240 和 P320 砂纸，主要用于去除砂纸痕，原子灰打磨砂纸选用及要求见表 3-3。

表 3-3　原子灰打磨砂纸选用及要求

砂纸型号	P120	P180	P240	P320
作　　用	去除灰刀痕	整平	过渡	磨毛
要　　求	基本平整	完全平整	边缘平缓过渡	磨毛区大于 15cm

扫一扫

砂纸

【实训任务】

技能实训一　原子灰的调配

一、实训工具、设备及耗材

刮板、原子灰、固化剂、稀释剂（或香蕉水）、劳保用品（工作服、防毒面具、护目眼镜、安全鞋、防溶剂手套等），实训工具、设备及耗材如图 3-58 所示。

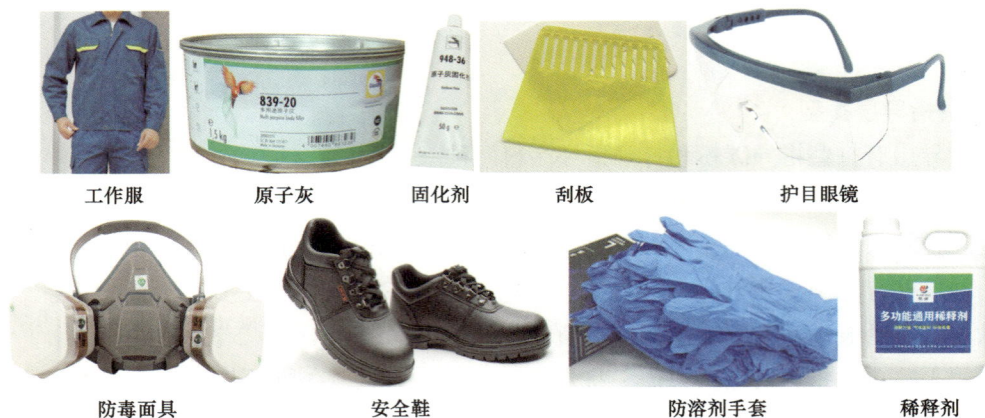

工作服　　原子灰　　固化剂　　刮板　　护目眼镜

防毒面具　　安全鞋　　防溶剂手套　　稀释剂

图 3-58　实训工具、设备及耗材

二、作业准备

1. 劳动安全

操作前，必须牢记劳动安全注意事项：

1）必须穿戴好工作服、防毒面具、护目眼镜、防溶剂手套等劳动安全防护用品，才允许操作。

2）原子灰在固化过程中会产生热。如果遗留在混合板上的原子灰在施工以后要立即放在垃圾桶里，原子灰产生的热可能引燃易燃物品。因此，一定要确认原子灰已经凉透才能将之弃置。

3）必须按照规范操作，时刻注意人身安全，慎防意外情况发生。

4）工作完毕应做好现场 6S 管理。

2. 原子灰的选择

选择原子灰重点考虑的因素是被涂板件材料，不同类型的原子灰在板件之间的适用性是不同的。各涂料生产商均为自己所生产的汽车修补涂料开发设计了多个修补涂装系统，在各系统中对采用的处理工艺、各类原子灰的选用及其涂装要求等做了详细的规定。实际运用中，可根据修补损伤的具体情况首先选择合适的涂装系统，然后根据系统的建议选择需用的原子灰，原子灰技术说明一般包括应用、特性、涂装工艺系统等部分，其中涂装工艺系统介绍了混合比例、活化时间、干燥以及建议的打磨工艺。例如，鹦鹉多用途原子灰 839-20，是粗细兼用的多功能原子灰，普遍适用于钢板、镀锌钢板、铝材；特性是高固体分，快干，易磨，附着力好；其混合比例为重量比 100∶2~100∶3，建议 839-20 原子灰配套使用 948-36 固化剂，在 20℃下，混合后的活化时间为 4~5min。在短波红外线烤灯下，干燥时间为 4min；在中波红外线烤灯下，干燥时间为 5~10min；在常温下，一般干燥时间为 20min。打磨工艺建议用轨道式打磨机配合 P80/P150 砂纸打磨，之后，再更换 P240 砂纸打磨整平区域和周边旧漆层。可使用 581-90 打磨指导层漆，检查原子灰层的打磨效果。鹦鹉多用途原子灰 839-20/20K 的技术说明如图 3-59 所示。

三、实训过程

1. 清洁板件

对于需要刮涂原子灰的表面，用压缩空气彻底清除粉尘，如图 3-60 所示，并采用"一手湿一手干"的除油方法对板件进行除油，如图 3-61 所示。

2. 确定原子灰取用量

根据损伤的面积和凹陷程度决定原子灰的取用量。

技术说明

839-20/20K
05/2014
G/BF

鹦鹉®多用途原子灰

应用：	粗细兼用的多功能原子灰
特性：	高固体份：普通适合用于钢板，镀锌钢板，铝材；快干，易磨，附着力好
注意：	● 施涂前应充分混合原子灰和红色固化剂（颜色应调匀，无大理石纹理效果） ● 固化剂添加量不应该超过 3 % ● 过多的过氧化物类固化剂会使漆面褪色

	应用	839-20 整平原子灰，粗/细	829-20K 整平原子灰，粗/细
	涂装系统	锐丽─水性系统，锐丽─经典系统，锐丽─高浓系统	
	混和比例	100% 重量比　　839-20（罐装）	100% 重量比 839-20K（大包装）
	固化剂	2~3% 重量比　948-36	3% 重量比　948-52（根据固化剂分配器）
	稀释剂		
	活化时间　　20°C	4~5 分钟	4~5 分钟
	干燥时间　　20°C 　　　　　　60°C	20~30 分钟	20~30 分钟
	红外线　（短波） 　　　　（中波）	4 分钟 5~10 分钟	4 分钟 5~10 分钟
	打磨： 轨道式打磨机	P80/150 581-90 打磨指导层 P240 打磨整平区域和周边旧漆层	P80/150 581-90 打磨指导层 P240 打磨整平区域和周边旧漆层

图 3-59　鹦鹉多用途原子灰 839-20/20K 技术说明

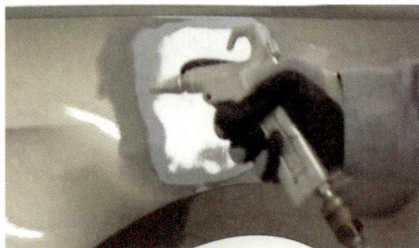

图 3-60　使用吹尘枪吹尘

图 3-61　除油

3. 取原子灰

原子灰通常装于铁制的罐内，长期装在罐中的时候，其各组分如溶剂、树脂及颜料会分离，故使用前必须将罐盖打开，并充分搅拌，如图 3-62 所示。

取适量的原子灰放在混合板（或原子灰专用调和纸）上，如图 3-63 所示。注意一次不要取出太多的原子灰，因为调和后的原子灰会很快固化，如果还没有到板件上就已经固化，则原子灰就不能再使用，造成浪费。

图 3-62　充分搅拌原子灰

图 3-63　取适量的原子灰

4. 取固化剂

固化剂装在软体管子内，长期不用时，各组分也会分离，应充分挤压装固化剂的胶管，使管中的固化剂在使用前充分混合，如图 3-64 所示。

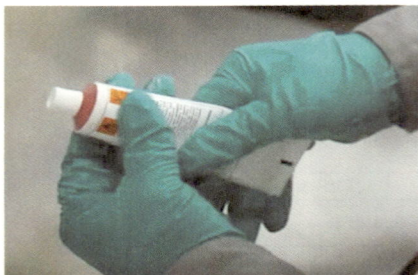

图 3-64　充分挤压固化剂

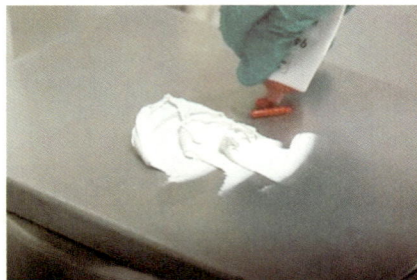

图 3-65　把固化剂挤在原子灰旁

按照规定的混合比例取一定量的固化剂，如图 3-65 所示。原子灰和固化剂的加入量比一般为重量比 100∶2~100∶3，具体数据应以涂料技术说明为准。

5. 调和原子灰

将混合板放到工作台上，充分搅拌原子灰和固化剂。这一过程越快越好，建议在 3min 内完成。

1）取好原子灰和固化剂后（图 3-66a），用刮刀的尖端将固化剂均匀散布在原子灰整个表面上（图 3-66b）。

2）抓住刮刀，提起其端头，再将它滑入原子灰下面，轻轻搅拌（图 3-66c）。

3）用刮刀盛起约 1/3 原子灰，以刮刀为支点，将刮刀翻转（图 3-66d）。

4）将刮刀基本与混合板持平，并将刮刀向下压，不让原子灰留在刮刀上，同时压出原子灰中可能存在的气泡等（图 3-66e、f）。

5）用刮刀盛起全部原子灰，以刮刀为支点，将刮刀翻转，将原子灰翻身（图 3-66g）。

6）将刮刀基本与混合板持平，并将刮刀向下压，不让原子灰留在刮刀上，同时压出原子灰中可能存在的气泡等（图 3-66h）。

7）重复步骤 3）~6），直到原子灰充分混合。

> **注意：**
>
> 1）若固化剂过多，干燥后就会开裂；若固化剂过少，就难以固化干燥，降低施工效率。
>
> 2）拿取所需量原子灰放在混合板上，需将固化剂挤在原子灰旁，而不要直接将固化剂挤在原子灰里，以防止挤多，无法减少添加量。

a)

b)

c)

d)

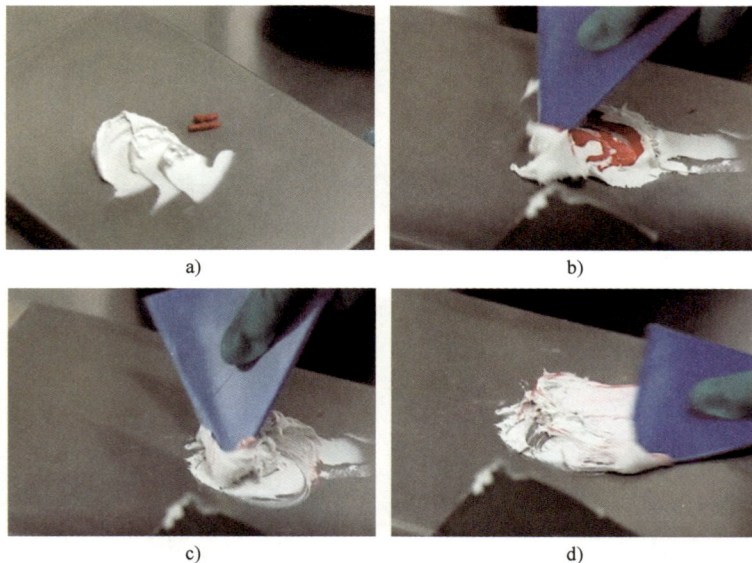

图 3-66　调和原子灰

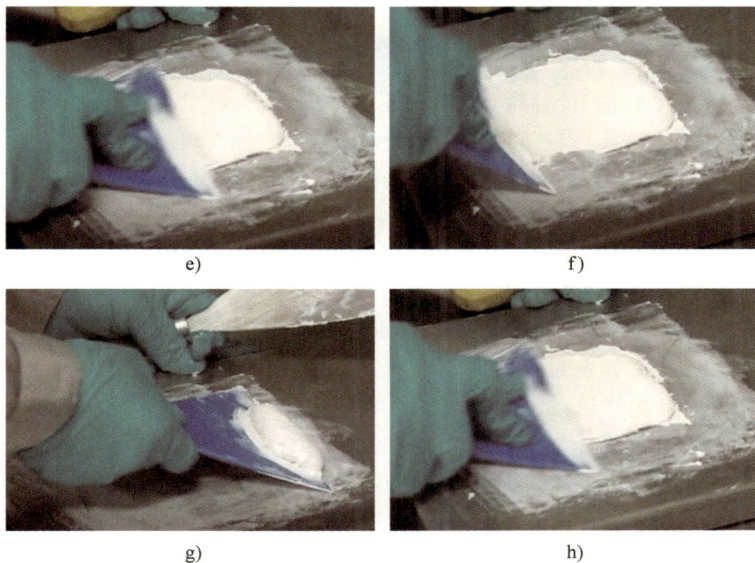

e)

f)

g)

h)

图 3-66 调和原子灰（续）

四、实训小结

1. 个体防护用品： _____
_____

2. 实操步骤： _____
_____
_____

3. 调和原子灰注意事项： _____

五、评价反馈

汽车运用与维修职业技能等级考试标准
"汽车车身漆面养护与涂装喷漆技术"模块（中级）—工作任务"修补工艺"
"喷漆前处理"子任务考核评价表（1）—原子灰的调配

评分项	配分	评分标准	自评	互评	教师评价
1. 工位 6S 操作	10	□ 1.1 整理、整顿（2.5 分） □ 1.2 清理、清洁（2.5 分） □ 1.3 素养（2.5 分） □ 1.4 安全（2.5 分）			
2. 设备、工具、劳保用品的安全检查	10	□ 2.1 检查作业所需要的工具设备是否完备，有无损坏（2 分） □ 2.2 检查作业环境是否配备灭火器（2 分） □ 2.3 检查穿戴的劳保用品是否符合原子灰调配的实操要求（4 分） □ 2.4 检查原子灰类型的选用是否符合待修补板件（2 分）			

注意：

1）原子灰有可用时间的限制。可用时间是指原子灰和固化剂混合后，保持不硬化，能进行刮涂的时间。通常在20℃下，可以保持 4~5min，因此应根据调和所需时间与刮涂所需时间，决定一次性的取用量。

2）调和搅拌的关键是速度快，动作熟练，所以原子灰的搅拌需要反复练习。

3）是否搅拌良好，可通过混合物的颜色是否均匀来判定，如出现大理石纹效果，说明搅拌不均匀。如果搅拌不良，就会引起固化不良和附着不良等问题。

4）有的原子灰随着季节不同，固化剂的添加比例也要变化，具体应根据产品说明书要求去做。

（续）

评分项	配分	评分标准	自评	互评	教师评价
3. 板件的除油除尘操作	10	☐ 3.1 进行除油除尘操作（5分） ☐ 3.2 擦（喷）湿后要及时擦干（5分）			
4. 原子灰的调配	50	☐ 4.1 确定原子灰取用量（10分） ☐ 4.2 原子灰和固化剂的混合比例正确（15分） ☐ 4.3 搅拌原子灰和固化剂手法正确、熟练（15分） ☐ 4.4 原子灰搅拌均匀（10分）			
5. 规范作业过程	10	☐ 5.1 作业过程做到工具不落地（5分） ☐ 5.2 作业过程做到原子灰、固化剂等耗材不落地（5分）			
6. 工具清洁存放	10	☐ 6.1 使用工具后对工具进行清洁（5分） ☐ 6.2 作业完成后对工具进行复位（5分）			
完成时间		定额时间15min，每超过5min，扣5分			
合计					
总评分（各项合计平均分）					

技能实训二　原子灰涂装及干燥

一、实训工具、设备及耗材

实训板件、红外线烤灯、清洁布、刮板、原子灰、固化剂、稀释剂（或香蕉水）、劳保用品（工作服、防毒面具、护目眼镜、安全鞋、防溶剂手套等），实训工具、设备及耗材如图 3-67 所示。

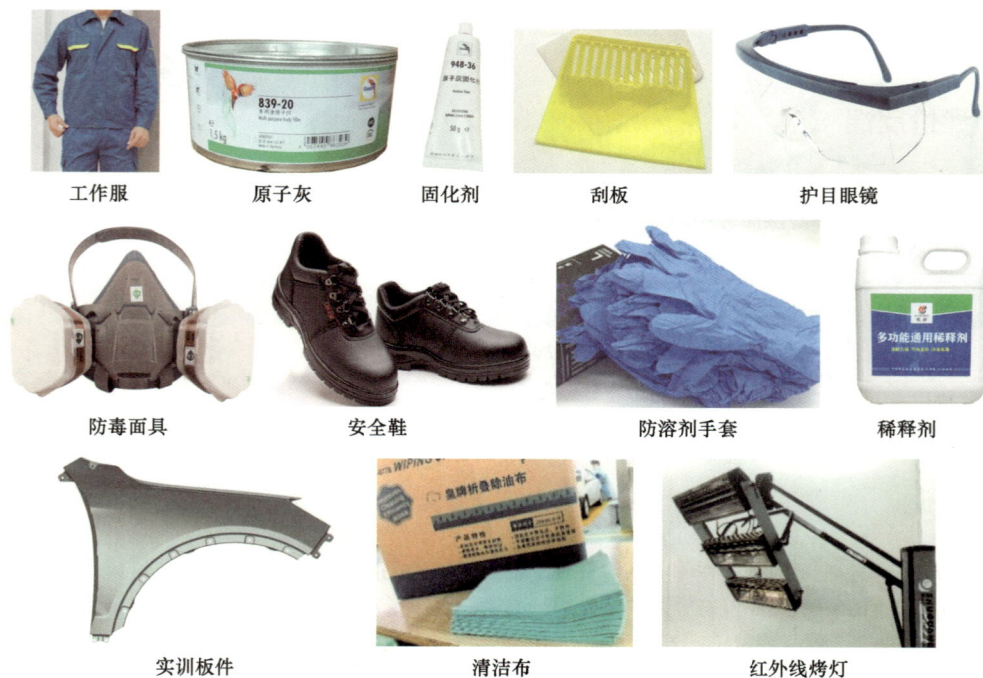

工作服　　原子灰　　固化剂　　刮板　　护目眼镜

防毒面具　　安全鞋　　防溶剂手套　　稀释剂

实训板件　　清洁布　　红外线烤灯

图 3-67　实训工具、设备及耗材

二、作业要求

操作前必须牢记劳动安全注意事项：

1）必须穿戴好工作服、防毒面具、护目眼镜、防溶剂手套、耳塞、安全鞋等必要安全防护用品，才能允许操作。

2）清洁除油以及清洗刮刀/板时，会使用到除油剂、香蕉水等溶剂，要做好防护措施。

3）红外线烤灯烘烤过程中会产生热量，要注意烤灯与板件的距离，防止烫伤以及插头漏电等事故发生。

4）必须按照规范操作，时刻注意人身安全，慎防意外情况发生。

5）工作完毕要及时做好现场 6S 管理。

三、实训过程

1. 清洁板件

首先需要对刮涂原子灰区域及整板用清洁布擦拭一遍（去除板件上的灰尘），再使用清洁布蘸除油剂将板件整体擦拭一遍（擦拭时应该先大面，后边缘，再角落，一个位置不能来回擦拭以免造成二次污染）。

通常除油有两种方法，第一种利用耐溶剂喷壶对其加压后将除油剂均匀地喷洒在工件表面上，在除油剂没有挥发前及时使用清洁布将其擦干。第二种采用两块清洁布，一块清洁布蘸除油剂待其湿润后，在工件表面及时从左到右或从右到左擦拭一道，然后拿另一块清洁布将工件表面的除油剂擦干。

2. 施涂环氧底漆

在裸露金属表面采用刷涂或者蘸涂的方法施涂 1 至 2 层，厚度可达 15~20μm 的环氧底漆，如图 3-68 所示为蘸涂法施涂环氧底漆，注意环氧底漆不能涂抹过厚，否则干燥时间变长影响施工进度，也可使用红外线烤灯对其加热烘烤加快干燥速度。

3. 施涂原子灰

（1）选用合适的刮刀/板　检查刮刀刀口是否平整（刮刀刀口的平整决定了刮涂的效果），如果板件为铝或者铝合金时，建议选用塑料刮板。

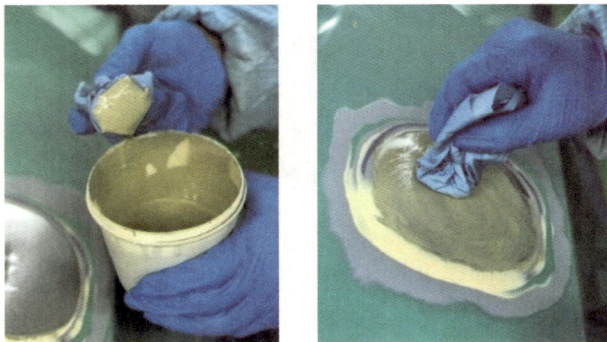

图 3-68　蘸涂法施涂环氧底漆

（2）原子灰刮涂　原子灰刮涂是填补凹陷，为保证质量，原子灰不能一次刮涂太厚。通常分为压灰、填灰以及收灰三个步骤。在施涂中要以凹陷部位为主，而施涂后原子灰边缘要尽可能地刮涂平顺光滑，板件其余部位不要出现多余的原子灰现象（俗称"野灰"）。原子灰是一种有机有毒物质，刮涂剩余的原子灰要及时放入装水的桶中，原子灰固化过程中会产生热量，不能随意丢弃。

1）压灰。要求刮刀与板件之间的角度控制在 70°~80°，使原子灰呈现薄且细致，以增强凹陷区域的附着力，填充砂眼，如图 3-69a 所示。

2）填灰。要将整个施涂区域填平为止，如图 3-69b 所示，在刮涂中要多角度（落刀部位控

扫一扫

刮原子灰

制在 45°，刮至中间部位时，刮刀要下沉控制在 30°，最后收刀部位控制在 15°），角度从大到小，同时填灰过程要求薄刮多层。第一层不求原子灰光滑只求表面平整，对于凹陷部位要初步填平。第二层施涂面积要比第一层略大，仍然以表面平整为原则对凹陷部位填平。第三层主要收刮前两层填充原子灰留下的砂眼、划痕以及轻微凹陷。

3）收灰。刮涂完的原子灰边缘要求薄且平顺，如图 3-69c 所示，利于后期的研磨，而厚边则会增加研磨的难度且易造成边缘的磨穿及明显的接口痕迹。

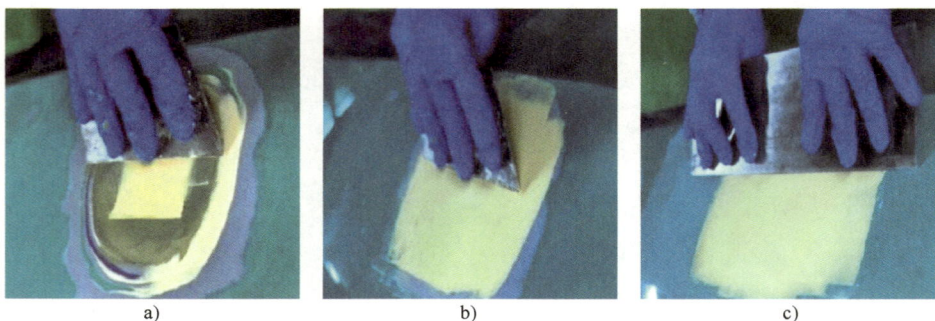

a)　　　　　　　　　b)　　　　　　　　　c)

图 3-69　施涂原子灰

4. 原子灰烘烤

红外线烤灯产生短波，能快速穿透原子灰到达板件底材，干燥效果强。在对每一层原子灰施涂结束后，都需要进行干燥，这时可以选用红外线烤灯对施涂结束的原子灰强制干燥，从而增加施工质量。

需要注意红外线烤灯工作时应该保持距离板件 80cm 左右，将烤灯温度设定为 50℃烘烤 5~10min，烘烤过程中要时刻注意板件表面的温度，温度过高，原子灰和固化剂干燥过快，将会导致原子灰产生过度的收缩最后会开裂直至脱落。而温度过低，干燥时间增加影响施工进度。

5. 清洗刮涂工具

在原子灰烘烤过程中，需要及时将刮涂工具清洗干净，否则原子灰干燥会很难清理，也影响下次的使用。

清洗刮涂工具在个人安全防护的基础上还需要穿戴耐溶剂手套，然后将刮涂工具放置于盛有香蕉水的盆中，用毛刷将刮涂工具两面清洗干净为止，然后用清洁布将其擦干，放回工具车或收纳箱中以备下次使用。

四、实训小结

1. 个体防护用品：_____

2. 实操步骤：_____

_____

_____

3. 施涂原子灰注意事项：_____

_____

扫一扫

红外线烤灯
干燥原子灰

扫一扫

原子灰涂装
工艺（完整）

五、评价反馈

汽车运用与维修职业技能等级考试标准
"汽车车身漆面养护与涂装喷漆技术"模块（中级）—工作任务"修补工艺"
"喷漆前处理"子任务考核评价表（2）—原子灰涂装及干燥

评分项	配分	评分标准	自评	互评	教师评价
1. 工位 6S 操作	10	□ 1.1 整理、整顿（2.5 分） □ 1.2 清理、清洁（2.5 分） □ 1.3 素养（2.5 分） □ 1.4 安全（2.5 分）			
2. 设备、劳保用品及底材处理的检查	10	□ 2.1 检查作业所需要的工具设备是否完备，有无损坏（2 分） □ 2.2 检查作业环境是否配备灭火器（2 分） □ 2.3 检查穿戴的劳保用品是否符合施涂原子灰的实操要求（3 分） □ 2.4 检查裸露金属部位是否施涂环氧底漆（3 分）			
3. 板件的除油除尘操作	10	□ 3.1 进行除油除尘操作（2 分） □ 3.2 擦（喷）湿后要及时擦干（4 分） □ 3.3 整个操作过程中无遗漏且方法得当（4 分）			
4. 原子灰的刮涂	50	□ 4.1 刮涂后原子灰剩余量应大于 50%（10 分） □ 4.2 刮涂原子灰不超出羽状边区域（10 分） □ 4.3 原子灰周边不存在野灰现象（15 分） □ 4.4 原子灰表面无粗糙，边缘无台阶（15 分）			
5. 规范作业过程	10	□ 5.1 作业过程做到工具不落地（5 分） □ 5.2 作业过程做到原子灰、刮刀等不落地（5 分）			
6. 工具清洁存放	10	□ 6.1 使用工具后对工具进行清洁（5 分） □ 6.2 作业完成后对工具进行复位（5 分）			
完成时间		定额时间 12min，每超过 5min，扣 5 分			
合计					
总评分（各项合计平均分）					

技能实训三　原子灰打磨

一、实训工具、设备及耗材

实训板件、红外线烤灯、清洁布、刮板、原子灰、固化剂、稀释剂（或香蕉水）、劳保用品（工作服、防尘口罩、护目眼镜、安全鞋、棉纱手套等），实训工具、设备及耗材如图 3-70 所示。

二、作业要求

操作前必须牢记劳动安全注意事项：

1）必须穿戴好工作服、护目眼镜、棉纱手套、防尘口罩、耳塞、安全鞋等必要安全防护用品，才能允许操作。

2）检查原子灰是否干燥前要确定是否冷却，防止烫伤。

77

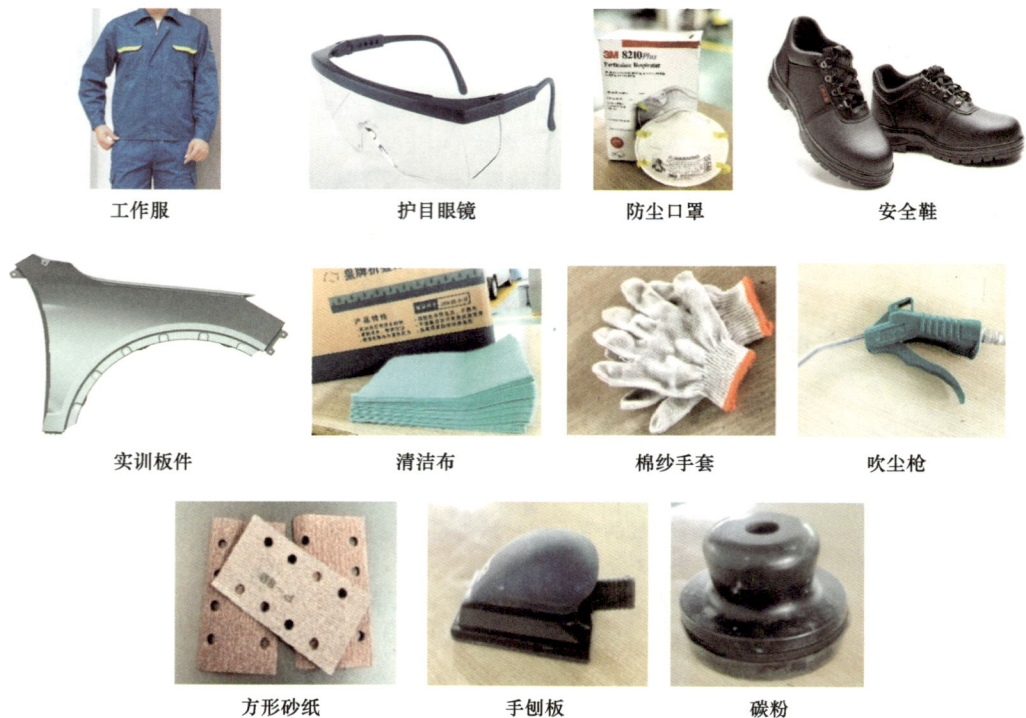

工作服　　　　　　护目眼镜　　　　　　防尘口罩　　　　　　安全鞋

实训板件　　　　　　清洁布　　　　　　棉纱手套　　　　　　吹尘枪

方形砂纸　　　　　　手刨板　　　　　　碳粉

图 3-70　实训工具、设备及耗材

3）要选用适当的手刨板，使用前要检查研磨集成装置是否开启。

4）必须按照规范操作，时刻注意人身安全，谨防意外情况发生。

5）工作完毕要及时做好现场 6S 管理。

三、实训过程

1. 检查原子灰干燥

原子灰在彻底干燥后即可打磨，通常用手指在原子灰边缘轻轻按压检查是否粘手，如图 3-71 所示，也可用砂纸在表面轻轻划动几次，呈现不粘砂纸且有发白划痕即可。原子灰没有完全干燥会粘黏砂纸，造成砂纸不必要的浪费，不能进行打磨。

2. 施涂碳粉指示剂

碳粉颜色为黑色，只需在原子灰表面薄薄擦涂一层，原子灰表面有一层黑色碳粉即可，无须过深，否则会造成过多的浪费，如图 3-72 所示。

图 3-71　检查原子灰是否干燥

图 3-72　碳粉指示剂的施涂

3. 原子灰打磨方式的选择

原子灰的打磨方式主要有手刨板打磨、双作用打磨机打磨以及轨道式打磨机打磨，对于小面积原子灰的打磨，手刨板更容易控制研磨的范围和效果；大面积的原子灰，使用双作用打磨机和轨道式打磨机，可以降低操作技师的劳动强度。因此在原子灰区域的粗打磨，一般用手刨板打磨；而较大面积的细打磨，一般用打磨机打磨。

4. 原子灰打磨

（1）使用 P120 砂纸打磨　只需将其表面初步整平，此时要注意研磨时手刨板严禁超出原子灰刮涂区域，如图 3-73a、b 所示，主要防止在周边旧涂层上留下过粗的砂纸痕迹。手工研磨时要注意手刨板移动的长度以及方向，顺着板件的造型作水平方向来回往复移动。如果原子灰刮涂质量合格，表面较为平整，可以忽略 P120 砂纸的研磨。注意使用手刨板前，需检查集尘装置是否开启，将手刨板的尾孔与集尘管相连接，顺时针安装到位。

（2）使用 P180 砂纸打磨　施涂碳粉指示剂，如图 3-73c 所示，更换 P180 砂纸，主要作用消除 P120 砂纸留下的粗砂痕，同时可以基本整平原子灰，重点打磨原子灰与旧漆边缘，如图 3-73d 所示。

此时注意研磨时要以"米"字形方向移动，水平、垂直、斜交叉方向，同时动作要平稳，不能一头重一头轻。在研磨的过程中还要用手来触摸研磨后的表面，判断原子灰的平整程度，防止过度研磨。

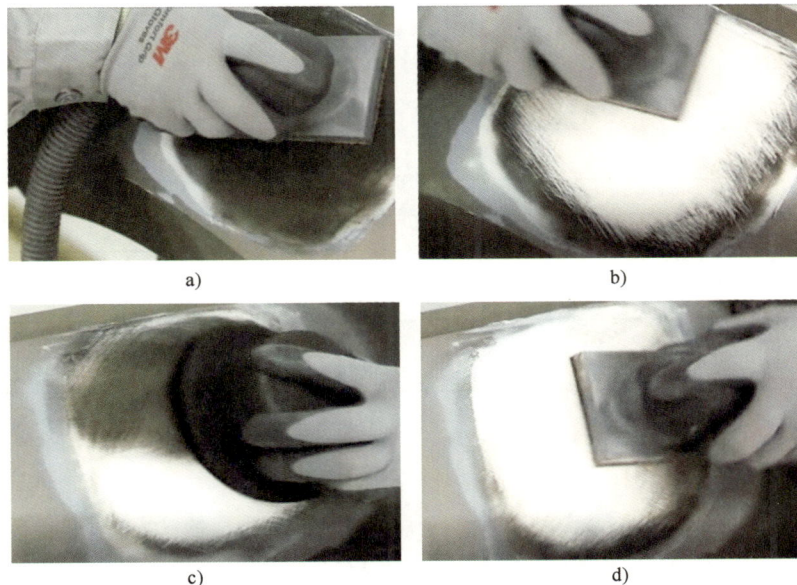

扫一扫

手工干磨
原子灰

扫一扫

用干磨机打
磨原子灰

a)　　　　　　　　　　b)

c)　　　　　　　　　　d)

图 3-73　手刨板粗打磨原子灰

（3）使用 P240 砂纸细打磨　施涂碳粉指示剂，使用 P240 砂纸配合双作用打磨机在超出原子灰的范围进行细打磨，如图 3-74a、b 所示，此次打磨应扩展到旧漆膜，区域不要太大，原子灰区域向外扩 3~5cm。重点关注原子灰与旧漆膜交界处，此时应该达到原子灰整体的平整光滑、无砂痕、边缘无接口等要求。

打磨时打磨机要平贴原子灰表面，打磨机与原子灰表面角度不能大于 5°。打磨结束后，灰面应平整而且原子灰边缘过渡平缓无阶梯。

（4）使用 P320 细砂纸打磨　施涂碳粉指示剂，使用 P320 砂纸配合双作用打磨机对需要喷涂

中涂底漆的区域进行过渡打磨，如图 3-74c、d 所示，如果在精磨过程中发现存有凹坑、砂眼及划痕等瑕疵，应及时填补修复。

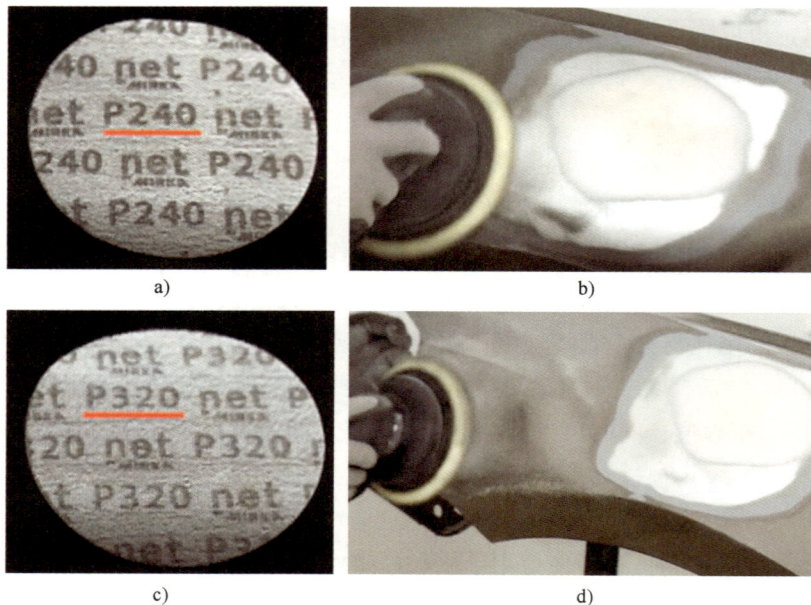

扫一扫

原子灰打磨
工艺（完整）

a)

b)

c)

d)

图 3-74　打磨机细打磨原子灰

四、实训小结

1. 个体防护用品：_____

_____

2. 实操步骤：_____

_____

_____

3. 打磨原子灰注意事项：_____

_____

五、评价反馈

汽车运用与维修职业技能等级考试标准
"汽车车身漆面养护与涂装喷漆技术"模块（中级）—工作任务"修补工艺"
"喷涂前处理"子任务考核评价表（3）—原子灰打磨

评分项	配分	评分标准	自评	互评	教师评价
1. 工位 6S 操作	10	□ 1.1 整理、整顿（2.5 分） □ 1.2 清理、清洁（2.5 分） □ 1.3 素养（2.5 分） □ 1.4 安全（2.5 分）			

（续）

评分项	配分	评分标准	自评	互评	教师评价
2. 设备、劳保用品及底材处理的检查	10	□ 2.1 检查作业所需要的工具设备是否完备，有无损坏（2分） □ 2.2 检查作业环境是否配备灭火器（2分） □ 2.3 检查穿戴的劳保用品是否符合研磨原子灰的实操要求（3分） □ 2.4 检查原子灰是否冷却并干燥（3分）			
3. 原子灰的研磨	60	□ 3.1 打磨前应使用碳粉指示剂（10分） □ 3.2 打磨后的平整度，不应有凹坑（10~20分） □ 3.3 原子灰边缘应平顺，无羽状边（15分） □ 3.4 原子灰表面无粗糙，有无砂眼及划痕（15分）			
4. 规范作业过程	10	□ 4.1 作业过程做到工具不落地（5分） □ 4.2 作业过程做到原子灰、刮刀等不落地（5分）			
5. 工具清洁存放	10	□ 5.1 使用工具后对工具进行清洁（5分） □ 5.2 作业完成后对工具进行复位（5分）			
完成时间		定额时间 15min，每超过 5min，扣 5 分			
合计					
总评分（各项合计平均分）					

【任务拓展】

拓展知识：无尘干磨新技术——品质控制

一、手工水磨工艺的问题

1）容易导致漆膜中因存有水汽而出现起泡、钢锈蚀等品质问题。

2）水磨作业时所产生的污水容易对下水道构成污染。

3）手工水磨作业劳动强度大，效率低。

4）手工水磨对砂纸等耗材的消耗较大。

5）工作环境差，影响企业形象。

二、无尘干磨新技术的优势

1. 提高打磨质量

干磨作业时的金属底材，因为不接触水分，所以不存在锈蚀风险，也可以避免漆膜内因存有水气而导致日后出现起泡的油漆缺陷，漆膜品质大大增强。

2. 减少污水对作业人员和环境的危害

无尘干磨作业时，大量（一般 80%~90%）的灰尘会被吸尘机吸走，有效解决了粉尘污染，只需利用小量的压缩空气来吹掉车体表面少量的灰尘。干磨作业时，地面可以一直保持干爽，不会出现湿滑的情况而导致滑倒或跌伤等工伤事故，也不会产生污水造成的污染问题，绿色环保。

3. 提高工作效率

利用打磨机的协助，使技术人员在打磨工作时变得更轻松，打磨作业的效率显著提高。

4. 降低耗材消耗

无尘干磨系统对砂纸等耗材的消耗较少，一般一张砂纸可以反复使用。

5. 提升企业形象，改善工作环境

干磨作业可使维修生产车间保持整洁，提升了企业的专业形象，改善了工作环境。

【思考与练习】

1. 在调配原子灰时，可选用什么设备来帮助我们确定原子灰与固化剂的比例？为什么？

2. 说明汽车修补中常用的原子灰种类及其特点。

3. 取用原子灰，一般取几次？为什么？

4. 刮涂原子灰，一般刮几次？简述原子灰刮涂的具体步骤。

5. 简述原子灰打磨的具体步骤。

项目四　喷涂流程

【学习目标】

1. 知识目标

1）掌握中涂底漆的特性及其作用。

2）掌握中涂底漆、固化剂及稀释剂的选用方法。

3）熟悉中涂底漆的调配比例。

2. 能力目标

1）能按正确比例调配中涂底漆。

2）能按正确手法调试喷枪。

3）能按照标准工艺流程进行中涂底漆施工。

4）能按照标准流程对中涂底漆进行打磨。

3. 素质目标

1）培养安全意识，加强 6S 管理。

2）培养爱国情怀，激发"拳拳爱国心"。

3）培养团队合作精神。

【任务案例】

某小型汽车维修厂，在完成原子灰涂层修复后，直接进行了面漆喷涂，喷涂后的面漆有较多针孔出现，经过数月，面漆层出现脱落等现象。如图 4-1 所示，经过原子灰涂层修复后的翼子板，虽然恢复了表面的形状，但是表面还是存在一些细小的缺陷，如针孔、划痕等，需要对损伤区进行规范的中涂底漆处理，以达到面漆喷涂之前的要求，如图 4-2 所示。

图 4-1　中涂涂装前的效果

图 4-2　中涂涂装后的效果

扫一扫

中涂底漆的
特性

【相关知识】

一、中涂底漆特性

中涂底漆在涂层组合中是在面漆之下的涂层，主要有以下特性：

（1）层间黏合性　具有较好的层间黏合性，一般与面漆、底漆配套良好，不被面漆的溶剂所腐蚀。

（2）填平性　具有较好的填平性，能消除表面细小的缺陷，如砂纸痕、砂眼等。

（3）隔离性　提高漆膜的整体耐腐蚀性能。

（4）打磨性　打磨性能良好。

（5）耐热性　需要能够承受在 120℃条件下，加热 30min，具有较好的耐热性。

二、中涂底漆选择

中涂底漆的品种很多，分类方法也很多，根据涂料性质来分有单组分中涂底漆和双组分中涂底漆。根据主要成膜物质来分，汽车修补涂装常用的有硝基中涂底漆、聚氨酯中涂底漆、环氧底漆等，常用中涂底漆的特点及用途见表 4-1。

表 4-1　常用中涂底漆的特点及用途

产品类型	特点	用途
硝基中涂底漆	单组分类型涂料，干燥迅速、易于打磨，经打磨后表面平整光滑，但成膜较薄。 施工时需要注意： 1）颜料沉淀严重，使用前应彻底搅拌均匀 2）工作黏度一般为 15~20s，其黏度可以用硝基稀释剂调整，一般需要喷 3 道以上，每层间隔 10min 左右 3）可与各种硝基面漆以及双组分丙烯酸聚氨酯面漆配套使用	汽车修补涂装中一般用于要求快干的场合，或装饰性要求不高的汽车部件，或面积较小的非主要装饰面
聚氨酯中涂底漆	为双组分类型涂料，其附着力、耐水性、耐热性、耐化学性好，填充能力强、干燥快、打磨性好，对面漆有很好的保光性。	汽车修补涂装作业中可用于各种底漆、原子灰及旧涂层之上，为目前主要使用的中涂底漆品种

（续）

产品类型	特 点	用 途
聚氨酯中涂底漆	施工时需要注意： 1）一般以喷涂为主，也可刷涂或滚涂 2）直接用于金属表面时，材质必须经过处理，保证无水、无油、无酸碱、无灰尘、无杂质 3）严格按照生产厂商的要求配比，搅拌均匀后方可使用，并在使用时效内用完	汽车修补涂装作业中可用于各种底漆、原子灰及旧涂层之上，为目前主要使用的中涂底漆品种
环氧底漆	一般为双组分类型，防锈性能好、附着力好、填充性好、耐溶剂性好、机械强度高，干燥较慢。即可以作为底漆使用，也可以作为中涂底漆使用，也可以作为底漆、中涂漆二合一的底漆使用	汽车修补涂装中主要用于有裸露金属的部位作为二合一底漆使用

涂料品种很多，性能各异，一般在选择涂料时要从以下几个方面进行综合考虑。

（1）被涂物的材质　由于各种物面材质的特性和吸附能力不同，因而需合理选用与物面材料性质相适应的涂料。常用汽车涂料与被涂材质的适应性见表4-2。

（2）被涂物的使用环境　不同的地区和不同的气候，对汽车的适应性有不同的要求。如南方湿热地区使用的汽车，要求涂料对湿热、盐雾、霉菌有良好的三防性能；在北方干寒地区使用的汽车，要求其涂料有一定的耐寒性能。另外在不同的环境下，对涂料的耐候、耐磨、耐冲击和耐汽油等性能都有不同的要求。各种涂料适应的环境条件见表4-3。

表 4-2　常用汽车涂料与被涂材质的适应性

涂料品种	被涂材质						
	钢铁	轻金属	塑料	木材	皮革	玻璃	织纤维
油脂漆	5	4	3	4	3	2	3
醇酸漆	5	4	4	5	5	4	5
氨基漆	5	4	4	4	2	4	4
硝基漆	5	4	4	5	5	4	4
酚醛漆	5	5	4	4	2	4	4
环氧漆	5	5	4	4	3	5	—
氯化橡胶漆	5	3	3	5	4	1	4
丙烯酸漆	4	5	4	4	4	1	4
有机硅漆	5	5	4	3	3	5	5
聚氨酯漆	5	5	5	5	5	5	5

注：5表示最好，1表示最差。

表 4-3　各种涂料适应的环境条件

环境条件	涂料品种									
	酚醛漆	沥青漆	醇酸漆	氨基漆	硝基漆	过氯乙烯漆	丙烯酸漆	环氧漆	聚氨酯漆	有机硅漆
一般条件下使用，但要求耐候性及装饰性好			√		√		√		√	
一般条件下使用，但要求防潮性及耐水性好	√	√					√	√	√	

（续）

环境条件	涂料品种									
	酚醛漆	沥青漆	醇酸漆	氨基漆	硝基漆	过滤乙烯漆	丙烯酸漆	环氧漆	聚氨酯漆	有机硅漆
耐化学腐蚀性较好	√	√				√	√	√	√	
在湿热条件下使用，要求三防性能好	√			√		√	√	√	√	
在高温条件下使用										√

注：标有"√"号的，说明适应性较好。

三、中涂底漆调配方法

中涂底漆的调配与底漆的调配方法基本相同。根据不同产品的特点及涂装要求略有差别，一般调配中涂底漆的方法如下：

1）查看产品技术说明，确定调配方法。

2）穿戴好工作服、护目眼镜、防毒面具、防溶剂手套、安全鞋等劳保防护用品。

3）打开搅拌机，将中涂底漆彻底搅拌均匀。

4）估算喷涂的面积所需要的量，将中涂底漆倒入合适的调漆杯中。

5）按照产品技术说明上所给的比例用调漆比例尺添加适量的固化剂、稀释剂，较为常见的调配比例为体积比4∶1∶1。

6）用搅拌尺对添加好各组分的涂料进行彻底搅拌均匀。

7）根据涂料特点和产品技术说明，选择合适口径的底漆喷枪。

8）用过滤网将调配好的涂料过滤到喷枪里，调配完毕。

四、中涂底漆喷涂工艺

1）为了避免产生反应，先在腻子和旧漆层接合部位薄喷一层中涂底漆，如图4-3所示。

2）待第一层涂料充分闪干，涂层没有出现不良反应之后，将整个腻子及腻子周围的区域薄喷一层，至半光泽状态即可，如图4-4所示。

3）待第二层涂料充分闪干，涂层没有出现不良反应之后，扩大喷涂范围，将整个损伤区域正常湿喷一层，至光泽状态，如图4-5所示。

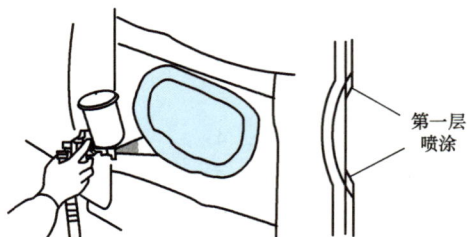

第一层喷涂

图4-3　原子灰区域薄喷

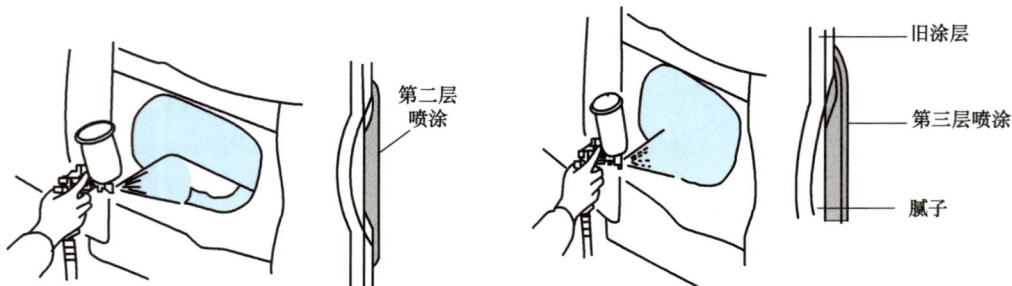

第二层喷涂

图4-4　整板薄喷

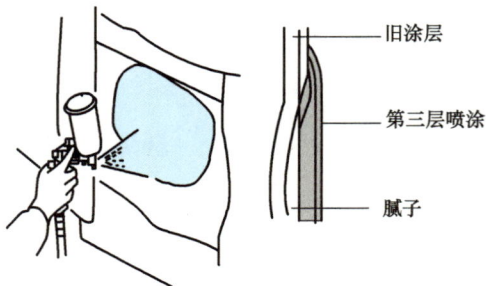

旧涂层

第三层喷涂

腻子

图4-5　整板湿喷

技能实训一　中涂底漆的选择与调配

一、实训工具、设备及耗材

工作服、护目眼镜、防毒面具、安全鞋、防溶剂手套、搅拌尺、枪壶、中涂底漆、固化剂、稀释剂，如图 4-6 所示。

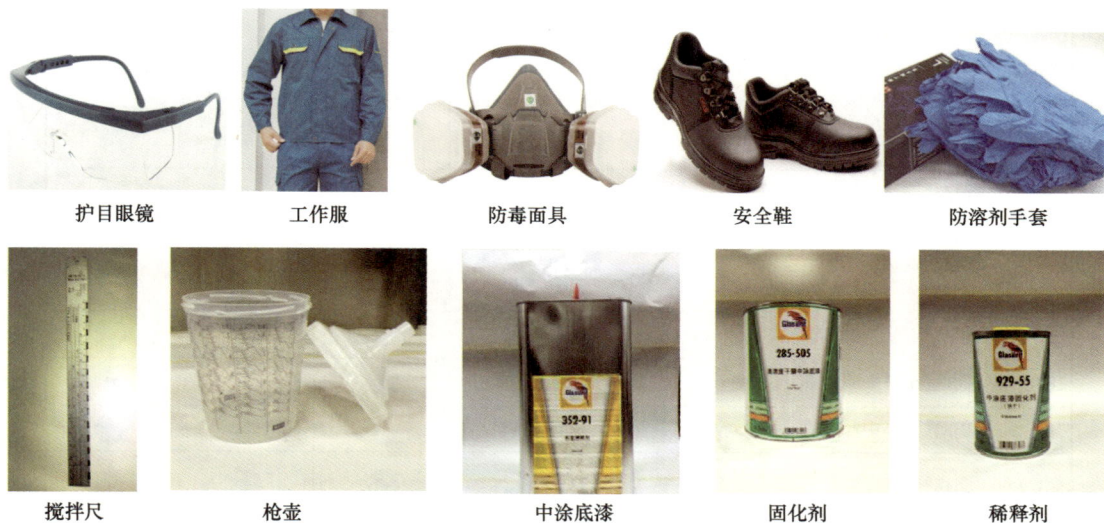

| 护目眼镜 | 工作服 | 防毒面具 | 安全鞋 | 防溶剂手套 |
| 搅拌尺 | 枪壶 | 中涂底漆 | 固化剂 | 稀释剂 |

图 4-6　实训工具、设备及耗材

二、作业准备

1. 劳动安全

操作前，必须牢记劳动安全注意事项：

1）必须穿戴好工作服、防毒面具、护目眼镜、防溶剂手套等劳动安全防护用品，才允许操作。

2）在使用前要充分搅拌中涂底漆，固化剂和稀释剂要摇匀。

3）必须按照规范操作，时刻注意人身安全，慎防意外情况发生。

4）工作完毕应做好现场 6S 管理。

2. 中涂底漆的选择

各涂料生产商均为自己生产的汽车修补涂料开发设计了多个修补涂装系统，在各系统中对采用的处理工艺、各类中涂底漆的选用及其涂装要求等做了详细的规定。例如，鹦鹉高浓度干磨中涂底漆 285-505，是高效率的填充中涂底漆，普遍适用于钢板、镀锌钢板、铝材；特性是高固体分，干燥快，很好的抗腐蚀性、耐候性和外观效果；其混合比例为体积比 4∶1∶1，建议 285-505 中涂底漆配套使用 929-55/56 固化剂和 352-91 稀释剂，在 20℃下，混合后的活化时间为 1h。喷涂层数是两层，在短波红外线烤灯下，干燥时间为 9min；在中波红外线烤灯下，干燥时间为 10~15min；在常温下，一般干燥时间为 3h；在 60℃下，干燥时间是 20min。打磨工艺建议用轨道式打磨机配合 P400/P500 砂纸打磨。中涂底漆 - 底材搭配表如图 4-7 所示。

中涂底漆		钢板	镀锌钢板	铝合金/镁合金	带电泳的原厂件	旧漆膜
176-72	鹦鹉®1K填充底漆，水性	②	②	②	②	②
283-150	鹦鹉®磷化底漆	●	●	●	●	●
285-230	鹦鹉®HS防腐填充中涂底漆，白色	●	●	●	●	●
285-270	鹦鹉®HS防腐填充中涂底漆，灰色	●	●	●	●	●
285-290	鹦鹉®HS防腐填充中涂底漆，黑色	●	●	●	●	●
285-505	鹦鹉®高浓度干磨中涂底漆，灰色	①	①	①	①	①
285-555	鹦鹉®高浓度干磨中涂底漆，黑色	①	①	①	①	①
285-655	鹦鹉®高浓度干磨中涂底漆，白色	①	①	①	①	①
285-700	鹦鹉®干磨中涂底漆，灰色	①	①	①	①	①
285-730	鹦鹉®干磨中涂底漆，白色	①	①	①	①	①
285-790	鹦鹉®干磨中涂底漆，黑色	①	①	①	①	①
801-72	鹦鹉®环氧底漆	●	●	●	●	●

● 可以直接使用；甚至也可用于裸金属表面

① 磨穿至裸金属/裸金属底材，应先用鹦鹉®285-270防腐中涂底漆和HS鹦鹉®283-150磷化底漆做处理

② 磨穿至裸金属/裸金属底材，先用鹦鹉®801-72环氧底漆做处理

图4-7　中涂底漆 - 底材搭配表

三、实训过程

1）查看产品技术说明，确定调配及施工方法，以巴斯夫鹦鹉为例，中涂底漆285-505技术说明如图4-8所示。

2）打开调漆架，将底漆彻底搅拌均匀。

3）将搅拌好的底漆倒入到合适的容器或量杯中，如图4-9所示。

4）添加固化剂和稀释剂。中涂底漆与固化剂、稀释剂的比例是4：1：1，如图4-10和图4-11所示。

5）搅拌调好的涂料，如图4-12所示。

6）根据涂料特点和产品技术说明，选择合适口径的底漆喷枪，并按照涂料生产厂商调节气压，一般选择1.7mm口径喷枪，气压调至2.0bar（0.2MPa），如图4-13和图4-14所示。

扫一扫

调配中涂底漆

技术说明

285-505
10/2011

PF

鹦鹉® 高浓度干磨中涂底漆，灰色

应用： 高效率的高浓度填充中涂底漆，卓越的干磨与湿磨性能

特性： 高固体分，干燥快，很好的抗腐蚀性 、 耐候性和外观效果

注意：
- 285-505 相当灰度 285－.../03
- 285-505 可以与鹦鹉高浓填充底漆 285-555 黑色和 285-655 白色混合，调成不同灰度
- 可添加 523-15 速干稀释剂来提高 285-505 的干燥速度
- 用 581-90 作为指导层（为更好的打磨效率和效果）

	涂装工艺系统	锐丽一水性系统，锐丽一经典系统，锐丽一高浓系统	
			可喷涂面积：425 米²/升（膜厚 1 微米）
	混合比例	4：1：1 100% 体积比　285-505	
	固化剂	25% 体积比　929-55, -56	
	稀释剂	25% 体积比　352-91, -50, -216	
	喷涂粘度 DIN 4 在 20°C	18-22 秒	活化时间 20°C: 1 小时
	重力喷枪 喷涂气压	HVLP 喷枪:1.7 - 1.9 毫米 2.0-3.0 巴/ 0.7 巴 风帽气压	兼容喷枪： 1.6-1.8 毫米　2.0巴
	喷涂层	2	
	膜厚	50-70 微米	
	干燥　　　　20°C 　　　　　　60°C	3 小时 20 分钟	
	红外线　　（短波） 　　　　　（中波）	9 分钟 10-15 分钟	
	打磨：　手工湿磨	P 800	
	轨道式打磨机	P 400	

注：1.0bar = 0.1MPa.

图 4-8　中涂底漆 285-505 技术说明

图 4-9　加中涂底漆

图 4-10　加固化剂

图 4-11　加稀释剂

图 4-12　充分搅拌

图 4-13　喷枪口径

图 4-14　调节气压

四、实训小结

1. 个体防护用品：＿＿＿＿＿＿＿＿＿＿＿＿＿＿＿＿＿＿＿＿＿＿＿＿＿＿＿＿＿＿＿＿＿

2. 实操步骤：＿＿＿＿＿＿＿＿＿＿＿＿＿＿＿＿＿＿＿＿＿＿＿＿＿＿＿＿＿＿＿＿＿＿＿＿

＿＿

3. 中涂底漆调配注意事项：＿＿＿＿＿＿＿＿＿＿＿＿＿＿＿＿＿＿＿＿＿＿＿＿＿＿＿＿＿

＿＿

五、评价反馈

汽车运用与维修职业技能等级考试标准
"汽车车身漆面养护与涂装喷漆技术"模块（中级）—工作任务"喷涂流程"
"中涂底漆的喷涂"子任务考核评价表（1）—中涂底漆的选择与调配

评分项	配分	评分标准	自评	互评	教师评价
1. 工位6S操作	10	☐ 1.1 整理、整顿（2.5分） ☐ 1.2 清理、清洁（2.5分） ☐ 1.3 素养（2.5分） ☐ 1.4 安全（2.5分）			
2. 设备、工具、劳保用品的安全检查	10	☐ 2.1 检查作业所需要的工具设备是否完备，有无损坏（2分） ☐ 2.2 检查作业环境是否配备灭火器（2分） ☐ 2.3 检查穿戴的劳保用品是否符合调配中涂底漆的实操要求（4分） ☐ 2.4 检查中涂底漆类型的选用是否符合待修补板件（2分）			
3. 调漆前的准备	15	☐ 3.1 中涂底漆提前搅拌均匀（10） ☐ 3.2 打开电子秤并校零（5）			
4. 中涂底漆的调配	45	☐ 4.1 确定中涂底漆的取用量（15分） ☐ 4.2 中涂底漆、固化剂、稀释剂的混合比例正确（15分） ☐ 4.3 中涂底漆搅拌均匀并过滤（15分）			
5. 规范作业过程	10	☐ 5.1 作业过程做到工具不落地（5分） ☐ 5.2 调配过程中做到液体不溅到电子秤上（5分）			
6. 工具清洁存放	10	☐ 6.1 使用工具后对工具进行清洁（5分） ☐ 6.2 作业完成后对工具进行复位（5分）			
完成时间		定额时间15min，每超过5min，扣5分			
合计					
总评分（各项合计平均分）					

技能实训二 中涂底漆喷涂操作

一、实施工具、设备与耗材

工作服、护目眼镜、防毒面具、翼子板、安全鞋、防溶剂手套、喷枪、烤灯，如图 4-15 所示。

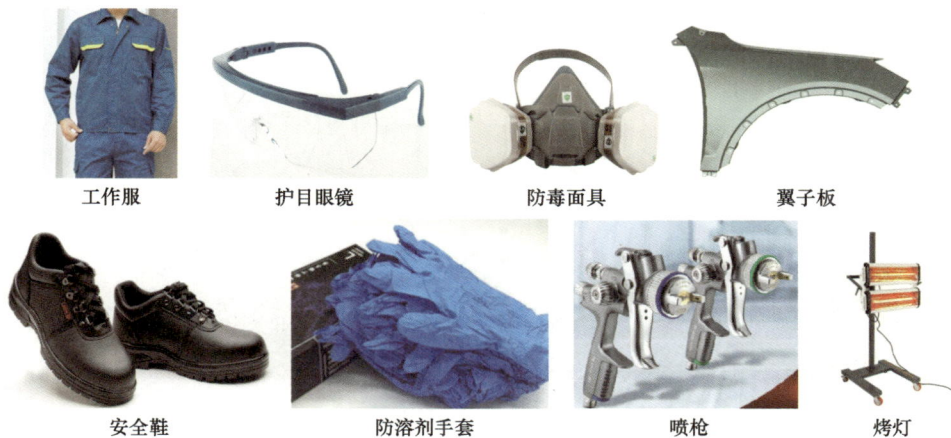

工作服	护目眼镜	防毒面具	翼子板
安全鞋	防溶剂手套	喷枪	烤灯

图 4-15　实训工具、设备及耗材

二、作业准备

操作前，必须牢记劳动安全注意事项：

1）必须穿戴好工作服、防毒面具、护目眼镜、防溶剂手套等劳动安全防护用品。

2）遮蔽要在喷漆房里进行。

3）必须按照规范操作，时刻注意人身安全，慎防意外情况发生。

4）工作完毕应做好现场 6S 管理。

三、实训过程

1）为了避免羽状边的边缘受溶剂侵蚀隆起，先将腻子与旧涂层结合部位薄喷一层，覆盖底漆范围，如图 4-16 所示。

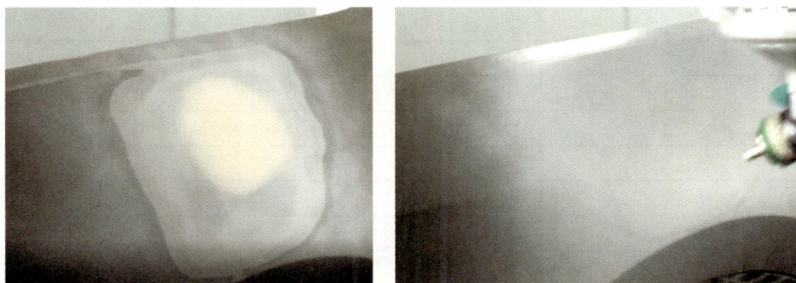

图 4-16　原子灰区域薄喷一层

2）待第一层涂料充分闪干，整板喷涂湿喷第二层，如图 4-17 所示。

扫一扫

中涂底漆的
喷涂工艺

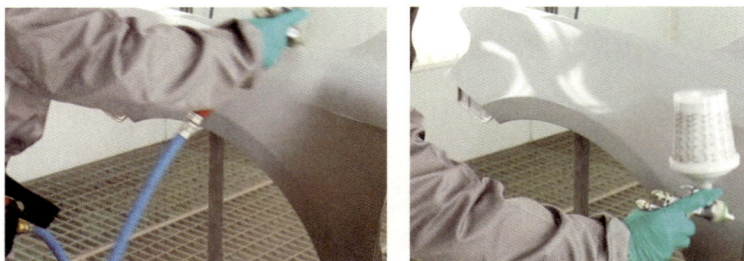

图 4-17　湿喷第二层

3）待第二层涂料充分闪干，整板喷涂湿喷第三层，如图 4-18 所示。

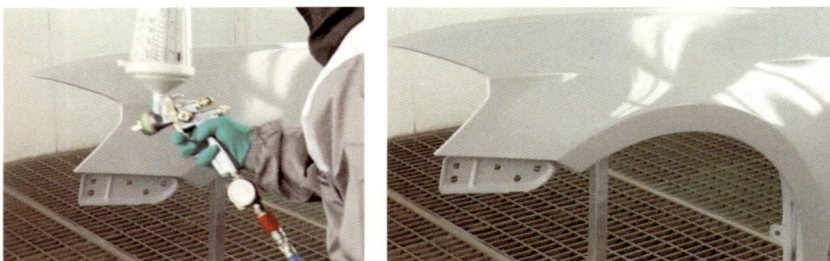

图 4-18　湿喷第三层

4）三层喷涂完之后，一般情况下可以达到涂层所需要的厚度。如果检查之后感觉厚度不够或上面还有很多细小的针孔及划痕等，还可以在第三层的基础上再湿喷 1 层。确保整个中涂底漆喷涂完之后，涂层饱满光滑、均匀平整，没有大的缺陷，边缘平滑，没有明显的台阶等。

5）干燥。通常情况下，中涂底漆的干燥在 20℃下 3h，60℃ 20min，短波红外线 9min，烘烤距离 70cm，因此，通过选用短波红外线烤灯对中涂底漆进行强制干燥。

6）检查。待中涂底漆完全干燥并冷却之后，检查涂层表面：

① 如果涂层表面没有任何缺陷，则可以直接进入到打磨工序。

② 如果涂层表面有针孔、轻微划痕等，则可使用原子灰进行填补。

③ 如果有较大的缺陷，则最好使用双组分原子灰进行填补，打磨平整后再次喷涂中涂底漆。

四、实训小结

1. 个体防护用品：＿＿＿＿＿＿＿＿＿＿＿＿＿＿＿＿＿＿＿＿＿＿＿＿＿＿＿＿＿＿＿＿＿＿＿＿

＿＿

2. 实操步骤：＿＿＿＿＿＿＿＿＿＿＿＿＿＿＿＿＿＿＿＿＿＿＿＿＿＿＿＿＿＿＿＿＿＿＿＿＿＿

＿＿

＿＿

3. 中涂底漆喷涂注意事项：＿＿＿＿＿＿＿＿＿＿＿＿＿＿＿＿＿＿＿＿＿＿＿＿＿＿＿＿＿＿＿＿

＿＿

五、评价反馈

汽车运用与维修职业技能等级考试标准
"汽车车身漆面养护与涂装喷漆技术"模块（中级）—工作任务"喷涂流程"
"中涂底漆的喷涂"子任务考核评价表（2）—中涂底漆喷涂操作

评分项	配分	评分标准	自评	互评	教师评价
1. 工位 6S 操作	10	□ 1.1 整理、整顿（2.5 分） □ 1.2 清理、清洁（2.5 分） □ 1.3 素养（2.5 分） □ 1.4 安全（2.5 分）			
2. 设备、工具、劳保用品的安全检查	10	□ 2.1 检查作业所需要的工具设备是否完备，有无损坏（2 分） □ 2.2 检查作业环境是否配备灭火器（2 分） □ 2.3 检查穿戴的劳保用品是否符合喷涂中涂底漆的实操要求（4 分） □ 2.4 检查是否选用合适的除油剂（2 分）			
3. 正确的遮蔽工作	15	□ 3.1 将灰尘清理干净，使用除油剂进行除油（5 分） □ 3.2 遮蔽完整，需要反向遮蔽的地方要反向遮蔽（10 分）			
4. 中涂底漆的喷涂操作	45	□ 4.1 对原子灰区域进行薄喷一次（15 分） □ 4.2 第二次喷涂的时候，喷枪的距离、角度、速度应合适（15 分） □ 4.3 第三次喷涂的时候，喷枪的距离、角度、速度应合适（15 分）			
5. 规范作业过程	10	□ 5.1 作业过程做到工具不落地（5 分） □ 5.2 作业过程中干燥时间严格按照标准（5 分）			
6. 工具清洁存放	10	□ 6.1 使用工具后对工具进行清洁（5 分） □ 6.2 作业完成后对工具进行复位（5 分）			
完成时间		定额时间 15min，每超过 5min，扣 5 分			
合计					
总评分（各项合计平均分）					

技能实训三 中涂底漆打磨操作

一、实施工具、设备与耗材

工作服、护目眼镜、防毒面具、翼子板、安全鞋、棉纱手套、防溶剂手套、除油剂、防尘口罩、手刨板、碳粉指示剂、干磨砂纸、干磨机、海绵砂纸、擦拭纸，如图 4-19 所示。

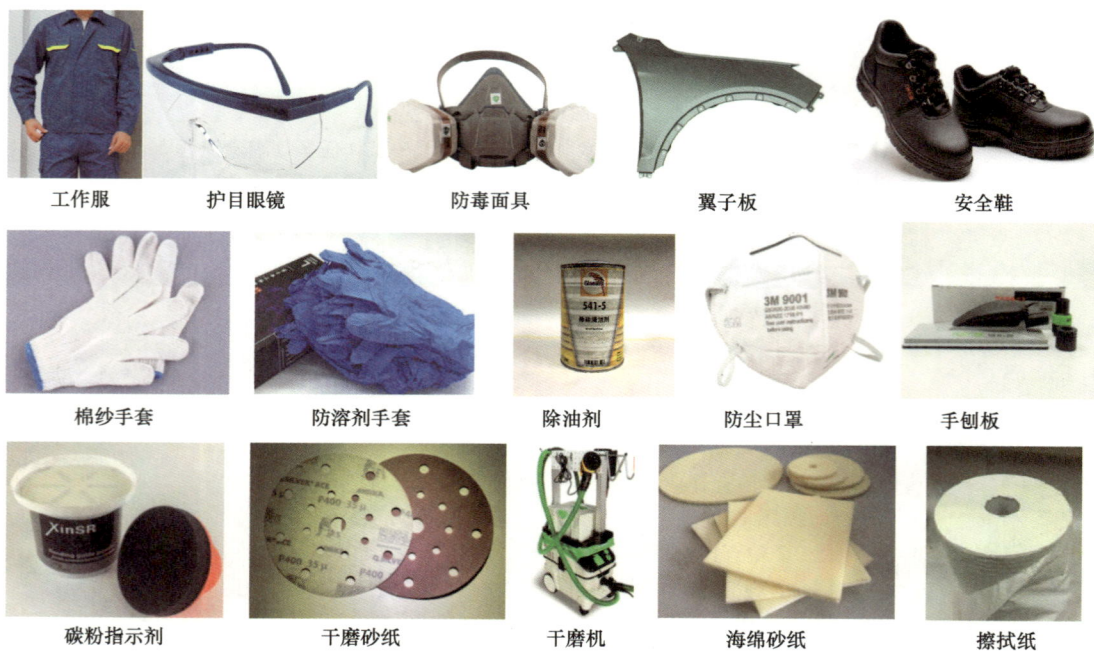

图 4-19　实训工具、设备及耗材

（工作服　护目眼镜　防毒面具　翼子板　安全鞋　棉纱手套　防溶剂手套　除油剂　防尘口罩　手刨板　碳粉指示剂　干磨砂纸　干磨机　海绵砂纸　擦拭纸）

二、作业准备

操作前，必须牢记劳动安全注意事项：

1）必须穿戴好工作服、防毒面具、护目眼镜、防溶剂手套、棉纱手套等劳动安全防护用品，才允许操作。

2）打磨要在打磨房里进行。

3）每次打磨前应涂抹碳粉指示剂。

4）按照规范操作，时刻注意人身安全，慎防意外情况发生。

5）工作完毕应做好现场 6S 管理。

三、实训过程

1）中涂区域涂抹碳粉指示剂，如图 4-20 所示。

2）用手刨板配合 P320 砂纸修饰原子灰及羽状边区域，如图 4-21 所示。

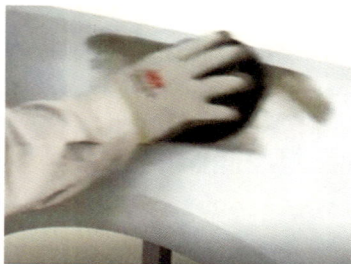

图 4-20　涂抹碳粉指示剂

图 4-21　修饰原子灰区域

3）用 P800 海绵砂纸打磨板件边角及不易打磨区域，如图 4-22 所示。

4）再次涂抹碳粉指示剂，最后用 3mm 大打磨头配合 P400 号砂纸打磨整个板件，如图 4-23 所示。

扫一扫

打磨中涂底漆涂层

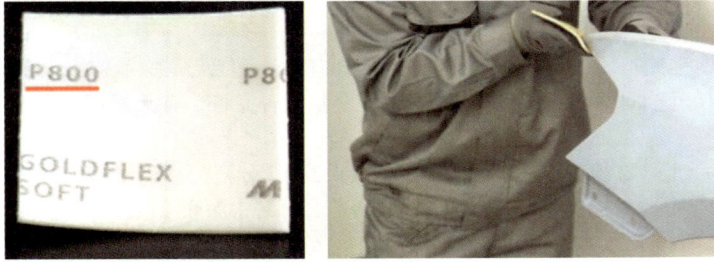

图 4-22　使用 P800 海绵砂纸打磨板件边角

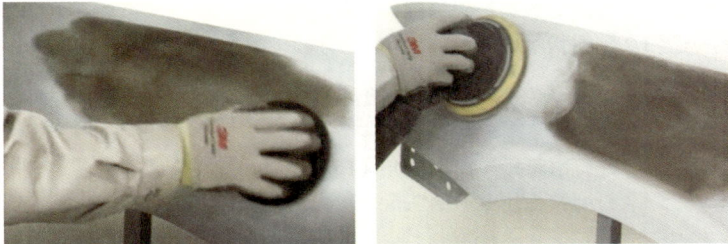

图 4-23　使用打磨机配合 P400 号砂纸整板打磨

5）打磨完成后，应用除油剂再次清洁，如图 4-24、图 4-25 所示。

扫一扫

粘尘除油

图 4-24　清理灰尘

图 4-25　除油

四、实训小结

1. 个体防护用品：_____

2. 实操步骤：_____

_____

3. 中涂底漆打磨注意事项：_____

_____

五、评价反馈

汽车运用与维修职业技能等级考试标准
"汽车车身漆面养护与涂装喷漆技术"模块（中级）—工作任务"喷涂流程"
"中涂底漆的喷涂"子任务考核评价表（3）—中涂底漆打磨操作

评分项	配分	评分标准	自评	互评	教师评价
1. 工位 6S 操作	10	□ 1.1 整理、整顿（2.5 分） □ 1.2 清理、清洁（2.5 分） □ 1.3 素养（2.5 分） □ 1.4 安全（2.5 分）			

（续）

评分项	配分	评分标准	自评	互评	教师评价
2. 设备、工具、劳保用品的安全检查	10	☐ 2.1 检查作业所需要的工具设备是否完备，有无损坏（2分） ☐ 2.2 检查作业环境是否配备灭火器（2分） ☐ 2.3 检查穿戴的劳保用品是否符合打磨中涂底漆的实操要求（4分） ☐ 2.4 检查是否选用合适的除油剂（2分）			
3. 涂抹碳粉指示剂	10	☐ 3.1 每次打磨前都要涂抹碳粉指示剂（5分） ☐ 3.2 碳粉指示剂应涂抹均匀（5分）			
4. 中涂底漆的打磨操作	45	☐ 4.1 对原子灰区域用手刨板配合 P320 砂纸进行操作（15分） ☐ 4.2 先打磨整板再打磨边角（15分） ☐ 4.3 打磨整板用 3 号磨头配合 P400 砂纸（15分）			
5. 规范作业过程	15	☐ 5.1 作业过程做到工具不落地（5分） ☐ 5.2 打磨效果光滑，平整、无磨穿、无鱼鳞纹（5分） ☐ 5.3 打磨完后应进行除油（5分）			
6. 工具清洁存放	10	☐ 6.1 使用工具后对工具进行清洁（5分） ☐ 6.2 作业完成后对工具进行复位（5分）			
完成时间		定额时间 15min，每超过 5min，扣 5 分			
合计					
总评分（各项合计平均分）					

【任务拓展】

情智故事：95 后小伙获世界技能大赛汽车喷漆项目冠军，拳拳爱国心

大国工匠，打造大国利器。95 后小伙将"喷漆"做成世界冠军。0.01mm 的追求，这是世界技能大赛汽车喷漆项目对油漆厚度所允许的最大误差。第 44 届世界技能大赛上，来自中国职业院校的选手蒋应成力压英国、德国等选手，斩获这场"技能奥林匹克"的冠军，在这枚金牌的背后，蒋应成花了五年来追求 0.01mm 的精度。

在学校期间蒋应成显得比其他同学更为努力，因为他知道唯有用功学习，学好本领才是改变自己命运的唯一出路，而正是这样的选择让他打开了命运的另一扇窗，2012 年，年仅 16 岁的蒋应成表现优异从同学中脱颖而出，成了学校的重点培养对象，他更加刻苦地钻研专业技术，几乎把所有的时间都用在了学习和操作上。

为了世界技能大赛，他准备了整整 5 年，1800 多个日夜支撑他走下来的是对"技能强国梦"和"世赛梦"的追求，他有两个月没有跨出过校门一步，那段时间，除了吃饭睡觉，基本都在训练。夏季，烤漆房里 40℃的高温，一天下来汗水能够湿透七八套工作服，为了把每一个细节做到极致，他从没中断过训练。"我深谙，世界技能大赛不仅仅是技术的比拼，也是心理、体能等综合素质的较量"，他每天 6 点起床跑步锻炼体能，8 点开始训练，是实训室来得最早和走得最晚的人，除了吃饭、睡觉，他一天训练时间超过 15 个小时。

经过努力，蒋应成终于披上了国家队的战袍，出征第 44 届世界技能大赛。2017 年 10 月，第

44 届世界技能大赛在阿联酋的阿布扎比举行，蒋应成以全国选拔赛第一的成绩参赛，力压英国、德国、瑞士等国家的选手，获得汽车喷漆项目冠军。

蒋应成站在冠军领奖台，也意味着中国在汽车喷漆项目上达到了世界顶级水平，让全球感受到了惊人的中国速度和制造大国的真正实力，蒋应成说"之前从来没有想到过，自己能代表中国去参加比赛，也能披着中国的国旗上台领奖，这都归功于国家对技能人才的重视和鼓励，取得金牌，为国争光，让中国成为唯一能够蝉联世界技能大赛冠军的国家，就是对党和国家最好的报答。"

【思考与练习】

1. 中涂底漆的作用是什么？
2. 中涂底漆常用的调配比例是多少？
3. 打磨中涂底漆时依次需要使用多少号的砂纸？
4. 打磨完整板后，边角区域应该怎么处理？
5. 打磨中涂底漆时，使用碳粉指示剂的目的是什么？

任务二 面漆施工

【学习目标】

1. 知识目标
1）掌握面漆的特性及其类型。
2）熟悉清漆的特性和作用。

2. 能力目标
1）能正确调配面漆涂料（色漆、清漆等）。
2）能熟练完成色漆喷涂工艺。
3）能熟练完成清漆喷涂工艺。

3. 素质目标
1）树立良好的安全防护意识。
2）与伙伴高效工作，培养团队协作意识。
3）通过对漆膜厚度误差的追求，培养精益求精的工匠精神。

【任务案例】

张先生前不久刚换了一辆新车，不小心新车的翼子板发生了轻微刮擦，需要进行面漆的喷涂施工，于是张先生将新车开到了汽车维修店（这家维修店是张先生之前的旧车经常维修的店面），令张先生不解的是：同样的翼子板刮擦，新车与旧车喷漆维修的价格却相差很大。这时候，该汽车维修店的维修技师对其进行了面漆知识的普及，汽车的面漆类型不同，维修的工艺流程和成本会有较大的差异，维修价格自然也会相差较大。

【相关知识】

一、面漆功能、特性及其类型

1. 面漆的功能

面漆指涂于工件最外层的漆膜，是涂层组合中唯一可见的部分，起着装饰、标志和保护底材的作用。它直接与各种气候条件（如雨、阳光、雪、寒冷、酷暑等）及有害物质（如酸、碱、盐、二氧化碳、硫化氢）接触，是阻挡这些侵蚀的第一层，配合底漆对底材起到保护作用。当然，不同的汽车涂层质量因等级要求及使用环境等因素，面漆装饰性和保护性也会各有侧重，如轿车对装饰性要求高；装载油料、酸、碱化学物品的载货汽车，对面漆耐油、耐酸、耐碱等化学性的要求很高，将装饰性放到第二位。由此，为适应各种需要，涂料工业生产出各种性能的面漆。

2. 面漆的特性

面漆不但要有优良的装饰性（漆膜色彩鲜艳、光亮丰满），而且需要有良好的保护性，并具有耐热、耐水、耐磨、耐化学腐蚀性能。为此，在选择和使用时应从以下几个方面考虑。

（1）外观性能　色彩鲜艳、光泽醒目、色差小、丰满度强且鲜艳。

（2）硬度和抗石击性　面漆涂膜应坚硬耐磨，具有足够的硬度及抗石击性，以保证漆膜在汽车行驶中不因路面沙石的冲击和摩擦时而产生划痕。

（3）耐候性及耐老化性能　如果汽车面漆的耐候性及耐老化性能不好，则使用不久面漆就会失光、变化及粉化，直接影响汽车的装饰性。

（4）耐湿热和防腐蚀性　面漆涂层在湿热条件下，应不起泡、不变色或不失光。对面漆的防腐蚀性要求虽没有像对底漆那样高，但与底漆层配套后，应能增强整个涂层的防腐蚀性。

（5）耐化学药品性　面漆漆层使用过程中，如与蓄电池酸液、润滑油和制动液、汽油及各种清洗剂等直接接触，擦净后接触面不应有变化、起泡或失光等现象。

（6）耐施工性　必须适应流水生产线的"湿碰湿"工艺，修补漆必须与原厂漆相匹配，并能在 60~80℃烘烤成膜，适应手工涂装。

3. 面漆的类型

目前，常用的面漆类型主要有素色漆、金属漆和珍珠漆三种。

（1）素色漆　素色漆就是纯色的油漆，大致有黑色、白色、红色、黄色等基本颜色，为了追求颜色的标准，普通漆中不掺杂银粉。因此普通漆的颜色通常比较纯正，但漆面本身的光泽表现比较平淡，而且漆面的强度不是很高。普通漆的车辆在清洁时不可以直接用布擦拭，要用大量的清水先冲掉附着于车漆表面的灰尘，在抹布接触车体时就不会让坚硬的灰沙有机会刮伤车漆。

（2）金属漆　金属漆有金属粉末混合在里面，不但可以让经过涂装后的钣金件表面看起来更闪闪动人，而且在不同的角度下，由于光线的折射，会让车身颜色，甚至轮廓都有所变化，让整车外观造型看起来更丰富，更有立体感。金属漆除了硬度高，还能表现车体层次美。造成"金属漆"愈来愈普遍的另外一个理由，是它掺配了金属粉末，因此漆的硬度增高，漆面变硬，就比较不容易被刮伤。在金属漆的外面，还加有一层清漆予以保护。

（3）珍珠漆　又叫云母漆，也是目前流行的一种汽车面漆。与金属漆类似，珍珠漆中加入的是云母粒，它的原理与金属漆是基本相同的，用云母代替铝粒。光线射到云母颗粒上后，在云母颗粒中发生复杂的折射和干涉，就产生了色彩斑斓的效果。这样，反射出来的光线，就具有一种好似珍珠般的闪光，这个珍珠漆的成本要比之前两种车漆的成本高，一般是高档一些的车子才会配备。

扫一扫

寻找汽车油漆类型

二、面漆施涂工序

面漆的施涂工序主要有单工序面漆喷涂、双工序面漆喷涂和三工序面漆喷涂。

1. 单工序面漆喷涂

单工序面漆喷涂指喷涂一种涂料即形成完整的面漆层的喷涂系统，如图 4-26a 所示。

2. 双工序面漆喷涂

双工序面漆喷涂指喷涂两种不同的涂料才能形成完整的面漆涂层的喷涂系统，通常是先喷涂色漆，然后再喷涂罩光清漆，两种涂层结合在一起才能形成有质量保证的完整的面漆涂层，如图 4-26b 所示。

3. 三工序面漆喷涂

三工序面漆喷涂稍微复杂，如三工序的珍珠漆通常是先喷一层打底色漆，然后喷一层珍珠漆，最后喷罩光清漆，三个涂层结合才能形成完整的面漆层，如图 4-26c 所示。一般单工序面漆的颜色比较单调，而三工序面漆的效果比较丰富，但工序越多，施工及修补相对复杂。

a) 单工序面漆喷涂　　　　b) 双工序面漆喷涂　　　　c) 三工序面漆喷涂

图 4-26　面漆施涂工序

三、色漆喷涂工艺

不同的涂料生产商，其色漆喷涂工艺会略有差异，下面以巴斯夫鹦鹉 90 系列底色漆为例介绍其色漆喷涂工艺流程。按照油漆生产厂家技术说明，如图 4-27 所示，鹦鹉 90 系列底色漆喷涂工艺流程包括调和的混合比例、喷涂黏度、喷枪选择及其气压、喷涂层数、闪干时间、可用吹风枪吹干与打磨等流程工艺。

扫一扫

学会查阅底色漆技术说明

		可喷涂面积：130 平方米/升（膜厚 1 微米）	
	混合比例	2 : 1 100% 体积比 90 系列金属色/纯色（按配方调配）	
	稀释剂	50% 体积比 93-E3 调整剂 **(加入调整剂后，应立即混合均匀)** *如果选用慢干 90-M4，必须配合使用慢干 93-E3	
	喷涂黏度 DIN 4，20℃	大约 18-24 秒	
	重力枪罐 喷涂气压	HVLP 喷枪：1.3 毫米 2.0-3.0 巴/0.7 巴 风帽气压	兼容 喷枪： 1.3-1.4 毫米 2.0 巴①
	喷涂层数	2 (遮盖喷涂) + ½ 匹配正确的效果	**膜厚**：10-15 微米
	闪干时间 20℃	喷涂每个涂层后，闪干大约 5 分钟	
	层间闪干 20℃ 可用吹风枪吹干	喷涂每个涂层后，闪干至表面哑光	

　①1.0 巴 = 0.1MPa。

图 4-27　鹦鹉 90 系列底色漆技术说明

1. 混合比例

鹦鹉 90 系列底色漆是按照配方要求，通过 90 系列色母调配好的配方油漆，其保存周期是很长的，可在塑料罐内或有内涂层的铁罐内储存 6 个月。在喷涂前需要添加水性漆调整剂，加入调整剂后，应立即混合均匀。

混合比例为：鹦鹉 90 系列底色漆：水性调整剂 =2：1 体积比。

按照油漆生产厂家技术说明，水性调整剂产品型号为 93-E3，也称为水性漆稀释剂，主要成分是水，有机溶剂含量少于 10%，这也是水性漆的优势，绿色环保。

2. 喷涂黏度

对于汽车修补漆施工而言，涂料的施工黏度是修补漆的最重要的性能之一，黏度大的材料涂层厚，而黏度低的材料涂层薄。材料的流动程度决定了漆膜干燥之后的厚度和持久性。

黏度杯是最广为人知的黏度计，在 20℃条件下，将黏度杯盛满待测量液体，打开流量孔，使用秒表计量油漆完全流出所使用的秒数，所得出的时间（以秒为单位）就是黏度值，注意油漆罐产品标签以及技术说明书上都可以找到产品的黏度数据。DIN4 是国内应用最广泛的一种黏度杯，为漏斗状，如图 4-28 所示。以鹦鹉 90 系列底色漆为例，其喷涂黏度（DIN4，20℃）是 18~24s。

图 4-28　黏度杯

3. 喷枪及其气压

鹦鹉 90 系列底色漆建议使用重力枪罐式喷枪（上喷壶式喷枪），可以使用 HVLP 喷枪 1.3mm 口径，气压为 2.0~3.0bar（0.2~0.3MPa），或者使用兼容喷枪 1.3~1.4mm 口径，气压为 2.0bar（0.2MPa）。

4. 喷涂层数

鹦鹉 90 系列底色漆喷涂层数为 2+1/2 层，膜厚 10~15μm，其中前面两层为遮盖喷涂，一般按照常规的四要素，即距离 10~15cm、角度 90°、重叠 1/2 至 3/4（鹦鹉油漆建议为 3/4），正常走枪速度（30~50cm/s）。

而最后的 1/2 层为匹配正确的效果，与前面两层喷涂的区别在于距离与速度，距离拉大至 20~30cm，速度加快，主要起到效果层的作用。

5. 闪干时间

在 20℃下，喷涂每个涂层后，需要闪干大约 5min；还可以使用吹风枪吹干，喷涂每个涂层后，闪干至表面哑光，这也是水性漆的特点，在喷涂下一层前，需要层间闪干，将每层油漆中的水吹干。

四、清漆喷涂工艺

清漆的喷涂工艺，需要按照涂料生产商的技术说明来执行，鹦鹉 HS 清漆 923-35 应用于 90 系列底色漆 / 清漆体系的 HS 清漆，下面以鹦鹉 HS 清漆 923-35 为例介绍其喷涂工艺流程，如图 4-29 所示。鹦鹉 HS 清漆喷涂工艺流程包括混合比例、喷涂黏度、喷枪选择及其气压、喷涂层数、闪干时间、干燥等流程工艺。

1. 混合比例

清漆在喷涂前，需要添加固化剂和稀释剂，按照技术说明，鹦鹉 HS 清漆 923-35 建议添加 929-33、929-31、929-34 等型号的固化剂，稀释剂建议选择 352-91、352-216 等型号。

清漆、固化剂、稀释剂的混合比例为 2：1+10%，且混合比例为体积比。

修补涂装工艺系统	S 10	
		可喷涂面积：320 平方米/升（膜厚 1 微米）
混合比例	2：1 +10% 100% 体积比 923-35	
固化剂	50% 体积比 929-33, -31, -34	
稀释剂	10% 体积比 352-91/-216	
喷涂黏度 DIN 4，20℃	20~22 秒	活化时间 20℃：1 小时
重力枪罐 喷涂气压	HVLP 喷枪：1.3 毫米 2.0-3.0 巴/0.7 巴 风帽气压	兼容喷枪： 1.3-1.4 毫米 2.0 巴①
喷涂层数	2	膜厚：40-60 微米
闪干时间 20℃	层间闪干 3 分钟	
干燥 20℃ 60℃	10 小时 30 分钟	
红外线 （短波） （中波）	8 分钟 10-15 分钟	

①1.0巴＝0.1MPa。

图 4-29　鹦鹉 HS 清漆 923-35 技术说明

2. 喷涂黏度

鹦鹉 HS 清漆其喷涂黏度是 20~22s（DIN4，20℃）。

3. 建议喷枪及其气压

鹦鹉 HS 清漆建议使用重力枪罐式喷枪（上喷壶式喷枪），使用 HVLP 喷枪 1.3mm 口径，气压为 2.0~3.0bar（0.2~0.3MPa），或者使用兼容喷枪 1.3~1.4mm 口径，气压 2.0bar（0.2MPa）。

4. 喷涂层数

鹦鹉 HS 清漆建议喷涂层数为 2 层，膜厚 40~60μm。一般按照常规的喷涂四要素，即距离 10~15cm、角度 90°、重叠 1/2 至 3/4，正常走枪速度，约 30~50cm/s。

5. 闪干时间

在 20℃下，喷涂第一层后，层间需要闪干大约 3min，再喷涂第二层。

6. 干燥

在 20℃下，干燥时间 10h；在 60℃下，干燥时间 30min；使用红外线短波烤灯干燥，干燥时间大约 8min；使用红外线中波烤灯干燥，干燥时间大约 10~15min。

五、小修补工艺

小修补喷涂就是通过颜色过渡法，逐渐降低颜色涂层厚度，形成一个阶梯状的完整涂层，最外缘的涂层呈透明或半透明状态，尽量能透出原色，使新修补的颜色与原色吻合，尽可能地减少色差。清漆涂层也是采用类似的方法，利用驳口溶剂将最外缘涂层的油漆颗粒溶解流平，形成一个"无缝"涂层。

1. 小修补喷涂适用范围及其特点

小修补喷涂又称小面积漆面修补，主要适用于以下四类小面积油漆受损情况：一是擦痕，只有清漆受损；二是划痕，清漆和底色漆受损；三是碎石痕，所有漆膜受损，可见底材，但底材未变形；四是小凹痕，底材受损变形，但只需补涂原子灰。

需要进行小修补的损伤一般有以下特点：油漆损伤范围在 2~3cm，凹陷不超过 25mm，损伤在车体适合进行小修补的位置。小修补喷涂的完工区域一般在 20cm×30cm 以内，修补区内对底色漆、清漆进行驳口，修补工作一般在 90min 内完成。适合做小修补的部位有翼子板边缘、车门底部边缘、前后保险杠边缘、所有低于保险杠最高水平线的表面。

2. 小修补喷枪

在进行小修补喷涂工艺时一般使用小修补喷枪，常规喷枪虽也能喷出很细的雾化颗粒，但需要花时间去调节扇面、油漆流量和气压以相配合。小修补喷枪的喷涂压力最低可达到 0.5 bar（0.05MPa），以 SATA minijet 4400-120 环保省漆小修补喷枪为例，喷涂气压可在 0.5~2.0 bar（0.05~0.2MPa）任意调节，其雾化效果都非常理想。油漆流量和喷幅扇面也可根据实际需要进行合理的调节。用底色漆遮盖中涂底漆时，可采用逐层遮盖的原理进行，颜色修补时不会出现类似"日环食"现象（俗称"银圈""黑圈"）。在喷涂罩光漆或纯色面漆时，边缘的过喷雾化颗粒精细，方便新旧涂层的驳口工作，使颜色修补工艺更加容易。

3. 操作工艺

在进行小修补或做边缘驳口喷涂施工时都要进行收边操作，收边是指在喷涂开始时不扣死扳机，随着喷枪的移动逐渐加大供漆量，直到喷涂行程即将结束时再松开扳机，使供漆量大大减少，从而获得一种自然的过渡效果的操作。具体操作方法有以下两种，一种从外向内喷。平稳地移动喷枪到接近待喷涂表面时，逐渐扣动扳机进行喷涂，然后突然放开扳机，但仍然保持喷枪弧线移动；另一种，从内向外喷。喷枪置于待喷涂表面上方，扣死扳机进行喷涂，然后平稳地向外移动喷枪，一旦喷枪接近驳口区域时，慢慢放开扳机，继续弧线移动喷枪。小修补操作工艺具体如下：

（1）中涂底漆施涂　喷涂中涂底漆时，应将小修补喷枪的喷涂气压调至 0.7~1.5bar（0.07~0.15MPa），油漆流量调小，喷幅扇面调至最大，喷涂时由内向外扩展施喷，需要喷涂多遍底色漆。

（2）底色漆施涂　底色漆过渡时，将喷涂气压调至 1.5~2.0bar（0.15~0.2MPa），油漆流量适当调大，喷幅扇面调宽，喷涂时从外至内（可根据各涂料商提供的技术参考），喷涂范围一层比一层稍宽，以便颜色过渡，直至接口位置不明显。

（3）罩光清漆　喷涂罩光清漆时，将喷涂气压调至 2.0bar（0.2MPa），油漆流量调大，喷幅扇面调宽。喷涂第 1 遍清漆时要完全覆盖底色漆，第 2 遍清漆喷涂的范围应大于第 1 遍清漆喷涂的范围，直至预定的接口位置。

（4）驳口　在驳口喷涂中需要使用驳口水，驳口水又称为接口水，是进行面漆过度喷涂时使用的涂料，可以帮助过渡区域的色漆层变得平滑均匀，防止修补区域周围颜色深暗。驳口水通常装于铁罐内，开罐即可使用，使用前要充分摇匀，需要在素色漆最后一道喷完后或者金属色漆最后一道清漆喷完后，马上喷涂一层驳口水（或在原有清漆中加入驳口水），在清漆的接口位置将驳口水或加入驳口水的清漆，以多次薄喷的手法进行喷涂。

六、几种常见的喷涂手法

1. 干喷

指喷涂时选择的溶剂要快干，气压较大，漆量较小，温度较高，喷涂后漆面较干。

2. 湿喷

指喷涂时选择的溶剂要慢干，气压较小，漆量较大，温度较低，喷涂后漆面较湿。

3. 湿碰湿

湿碰湿与上面讲的湿喷有相似之处，都是不等上道漆中溶剂挥发就继续喷涂下一道漆。

4. 虚枪喷涂

在喷涂色漆后，将大量溶剂或固体成分调整得极低的涂料喷涂在面漆上的操作称为虚枪喷涂。在汽车修补中有两种类型虚枪喷涂法：

1）在热塑性丙烯酸面漆上虚枪喷涂，用来使新喷的修补漆与原来的旧漆之间润色，使汽车表面经过修补后看不出修补的痕迹。

2）在新喷涂的丙烯酸或醇酸磁漆上虚枪喷涂，用来提高其光泽，有时也用来在修补斑点时润色。

5. 带状涂装

当喷涂某个基材表面的边缘时用此法。此时应将喷枪扇辐调得相对窄一些，一般调整到大约 10cm 宽。此时喷出的雾束比较集中，呈带状覆盖。这样可以达到减少过喷、节约原材料的目的。

【实训任务】

技能实训一　金属漆面漆的整板喷涂

一、实训工具、设备及耗材

实训板件、清洁剂、耐溶剂喷壶、擦拭布、遮蔽纸、遮蔽胶带、遮蔽膜、粘尘布、面漆喷枪、喷壶、烤灯、色漆、劳保用品等（工作服、防毒面具、护目眼镜、安全鞋、防溶剂手套等），实训工具、设备及耗材如图 4-30 所示。

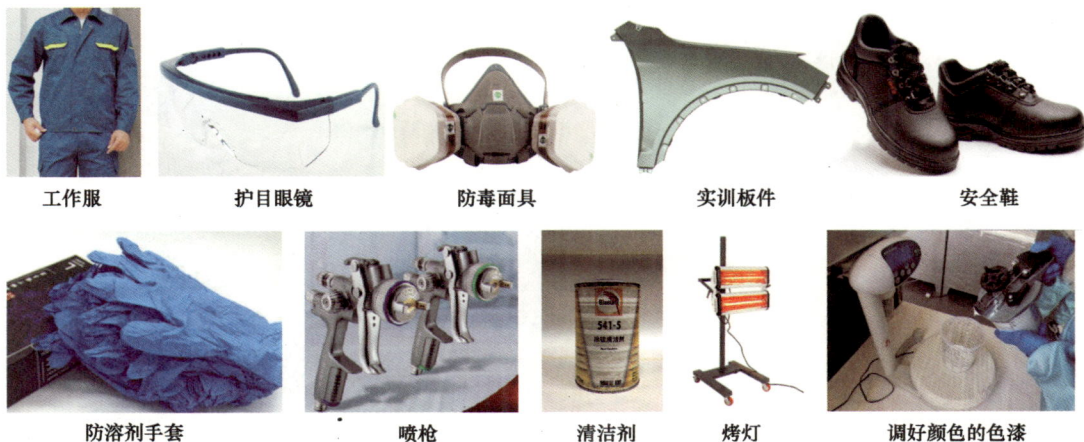

| 工作服 | 护目眼镜 | 防毒面具 | 实训板件 | 安全鞋 |

| 防溶剂手套 | 喷枪 | 清洁剂 | 烤灯 | 调好颜色的色漆 |

图 4-30　实训工具、设备及耗材

二、作业准备

操作前，必须牢记劳动安全注意事项：

1）必须穿戴好工作服、防毒面具、护目眼镜、防溶剂手套等劳动安全防护用品，才允许操作。

2）面漆施工过程中会有易挥发有害气体，所以在施工过程中一定戴好防护用品尤其是防毒面具及防溶剂手套，并按标准流程迅速完成清洁作业。使用完后带有清洁剂成分的擦拭布应按规定投入有害垃圾回收桶中，切勿乱扔。

3）必须按照规范操作，时刻注意人身安全，慎防意外情况发生。

4）工作完毕应做好现场 6S 管理。

三、实训过程

扫一扫

色漆的调配

1. 色漆调配

将调配混合好的色漆按 2∶1 比例添加稀释剂，搅拌均匀，如图 4-31 所示。

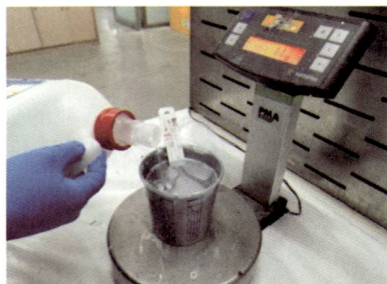

图 4-31　稀释剂与面漆配比

2. 调节喷枪

1）通过漏斗将调配好的色漆倒入面漆喷枪喷壶中，首先调节喷枪的出漆量，再调节扇面，最后调节气压，如图 4-32 所示。

扫一扫

喷枪的调节

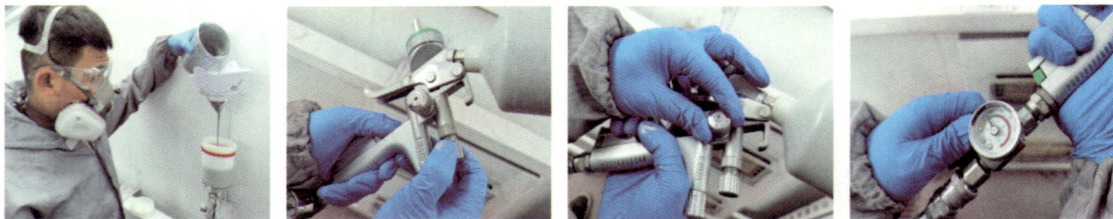

图 4-32　调节喷枪

2）调节好喷枪后要试喷，确保喷枪调节的准确性，喷枪与试喷纸的角度为 90°，距离为 10~15cm，把喷枪扳机扣到底后立即松开，查看喷涂形状，若喷涂的椭圆形较均匀即可，如图 4-33 所示。

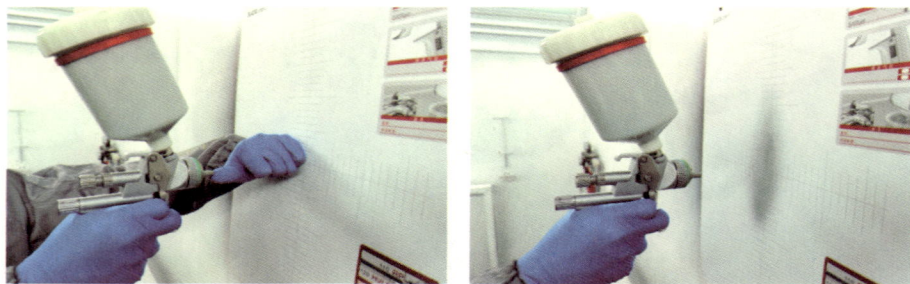

图 4-33　试枪方法

3. 色漆喷涂

扫一扫

色漆的喷涂

（1）第一层喷涂　喷枪距离待喷板件 10~15cm，采用垂直喷涂匀速运枪，在板件上薄喷第一层色漆，喷涂时喷幅重叠四分之三喷涂，吹风筒吹干至哑光，如图 4-34 所示。

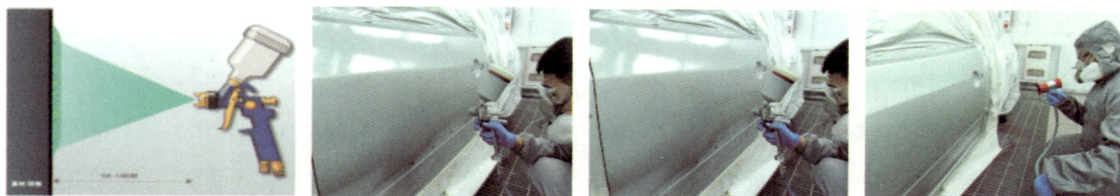

图 4-34　第一层喷涂

（2）**第二层喷涂** 喷枪距离待喷板件 10~15cm，采用垂直喷涂匀速运枪，在板件上湿喷第二层色漆，将底材颜色完全遮盖，喷涂时喷幅重叠四分之三喷涂，使用文丘里吹风筒吹至哑光，如图 4-35 所示。

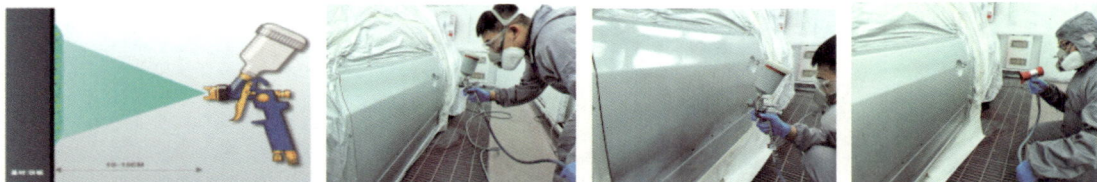

图 4-35 第二层喷涂

（3）**第三层喷涂** 喷枪与待喷板件距离为 25~30cm，采用垂直喷涂匀速运枪，在板件上喷涂第三层色漆（效果层），喷涂时喷幅重叠四分之三喷涂，闪干至哑光，如图 4-36 所示。

图 4-36 第三层喷涂

（4）**整理** 将剩余色漆倒回废漆收集桶内，清洗干净喷枪，如图 4-37 所示。

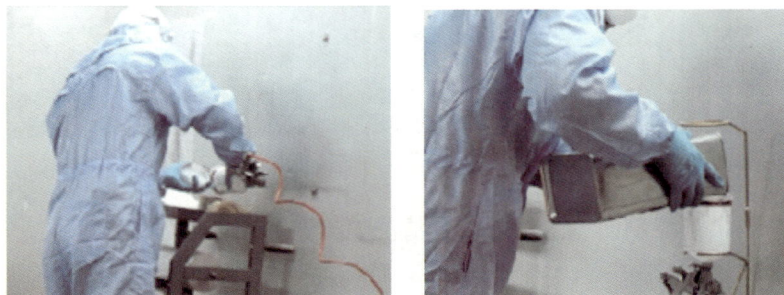

图 4-37 废漆收集并清洗喷枪

4. 清漆调配

将清漆、固化剂、稀释剂按 20：10：1 的比例添加，搅拌均匀；通过漏斗将调配好的色漆倒入面漆喷枪喷壶中，如图 4-38 所示。

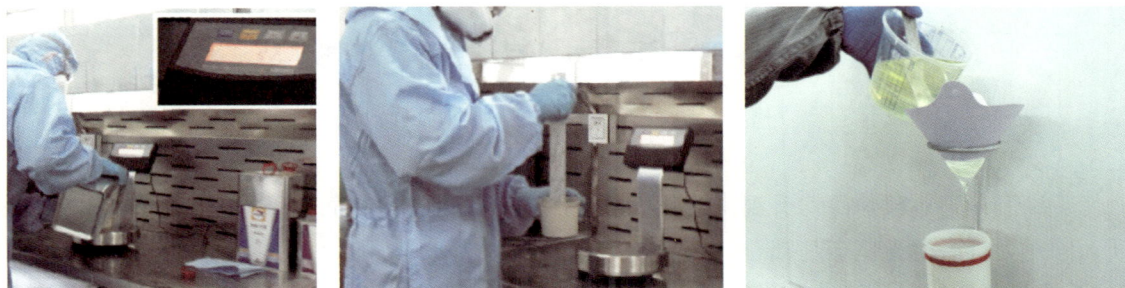

图 4-38 清漆的调配

扫一扫

调配清漆

5. 清漆喷涂

（1）**第一层喷涂**　喷枪距离待喷板件 10~15cm，采用垂直喷涂匀速运枪，在板件上湿喷第一层清漆，喷涂时喷幅重叠四分之三喷涂，闪干至指触拉丝。第一次喷涂太厚会引起金属颗粒排列被打乱，因此喷得薄一些，清漆纹理连接即可，如图 4-39 所示。

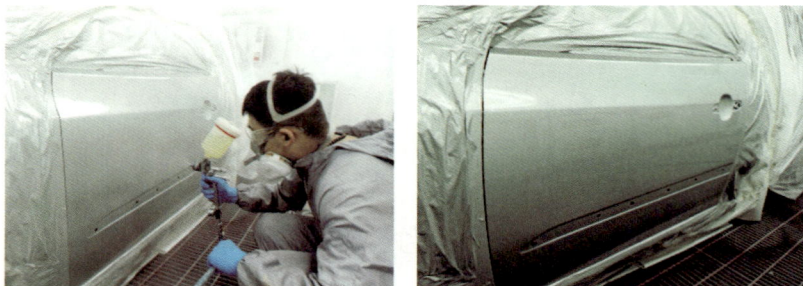

图 4-39　清漆第一层喷涂

（2）**第二层喷涂**　喷枪距离待喷板件 10~15cm，采用垂直喷涂匀速运枪，在板件上湿喷第二层清漆，喷涂时喷幅重叠四分之三喷涂，喷涂完毕后最终形成具有高光泽的表面，如图 4-40 所示。

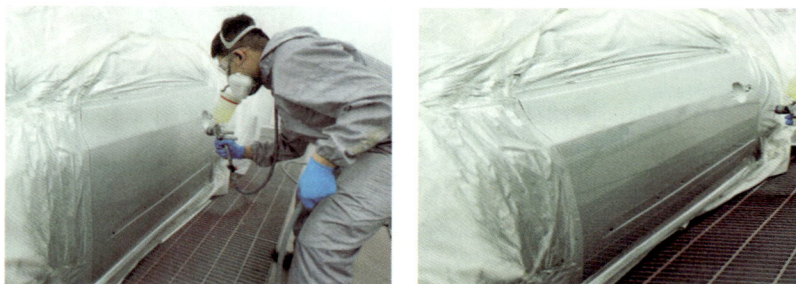

图 4-40　清漆第二层喷涂

（3）**整理**　将剩余清漆倒回调漆桶内，并清洗喷枪，如图 4-41 所示。

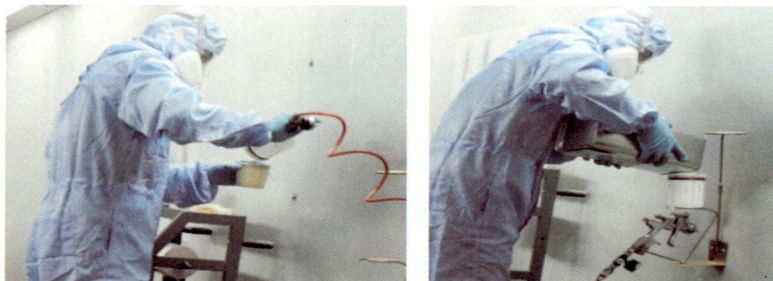

图 4-41　余漆回收和清洗喷枪

6. 烘烤漆膜

烤干漆膜是通过喷烤漆房升温来对喷涂的面漆进行烘烤，提高面漆干燥速度，节省工作等待时间，同时为打磨抛光奠定基础。

1）选择烤漆房烤漆模式，设定烤漆温度为 60℃，温差为 5℃，高温保护为 70℃，烘烤时间为 30min。

扫一扫

喷涂清漆

2）启动烤漆房烤漆模式进行烘烤。

3）烘烤 30min 后，关闭烤漆房烤漆模式。

四、实训小结

1. 个体防护用品选用：_____

2. 清漆、色漆的种类及调配方法：_____
_____
_____

3. 喷枪的调整方法：_____
_____

4. 面漆的喷涂工艺流程：_____
_____

5. 清漆的喷涂工艺流程：_____
_____

6. 小修补喷枪的优点及调整方法：_____
_____

7. 小修补喷涂的工艺流程：_____
_____

8. 全车喷涂的工艺流程：_____
_____
_____

扫一扫

双工序喷涂
工艺（完整）

五、评价反馈

汽车运用与维修职业技能等级考试标准
"汽车车身漆面养护与涂装喷漆技术"模块（中级）—工作任务"喷涂流程"
"面漆喷涂"子任务考核评价表（1）—金属漆面漆的整板喷涂

评分项	配分	评分标准	自评	互评	教师评价
1. 工位 6S 操作	10	☐ 1.1 整理、整顿（2.5 分） ☐ 1.2 清理、清洁（2.5 分） ☐ 1.3 素养（2.5 分） ☐ 1.4 安全（2.5 分）			
2. 设备、工具、劳保用品的安全检查	10	☐ 2.1 检查作业所需要的工具设备是否完备，有无损坏（2 分） ☐ 2.2 检查作业环境是否配备灭火器（2 分） ☐ 2.3 检查穿戴的劳保用品是否符合原子灰调配的实操要求（4 分） ☐ 2.4 面漆喷涂前清洁作业是否正确（2 分）			
3. 面漆的调配	10	☐ 3.1 正确选用调配面漆所需物料（5 分） ☐ 3.2 正确配比面漆（5 分）			

（续）

评分项	配分	评分标准	自评	互评	教师评价
4. 面漆的喷涂	30	☐ 4.1 正确选用喷枪（5分） ☐ 4.2 按照面漆喷涂标准流程进行施工（25分）			
5. 清漆的调配	10	☐ 5.1 正确选用调配清漆所需物料（5分） ☐ 5.2 正确配比清漆（5分）			
6. 清漆喷涂	30	☐ 6.1 正确使用喷枪（5分） ☐ 6.2 按照标准流程进行清漆喷涂作业（25分）			
完成时间		定额时间45min，每超过5min，扣5分			
合计					
总评分（各项合计平均分）					

技能实训二　小修补喷涂

一、实训工具、设备及耗材

实训板件、清洁剂、耐溶剂喷壶、烤灯、色漆、擦拭布、遮蔽纸、遮蔽胶带、遮蔽膜、粘尘布、面漆喷枪、喷壶、劳保用品等（工作服、防毒面具、护目眼镜、安全鞋、防溶剂手套等），实训工具、设备及耗材如图4-42所示。

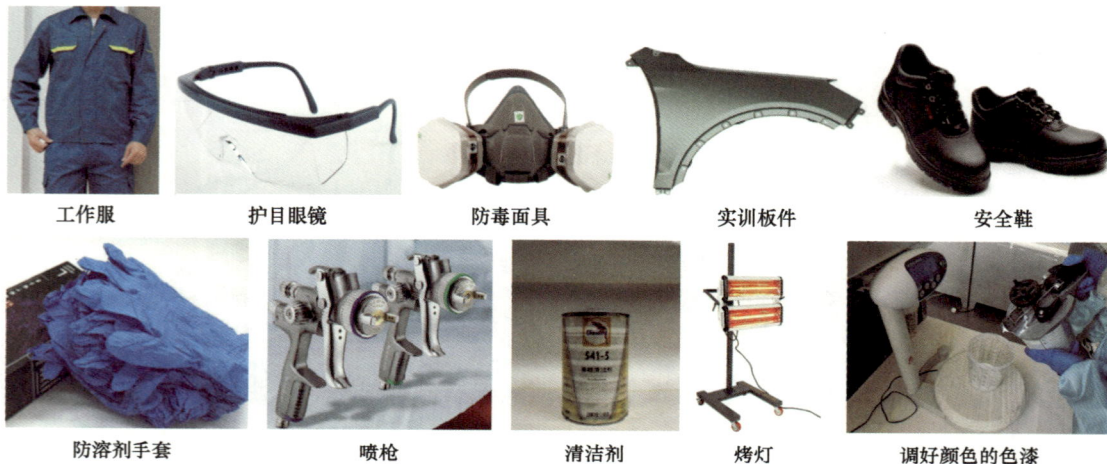

| 工作服 | 护目眼镜 | 防毒面具 | 实训板件 | 安全鞋 |

| 防溶剂手套 | 喷枪 | 清洁剂 | 烤灯 | 调好颜色的色漆 |

图 4-42　实训工具、设备及耗材

二、作业准备

操作前，必须牢记劳动安全注意事项：

1）必须穿戴好工作服、防毒面具、护目眼镜、防溶剂手套等劳动安全防护用品，才允许操作。

2）面漆施工过程中会有易挥发有害气体，所以在施工过程中一定要戴好防护用品，尤其是防毒面具及防溶剂手套，并按标准流程迅速完成清洁作业。使用完后带有清洁剂成分的擦拭布应按规定投入有害垃圾回收桶中，切勿乱扔。

3）必须按照规范操作，时刻注意人身安全，慎防意外情况发生。

4）工作完毕应做好现场6S管理。

三、实训过程

1. 清洁除蜡

使用除硅清洁剂清洁板件，用除蜡剂处理修补区域。

2. 评估损伤区域

根据车体损伤区域情况，确定修补工艺流程。

（1）未伤透清漆　如果损伤区域未伤透清漆，可使用 P1500~P2000 砂纸打磨，再进行抛光处理。

（2）未伤及色漆　如果损伤区域未伤及色漆，则只需要做清漆层驳口修补即可。

（3）已伤及色漆　如果损伤区域较为严重，则需要按照正常打磨或者湿对湿工艺进行修补。

经过评估实际损伤区域，翼子板漆面损伤为 5cm 范围内的轻微划痕，靠近翼子板边缘，但已伤及色漆，如图 4-43 所示，可用小修补喷枪进行小修补喷涂，下面以此案例做步骤介绍。

3. 打磨待修补区域

使用双向式打磨机配合 P240~P400 砂纸打磨需要修补的区域，注意打磨时尽量只在需要修补的区域内进行打磨，控制最小的打磨范围。完成打磨后，用除硅清洁剂清洁。

4. 喷涂中涂底漆

按照涂料生产厂家技术说明，调和并喷涂中涂底漆（已在前面项目中介绍中涂底漆调和与喷涂的方法），这里要注意尽量控制中涂底漆在较小的范围，并注意边缘涂层要渐进，不要形成台阶状，如图 4-44 所示，如出现裸露金属，则需要喷涂环氧底漆。

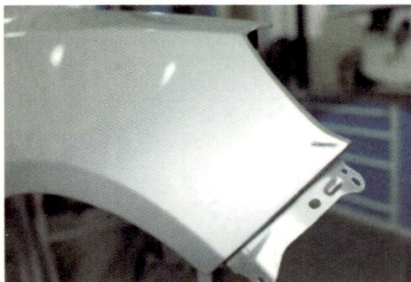

图 4-43　翼子板轻微划痕损伤

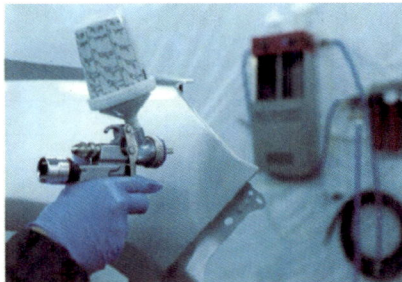

图 4-44　中涂底漆喷涂

5. 打磨中涂底漆

打磨之前在翼子板上涂抹碳粉指导层，便于观测打磨效果。使用 P400~P500 干磨砂纸或者 P800~P1000 湿磨砂纸打磨中涂底漆区域，以保证平整度，如图 4-45 所示，每次更换砂纸都要涂抹碳粉指导层，用特细砂纸（如 P1000 干磨砂纸）或用尼龙布打磨将喷涂色漆的范围，以增强色漆在旧漆膜上的附着力。

图 4-45　打磨指导层

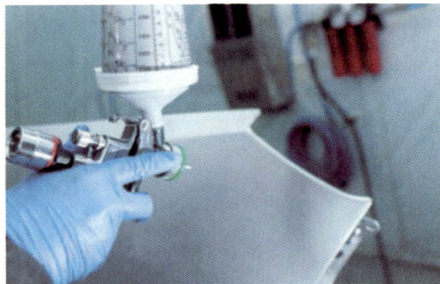

图 4-46　喷涂底色漆

6. 喷涂底色漆

调整好 SATA minijet 4400 小修补喷枪的喷幅、出漆量及喷涂气压，先以低气压 0.7~1.2bar（0.07~0.12MPa）喷涂底色漆，如图 4-46 所示。每一层底色漆干燥后，用粘尘布轻轻除去多余的银粉后再喷下一层，直至中涂底漆完全被遮盖。再把喷枪气压调高至 1.5~2.0bar（0.15~0.20MPa），油漆流量适当调大，喷幅扇面调宽，底色漆喷涂范围一层比一层稍宽，从外至内喷涂，每一层干燥后，用粘尘布除去多余的银粉，准备喷涂清漆。如使用水性漆，可以用水性漆吹风枪，加快干燥。

7. 喷涂清漆

喷涂第一层清漆，需完全覆盖底色漆；喷涂第二层清漆，需完全覆盖第一层清漆，直至预定的接口位置。

8. 驳口喷涂

完成清漆喷涂后，立刻在喷壶中加入驳口水或在原有的清漆中加入接口添加剂。在清漆的接口位置薄喷 2~3 次驳口水或已稀释的清漆。待清漆完全干燥后，可用幼蜡在接口位置抛光，完成小修补喷涂工艺。

四、实训小结

1. 个体防护用品选用：_____

_____

2. 小修补喷枪的优点及调整方法：_____

_____

_____

3. 小修补喷涂的工艺流程：_____

_____

_____

五、评价反馈

汽车运用与维修职业技能等级考试标准
"汽车车身漆面养护与涂装喷漆技术"模块（中级）—工作任务"喷涂流程"
"面漆喷涂"子任务考核评价表（2）—小修补喷涂

评分项	配分	评分标准	自评	互评	教师评价
1. 工位 6S 操作	10	☐ 1.1 整理、整顿（2.5 分） ☐ 1.2 清理、清洁（2.5 分） ☐ 1.3 素养（2.5 分） ☐ 1.4 安全（2.5 分）			
2. 设备、工具、劳保用品的安全检查	10	☐ 2.1 检查作业所需要的工具设备是否完备，有无损坏（2 分） ☐ 2.2 检查作业环境是否配备灭火器（2 分） ☐ 2.3 检查穿戴的劳保用品是否符合原子灰调配的实操要求（4 分） ☐ 2.4 面漆喷涂前清洁作业是否正确（2 分）			

（续）

评分项	配分	评分标准	自评	互评	教师评价
3. 小修补喷涂工艺	80	□ 3.1 正确选用小修补喷枪（10分） □ 3.2 正确进行小修补中涂底漆喷涂范围确定（10分） □ 3.3 正确进行小修补中涂底漆打磨（10分） □ 3.4 正确进行小修补面漆喷涂作业（15分） □ 3.5 正确进行小修补清漆喷涂作业（15分） □ 3.6 正确进行小修补清漆喷涂后驳口水喷涂作业（10分） □ 3.7 正确进行小修补驳口区域抛光（10分）			
完成时间		定额时间45min，每超过5min，扣5分			
合计					
总评分（各项合计平均分）					

【任务拓展】

拓展知识：漆膜测厚仪——对漆膜厚度误差的追求

漆膜测厚仪能够测量出车辆车漆的厚度，从而根据厚度来检查喷涂质量，判断喷涂手法导致的漆膜厚度误差。在二手车市场，也可以通过此种方法，来检测车漆有没有因为某些原因而出现补漆的现象。

一、漆膜测厚仪的标准值

漆膜测厚仪测到的数值是120~180μm为正常，为了加强汽车喷涂质量品质控制，使用漆膜测厚仪检测喷涂后板件的油漆膜厚，一般测试五个点，分别是中间和四个角的位置，通过对漆膜厚度误差的追求以及质量品质控制，有机融入精益求精的工匠精神。

如果说超过了180μm，那就很有可能是喷涂速度过慢、距离过近、重叠过多等喷涂手法问题导致油漆膜厚较大，当然也可能是因为车漆被剐蹭过而进行补漆，通常补漆之后的厚度为500~1000μm。

如果说低于120μm，那就有可能是喷涂速度过快、距离过远、重叠过少等手法问题导致油漆膜厚较薄，也可能是因为车漆表面经过多次抛光导致。

二、漆膜测厚仪的使用

1）首先要长按漆膜测厚仪的电源，启动漆膜测厚仪之后才能够测出车漆的厚度。

2）启动完漆膜测厚仪之后会保留上一次测量的数值，因此需要将数值清零。

3）将漆膜测厚仪对准需要检测的车漆表面，但是距离不能太近也不能太远，5cm左右就可以了。

4）总共测试五个点，分别是中间和四个角的位置，每个位置测量完，记录下数值，然后清零再测试下一个位置，再对5个数值取平均值就可以了。

【思考与练习】

1. 面漆的功能和特性有哪些？

2. 常见的面漆有哪几种类型？

3. 面漆的施涂工序主要有哪几种？

4. 以鹦鹉 90 系列底色漆为例，简述其喷涂工艺流程。

5. 以鹦鹉 HS 清漆为例，简述其喷涂工艺流程。

6. 什么是小修补工艺？

7. 常见的喷涂手法有哪些？

项目五　全车喷涂

【学习目标】

1. 知识目标
1）了解遮蔽工具材料的工作性能。
2）掌握非全车喷涂板件遮蔽的目的。

2. 能力目标
1）能正确选用遮蔽所需要的材料和工具。
2）能正确进行正向遮蔽和反向遮蔽。
3）能对其他特殊部位进行遮蔽。

3. 素质目标
1）培养汽车人的"新时代工匠精神"。
2）培养安全防护的意识。
3）培养合理的废料处理，注重环境保护。

【任务案例】

客户反映：在某汽车维修店进行汽车喷漆修补后，发现汽车轮胎和汽车底盘均有油漆的痕迹，这是喷漆工在喷漆时图省事，没有对汽车轮胎等处进行遮蔽，等喷完才发现有少量的油漆喷到了轮胎侧面和汽车底盘处，严重影响了汽车喷漆修补的整体质量。

【相关知识】

一、遮蔽材料及其选用方法

1. 遮蔽纸、遮蔽膜和遮蔽罩

（1）遮蔽纸　汽车喷涂用遮蔽纸，具有耐热性、抗湿性和良好的防溶剂渗透性能，如图5-1所示。

（2）**遮蔽膜**　一般为聚乙烯薄膜材料，宽度比一般遮蔽纸宽，特别适合用于遮蔽较大的工作表面，如图 5-2 所示。

（3）**遮蔽罩**　一般用于罩住汽车的某个部件，如轮胎遮蔽罩，如图 5-3 所示，遮蔽罩可反复使用。

2. 遮蔽胶带

汽车用的遮蔽胶带必须能抗热、抗溶剂，而且其黏合胶剥落以后不会黏在车身表面上，如图 5-4 所示。遮蔽胶带有普通遮蔽胶带和缝隙胶带两种。普通遮蔽胶带按底材不同，常用的有纸质胶带和塑料质胶带。胶带的宽度范围为 6~50mm，宽的胶带不易操作，应尽量少用，细小的弯曲面应使用窄胶带。缝隙胶带用来遮蔽钣金件之间的缝隙，以防止飞漆进入车身内部。缝隙胶带由聚氨酯泡沫体加入黏合胶制成，简化了有缝隙区域的遮蔽，呈圆柱形，可以防止形成喷涂台阶。

图 5-1　遮蔽纸

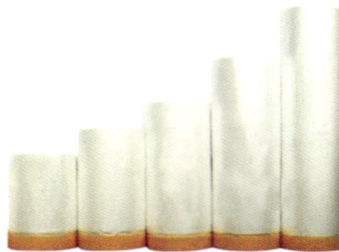

图 5-2　遮蔽膜

图 5-3　遮蔽罩

图 5-4　遮蔽胶带

3. 遮蔽材料的选用

1）遮蔽汽车风窗玻璃时，可选用 2 层宽 380mm 以上的遮蔽纸。

2）遮蔽汽车侧窗时，可选用宽 300mm 以上的遮蔽纸。

3）遮蔽汽车中网、保险杠时，需要使用不同宽度的遮蔽纸，最常用的宽度是 152mm 和 380mm。

4）遮蔽车门侧柱的周围时，可选用宽 152mm 的遮蔽纸。

5）遮蔽外反光镜可以选用宽 152mm 的遮蔽纸。

6）遮蔽尾灯时，应选用宽 152mm 或 228mm 的遮蔽纸。

7）遮蔽车轮时，可用适合大小的遮蔽罩。

8）遮蔽车门把手时，可以使用宽 20mm 的遮蔽胶带。

9）遮蔽镀铬件时，可选用宽 20mm 或者更宽的遮蔽胶带。

10）遮蔽文字或标记时，应使用宽 3mm 或 6mm 的遮蔽胶带。

二、遮蔽所需要的设备和工具

遮蔽所需要的设备和工具有切纸架和美工刀。在切纸架上装好遮蔽纸，同时还可以将遮蔽胶带黏附在遮蔽纸上，极大地提高遮蔽的工作效率。美工刀用来切割遮蔽胶带，切除遮蔽胶带边界不平滑的部分。

【实训任务】

技能实训一　正向遮蔽法

一、实训工具、设备及耗材

1）劳保用品（工作服、防毒面具、护目眼镜、棉纱手套、安全鞋、工作帽等），如图5-5所示。

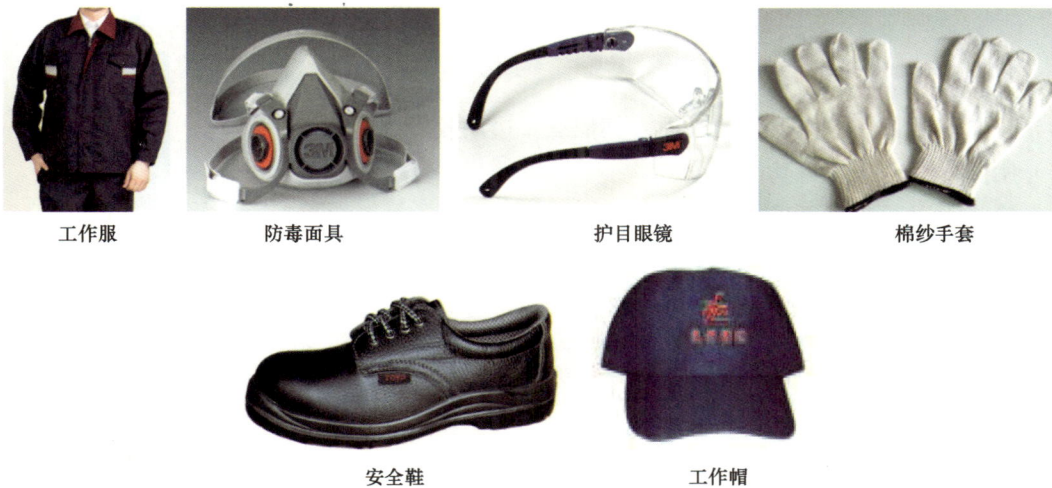

| 工作服 | 防毒面具 | 护目眼镜 | 棉纱手套 |

安全鞋　　　　　　工作帽

图 5-5　实训工具、设备及耗材

2）遮蔽纸、遮蔽纸切纸架、胶带及各种防护罩等，如图5-6所示。

图 5-6　遮蔽工具、材料

二、作业准备

1）必须按照规范操作，时刻注意人身和设备使用安全，慎防意外情况发生。

2）工作完毕应及时切断电源、气源并清理作业现场。

3）必须做好个体防护才允许操作。

4）现场6S管理：结束后，设备工具归位，清理现场，恢复原状。

三、实训过程

1）先将胶带宽度的一半，粘贴到遮蔽纸边缘。

2）将带有遮蔽纸的胶带，粘贴到需要遮盖的边界处，胶带的边缘距离需要遮盖的边界线，大约留出半个胶带宽度的距离，如图 5-7a 所示。

3）再用胶带沿着需要遮盖的边界线粘贴，并压住第一层胶带，如图 5-7b 所示。

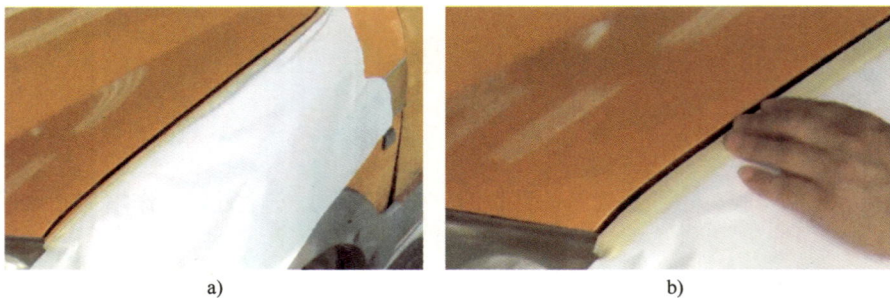

a)　　　　　　　　　　　　b)

图 5-7　正向遮蔽法

注意：
正向遮蔽法适合在整板喷涂时使用，但是会产生台阶，对点修补或者需要平滑过渡的喷涂则不适合。

4）将遮蔽纸盖住不需喷涂的表面，其他三个边用胶带固定好。

5）用同样的方法遮盖其他部位。

6）检查无误后，即可进行喷涂操作。

四、实训小结

1. 个体防护用品：_____

2. 实操步骤：_____

3. 遮蔽操作注意事项：_____

五、评价反馈

汽车运用与维修职业技能等级考试标准
"汽车车身漆面养护与涂装喷漆技术"模块（中级）—工作任务"全车喷漆"
"非全车喷涂板件遮蔽"子任务考核评价表（1）—正向遮蔽法

评分项	配分	评分标准	自评	互评	教师评价
1. 工位 6S 操作	10	□ 1.1 整理、整顿（2.5 分） □ 1.2 清理、清洁（2.5 分） □ 1.3 素养（2.5 分） □ 1.4 安全（2.5 分）			

（续）

评分项	配分	评分标准	自评	互评	教师评价
2. 设备、工具、劳保用品的安全检查	10	□ 2.1 检查作业所需要的工具设备是否完备，有无损坏（2分） □ 2.2 检查作业环境是否配备灭火器（2分） □ 2.3 检查穿戴的劳保用品是否符合遮蔽操作的实操要求（4分） □ 2.4 检查遮蔽工具和材料的选用是否符合要求（2分）			
3. 车窗玻璃、装饰条、铭牌的遮蔽操作	60	□ 3.1 能正确选用正向遮蔽法的适应场合（10分） □ 3.2 正向遮蔽法应正确（15分） □ 3.3 正向遮蔽手法应熟练（15分） □ 3.4 胶带粘贴应无粘贴不牢、翘起破损、遮盖遗漏或过度（20分）			
4. 规范作业过程	10	□ 4.1 作业过程做到工具不落地（5分） □ 4.2 作业过程做到遮蔽纸、胶带等耗材不落地（5分）			
5. 工具清洁存放	10	□ 5.1 使用工具后对工具进行清洁（5分） □ 5.2 作业完成后对工具进行复位（5分）			
完成时间		定额时间 15min，每超过 5min，扣 5 分			
合计					
总评分（各项合计平均分）					

技能实训二　反向遮蔽法

一、实训工具、设备及耗材

1）劳保用品（工作服、防毒面具、护目眼镜、棉纱手套等），如图 5-8 所示。

  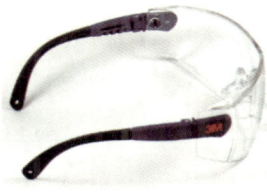 

工作服　　　　　　防毒面具　　　　　　护目眼镜　　　　　　棉纱手套

图 5-8　实训工具、设备及耗材

2）遮蔽纸、遮蔽纸切纸架、胶带及各种防护罩等，如图 5-9 所示。

图 5-9　遮蔽工具、材料

二、作业准备

1）必须按照规范操作，时刻注意人身和设备使用安全，慎防意外情况发生。

117

2）工作完毕应及时切断电源、气源并清理作业现场。

3）必须做好个体防护才允许操作。

4）现场 6S 管理：结束后，设备工具归位，清理现场，恢复原状。

三、实训过程

1）将遮蔽纸预先粘贴好胶带。

2）将带有遮蔽纸的胶带，粘贴到需要喷涂表面的边缘，注意此时先将遮蔽纸盖在待喷涂的部位，如图 5-10a 所示。

3）将遮蔽纸以固定的一边为轴反向翻折到非喷涂区域，使反向折叠的弧线超过边缘12~20mm，如图 5-10b 所示。

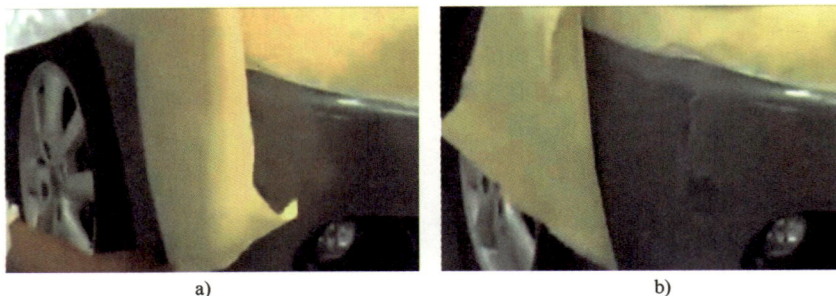

a)　　　　　　　　　　　　　b)

图 5-10　反向遮蔽法

4）将遮蔽纸盖住不需喷涂的表面，其他三个边用胶带固定好，如图 5-11 所示。同时保证，在需要喷漆处的翻折处形成楔形角度，喷漆时由于楔形间隙存在会形成边缘向外渐薄的漆膜，从而起到良好的过渡效果而不至于在边缘形成台阶，如图 5-12 所示。

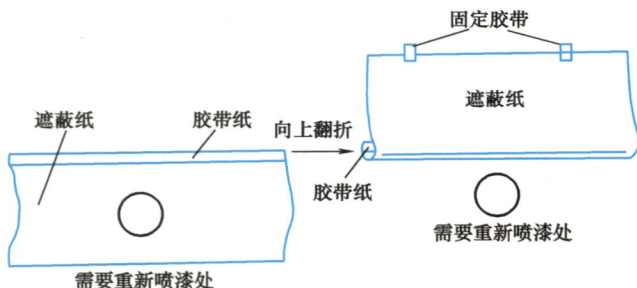

图 5-11　反向遮蔽示意图

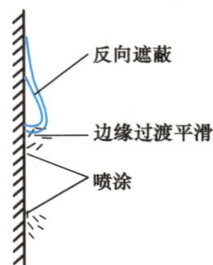

图 5-12　反向遮蔽原理

注意：
反向遮蔽法不会产生台阶，一般应用于点修补或者需要平滑过渡的局部喷涂。

5）用同样的方法遮蔽其他部位，如图 5-13 所示。

图 5-13　反向遮蔽效果

6）检查无误后，即可进行喷涂操作。

四、实训小结

1. 个体防护用品：＿＿＿＿＿＿＿＿＿＿＿＿＿＿＿＿＿＿＿＿＿＿＿＿＿＿＿＿＿＿＿＿＿＿

＿＿

2. 实操步骤：＿＿＿＿＿＿＿＿＿＿＿＿＿＿＿＿＿＿＿＿＿＿＿＿＿＿＿＿＿＿＿＿＿＿＿＿

＿＿

3. 遮蔽操作注意事项：＿＿＿＿＿＿＿＿＿＿＿＿＿＿＿＿＿＿＿＿＿＿＿＿＿＿＿＿＿＿＿

＿＿

五、评价反馈

汽车运用与维修职业技能等级考试标准
"汽车车身漆面养护与涂装喷漆技术"模块（中级）—工作任务"全车喷漆"
"非全车喷涂板件遮蔽"子任务考核评价表（2）—反向遮蔽法

评分项	配分	评分标准	自评	互评	教师评价
1. 工位 6S 操作	10	☐ 1.1 整理、整顿（2.5 分） ☐ 1.2 清理、清洁（2.5 分） ☐ 1.3 素养（2.5 分） ☐ 1.4 安全（2.5 分）			
2. 设备、工具、劳保用品的安全检查	10	☐ 2.1 检查作业所需要的工具设备是否完备，有无损坏（2 分） ☐ 2.2 检查作业环境是否配备灭火器（2 分） ☐ 2.3 检查穿戴的劳保用品是否符合遮蔽操作的实操要求（4 分） ☐ 2.4 检查遮蔽工具和材料的选用是否符合要求（2 分）			
3. 车窗玻璃、装饰条、铭牌的遮蔽操作	60	☐ 3.1 能正确选用反向遮蔽法的适应场合（10 分） ☐ 3.2 反向遮蔽法应正确（15 分） ☐ 3.3 反向遮蔽手法应熟练（15 分） ☐ 3.4 胶带粘贴应无粘贴不牢、翘起破损、遮盖遗漏或过度（20 分）			
4. 规范作业过程	10	☐ 4.1 作业过程做到工具不落地（5 分） ☐ 4.2 作业过程做到遮蔽纸、胶带等耗材不落地（5 分）			
5. 工具清洁存放	10	☐ 5.1 使用工具后对工具进行清洁（5 分） ☐ 5.2 作业完成后对工具进行复位（5 分）			
完成时间		定额时间 15min，每超过 5min，扣 5 分			
合计					
总评分（各项合计平均分）					

技能实训三　其他特殊部位的遮蔽法

一、实训工具、设备及耗材

1）劳保用品（工作服、防毒面具、护目眼镜、棉纱手套、安全鞋等），如图 5-14 所示。

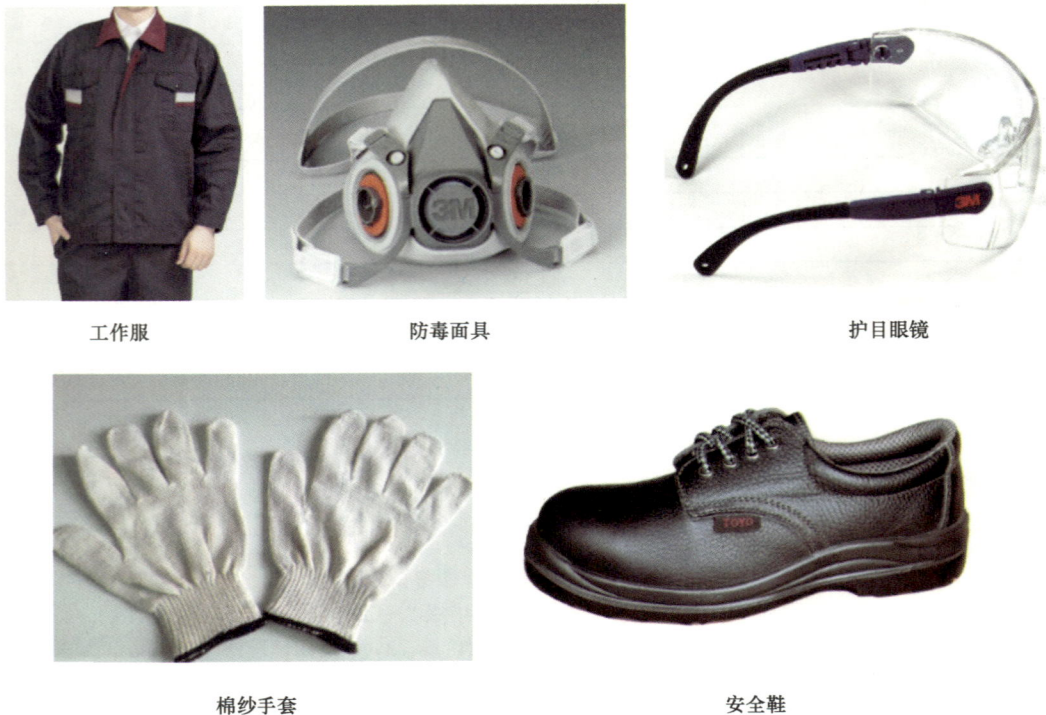

工作服　　　　　　　　防毒面具　　　　　　　　护目眼镜

棉纱手套　　　　　　　　　　　安全鞋

图 5-14　实训工具、设备及耗材

2）遮蔽纸、遮蔽纸切纸架、胶带及各种防护罩等，如图 5-15 所示。

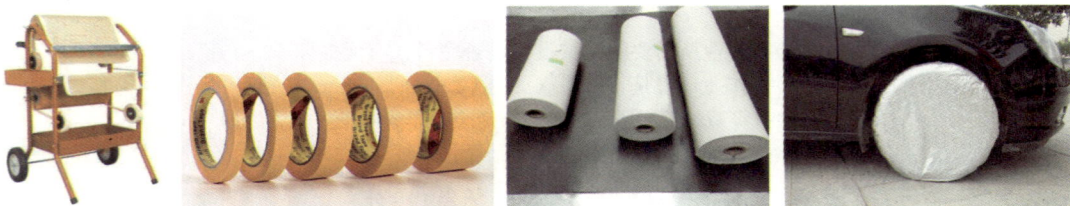

图 5-15　遮蔽工具、材料

二、作业准备

1）必须按照规范操作，时刻注意人身和设备使用安全，慎防意外情况发生。

2）工作完毕应及时切断电源、气源并清理作业现场。

3）必须做好个体防护才允许操作。

4）现场 6S 管理：结束后，设备工具归位，清理现场，恢复原状。

三、实训过程

1. 前后风窗的遮蔽

遮蔽车窗玻璃时，主要使用 50cm 宽的纸，不够的部分再用 10~20cm 宽的纸粘贴上。四周用 12~15mm 宽的胶带纸粘住，周围的胶带纸最后贴，如图 5-16 所示。

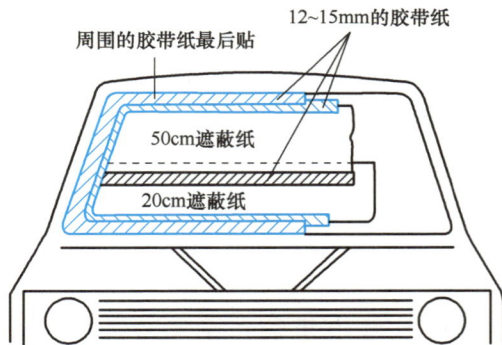

图 5-16　前后风窗的遮蔽

侧窗玻璃的遮蔽

2. 装饰条和嵌条的遮蔽车

用胶带纸粘贴装饰条、嵌条等表面时，用一只手的手指塞入胶带卷中间的孔中，把大拇指放在胶带纸的外面，控制胶带纸的方向。拉伸胶带时，胶带纸的粘贴面背向操作者。在粘贴时，一定要注意，此处要留有合适的间隙，如图 5-17 所示。

3. 铭牌和标牌的遮蔽车

具体操作与嵌条遮蔽车手法类似，注意胶带纸边缘与表面的间距，如图 5-18 所示。

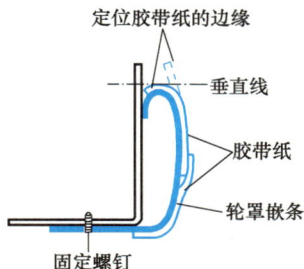

图 5-17　装饰条和嵌条的遮蔽车

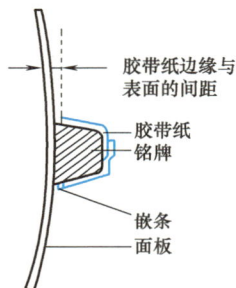

图 5-18　铭牌和标牌的遮蔽车

特殊区域的
遮蔽方法

四、实训小结

1. 个体防护用品：＿＿＿＿＿＿＿＿＿＿＿＿＿＿＿＿＿＿＿＿＿＿＿＿＿＿＿＿＿＿＿＿＿＿

＿＿＿

2. 实操步骤：＿＿＿＿＿＿＿＿＿＿＿＿＿＿＿＿＿＿＿＿＿＿＿＿＿＿＿＿＿＿＿＿＿＿＿＿＿

＿＿＿

＿＿＿

3. 遮蔽操作注意事项：＿＿＿＿＿＿＿＿＿＿＿＿＿＿＿＿＿＿＿＿＿＿＿＿＿＿＿＿＿＿＿＿

＿＿＿

五、评价反馈

汽车运用与维修职业技能等级考试标准
"汽车车身漆面养护与涂装喷漆技术"模块（中级）—工作任务"全车喷漆"
"非全车喷涂板件遮蔽"子任务考核评价表（3）—其他特殊部位的遮蔽法

评分项	配分	评分标准	自评	互评	教师评价
1. 工位 6S 操作	10	□ 1.1 整理、整顿（2.5 分） □ 1.2 清理、清洁（2.5 分） □ 1.3 素养（2.5 分） □ 1.4 安全（2.5 分）			
2. 设备、工具、劳保用品的安全检查	10	□ 2.1 检查作业所需要的工具设备是否完备，有无损坏（2 分） □ 2.2 检查作业环境是否配备灭火器（2 分） □ 2.3 检查穿戴的劳保用品是否符合遮蔽操作的实操要求（4 分） □ 2.4 检查遮蔽工具和材料的选用是否符合要求（2 分）			

（续）

评分项	配分	评分标准	自评	互评	教师评价
3. 车窗玻璃、装饰条、铭牌的遮蔽操作	60	☐ 3.1 确定遮蔽工具和材料（10分） ☐ 3.2 遮蔽方法选用正确（15分） ☐ 3.3 遮蔽手法正确、熟练（15分） ☐ 3.4 胶带粘贴应无粘贴不牢、翘起破损、遮蔽遗漏或过度（20分）			
4. 作业过程	10	☐ 4.1 作业过程做到工具不落地（5分） ☐ 4.2 作业过程做到遮蔽纸、胶带等耗材不落地（5分）			
5. 工具清洁存放	10	☐ 5.1 使用工具后对工具进行清洁（5分） ☐ 5.2 作业完成后对工具进行复位（5分）			
完成时间		定额时间30min，每超过5min，扣5分			
合计					
总评分（各项合计平均分）					

【任务拓展】

拓展阅读：汽车人的"新时代工匠精神"

汽车修补喷涂时，为了保护修补部位以外范围不受漆雾、灰尘的污染，因此就要对非修补区域进行覆盖保护，这就是"遮蔽"。遮蔽是非常重要的工作，所有的修补涂装（包括点修补、区域修补），在喷漆前，都要对喷涂区域的周围进行遮蔽保护，修补面积较大或者点较多时，还需要进行整车遮蔽，有时在清除旧漆膜的作业和研磨、抛光时，也需要对相关部位进行遮蔽保护。然而，遮蔽工作（特别是运动部件、装饰条、风窗玻璃等周围的遮蔽）是一项既耗时间又对细节要求比较高的工作流程，遮蔽工作不到位，会严重影响汽车涂装的质量。为了达到完全遮蔽的目的，需要充分发扬汽车人的"新时代工匠精神"。

工匠精神，是指工匠对自己的产品精雕细琢，精益求精，追求更完美的精神理念。"新时代工匠精神"是一种职业精神，它是职业道德、职业能力、职业品质的体现，是从业者的一种职业价值取向和行为的表现。

党的十九大报告强调："要建设知识型、技能型、创新型劳动者大军，弘扬劳模精神和工匠精神，营造劳动光荣的社会风尚和精益求精的敬业风气。"正是这种"新时代工匠精神"，让我国的科技水平高速发展，只有弘扬工匠精神、践行工匠精神，祖国的制造强国战略才能更好更快地发展。

【思考与练习】

1. 什么叫作正向遮蔽法？其适合于哪些场合？
2. 什么叫作反向遮蔽法？其适合于哪些场合？
3. 塑料遮蔽膜适合哪些工作表面，如何提高遮蔽工作效率？

任务二 全车喷涂走枪顺序

【学习目标】

1. 知识目标

1）熟悉全车喷涂走枪顺序。

2）掌握车顶盖、车门、保险杠、翼子板、发动机舱盖等喷涂方法。

2. 能力目标

1）能进行全车喷涂操作。

2）能进行车顶盖、车门、保险杠、翼子板、发动机舱盖等车身覆盖件的喷涂操作。

3. 素质目标

1）养成细致入微的工作态度。

2）培养爱国精神和创新意识。

3）加强 6S 管理的培养。

【任务案例】

小王开了一家汽车快修美容店，从事汽车喷漆等业务，一位客户的汽车车身上下有多处磕碰，如果多板件重新喷漆，担心会有色差，影响车身整体效果，因此建议客户进行全车喷涂。那么全车喷涂顺序是什么呢？有哪些注意事项呢？

【相关知识】

> **注意：**
> 喷涂门把手时应该特别注意，避免涂料堆积而产生流挂。

一、车身板件的走枪顺序

1. 车门的喷涂顺序

先喷涂车窗玻璃的边缘，如图 5-19 中步骤 1 至 2 所示，车窗玻璃的边缘喷涂好后，喷漆工站在车门的中间，再按照从上到下的顺序完成板件的走枪顺序，具体如图 5-19 中的步骤 3 至 8 所示，完成车门的喷涂。

2. 前翼子板的喷涂顺序

发动机舱盖的边缘和前翼子板的边缘应该首先喷涂，如图 5-20 中的步骤 1 至 4 所示。边缘喷涂好后，喷漆工站在前翼子板的中间，喷漆过程中尽量不移动脚部，再按照从上到下的顺序完成板件的走枪顺序，具体如图 5-20 中的步骤 5 至 11 所示，完成前翼子板的喷涂。

3. 后翼子板的喷涂顺序

首先喷涂边缘，如图 5-21 中步骤 1 至 5 所示。然后喷漆工站在后翼子板的中间，以一个长的连续的行程喷涂面板，如图 5-21 中步骤 6 至 11 所示。如果无法一次完成，就把这个区域分成两个部分，使用这种方法时，一定要特别注意中间的重叠，如果重叠的部分太多就会发生流挂。

不同板件的
走枪顺序

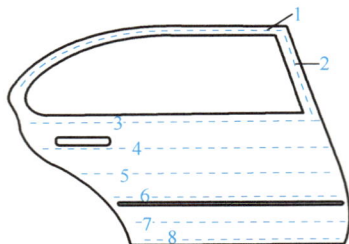

图 5-19　车门的喷涂顺序

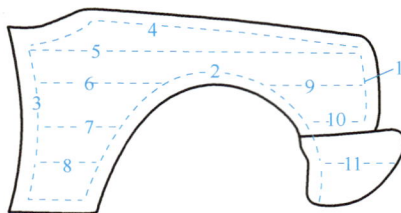

图 5-20　前翼子板的喷涂顺序

4. 发动机舱盖的喷涂顺序

首先喷涂发动机舱盖的边缘，如图 5-22 中步骤 1 至 2 所示，然后是发动机舱盖的前部，如图 5-22 中步骤 3 所示，下一步是在前翼子板的侧面，从中心开始向边缘进行喷涂，如图 5-22 中步骤 4 至 7 所示，另一侧也使用相同的方法喷涂，如图 5-22 中步骤 8 至 11 所示。

图 5-21　后翼子板的喷涂顺序

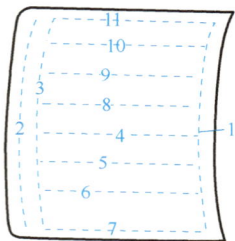

5. 车顶盖的喷涂顺序

为了方便对车顶盖的喷涂，施工人员应站在长凳上，以便能施工到车顶的中心。首先喷涂前部风窗玻璃的边缘，如图 5-23 中步骤 1 至 2 所示；然后从车顶的中心向外喷涂，如图 5-23 中步骤 3 至 8 所示。再用相同的方法完成后部和另一侧的喷涂，如图 5-23 中步骤 9 至 16 所示。

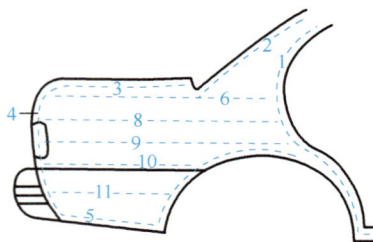

图 5-22　发动机舱盖的喷涂顺序

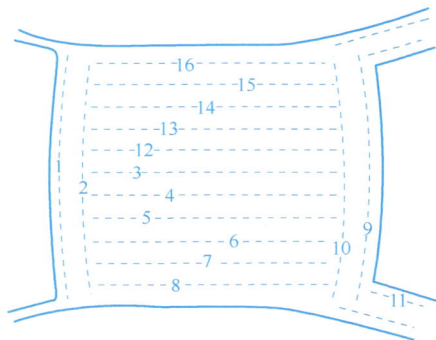

图 5-23　车顶盖的喷涂顺序

二、全车的喷涂顺序

因汽车喷涂都是在喷烤漆房中进行，全车的喷涂顺序需要充分考虑喷烤漆房的相关影响因素。在向下排风的喷烤漆房里，空气是从上往下流动的，因此，喷涂顺序应先汽车顶部，再至车门边，然后绕车体再回到车门处，如图 5-24 所示。具体步骤如下。

图 5-24　全车的喷涂顺序

首先是车顶盖喷涂（如图 5-25 中步骤 1），接着是行李箱盖和后侧板（如图 5-25 中步骤 2、3），下一步是左侧的后翼子板、左侧车门、前翼子板、发动机舱盖（如图 5-25 中步骤 4、5、6、7、8、9），对汽车另一侧的喷涂是从前翼子板开始，到车门，最后对另一侧的后翼子板喷涂（如

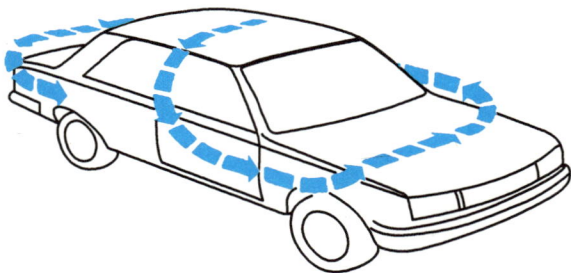

图 5-25 中步骤 10 至 13）。

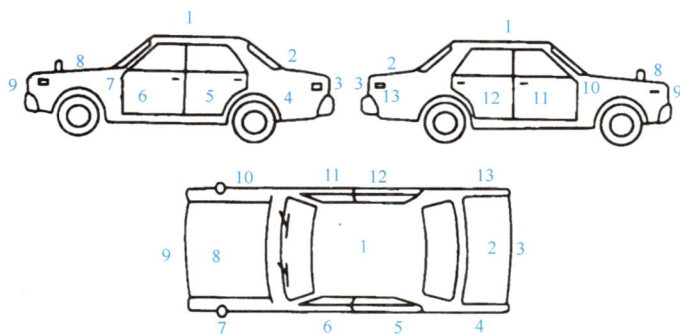

图 5-25　全车喷涂顺序分解图

【实训任务】

技能实训　全车喷涂

一、实训工具、设备及耗材

面漆喷枪、劳保用品等（工作服、防毒面具、护目眼镜、安全鞋、防溶剂手套等），实训工具、设备及耗材如图 5-26 所示。

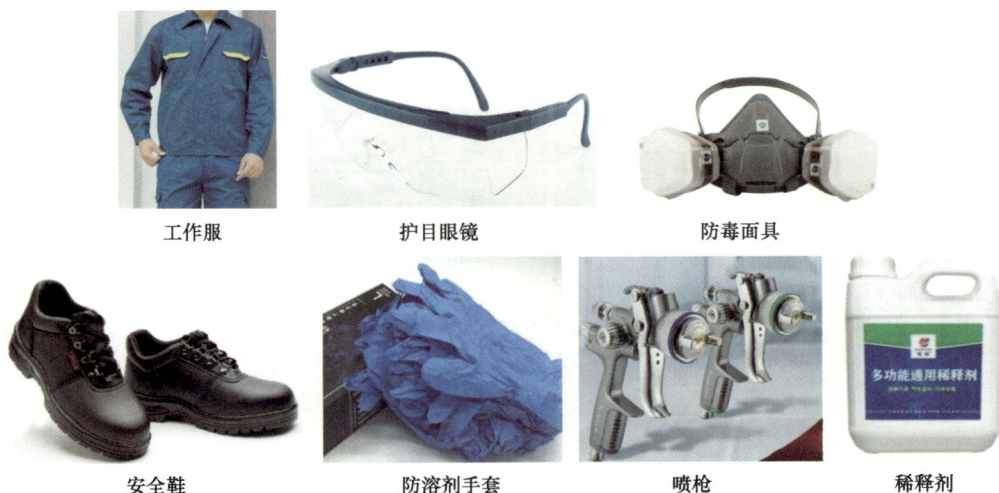

工作服　　　　　护目眼镜　　　　　防毒面具

安全鞋　　　防溶剂手套　　　喷枪　　　稀释剂

图 5-26　实训工具、设备及耗材

二、作业准备

操作前，必须牢记劳动安全注意事项：

1）必须穿戴好工作服、防毒面具、护目眼镜、防溶剂手套等劳动安全防护用品，才允许操作。

2）必须按照规范操作，时刻注意人身安全，慎防意外情况发生。

3）工作完毕应做好现场 6S 管理。

三、实训过程

1. 喷涂环境的清洁

喷涂环境的清洁包括喷烤漆房墙面与地面的清洁，并检查顶部和底部过滤棉的使用程度，必要时需更换过滤棉。

2. 车身表面的清洁

用除尘枪整体清洁车身表面，确保这些区域完全没有灰尘和水；再用清洁剂湿润车身表面，使用清洁的除油布在清洁剂干燥之前擦除干净；如使用水性色漆，还需喷施水性漆清洁剂并擦拭干净，以消除表面静电。

3. 工件表面的除尘

在喷涂色漆前，使用粘尘布进行最后一道除尘，先轻擦工件表面，再擦拭边缘的遮蔽纸。

4. 喷烤漆房的设置

打开喷烤漆房的喷涂模式，设置环境温度为 20~25℃，预热 10min。

5. 喷枪的设置

将喷枪的喷涂气压调整至 2.0bar（0.2MPa），将出漆量调节旋钮旋至全开状态，喷幅调节旋钮旋至全开状态。

6. 第一道喷涂

第一道喷涂为薄喷涂，喷涂距离为 10~15cm，重叠度为 3/4，进行中湿喷，涂层有少许光泽时停止喷涂。走枪顺序如图 5-27 所示。

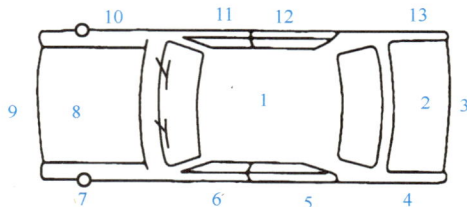

图 5-27　走枪顺序

7. 第二道喷涂

第一道喷涂闪干之后（水性漆使用文氏吹风筒彻底吹干后）可进行第二道喷涂。第二道喷涂为着色喷涂，以相同的喷涂参数进行湿喷，尽可能喷厚一些，确保遮盖和饱满，但不能产生流挂。

8. 第三道喷涂

第二道喷涂闪干（水性漆使用文氏吹风筒彻底吹干后）之后进行第三道喷涂。第三道喷涂为效果层喷涂，喷涂距离为 25~30cm，其他喷涂参数相同。效果层喷涂的主要目的是为了使银粉、珍珠等颗粒均匀排列，实现更好的闪烁效果。

9. 清漆喷涂

清漆喷涂 2 道，第一道喷涂时，喷涂距离为 10~15cm，气压为 2.0bar（0.2MPa），薄喷清漆，以 70% 覆盖率薄喷一个连续的涂层为准；第二道喷涂时，喷涂距离为 10~15cm，气压为 2.0bar（0.2MPa），中湿喷涂清漆，以 100% 覆盖率湿喷一个连续饱满涂层为准。

10. 干燥

喷涂完成后，保持喷漆房抽风 15~30min 后，将喷烤漆房升温至 55~60℃下干燥 30min。干燥完成后，趁车身未完全冷却前，清除全车遮蔽时所粘贴的遮蔽纸（遮蔽膜）和遮蔽胶带。

四、实训小结

1. 个体防护用品：_____

_____

2. 实操步骤：_____

_____

_____

3. 全车喷涂注意事项：_____

五、评价反馈

汽车运用与维修职业技能等级考试标准
"汽车车身漆面养护与涂装喷漆技术"模块（中级）—工作任务"全车喷漆"
考核评价表

评分项	配分	评分标准	自评	互评	教师评价
1. 工位 6S 操作	10	☐ 1.1 整理、整顿（2.5 分） ☐ 1.2 清理、清洁（2.5 分） ☐ 1.3 素养（2.5 分） ☐ 1.4 安全（2.5 分）			
2. 设备、工具、劳保用品的安全检查	10	☐ 2.1 检查作业所需要的工具设备是否完备，有无损坏（2 分） ☐ 2.2 检查作业环境是否配备灭火器（2 分） ☐ 2.3 检查穿戴的劳保用品是否符合全车喷涂的实操要求（4 分） ☐ 2.4 检查喷枪和的选用是否符合喷涂要求（2 分）			
3. 板件的除油除尘操作	10	☐ 3.1 进行除油除尘操作（5 分） ☐ 3.2 擦（喷）湿后要及时擦干（5 分）			
4. 全车喷涂	50	☐ 4.1 确定色漆、清漆取用量（10 分） ☐ 4.2 色漆和清漆的混合比例正确（15 分） ☐ 4.3 全车喷涂走枪顺序正确、熟练（15 分） ☐ 4.4 漆面饱满度、光泽度（10 分）			
5. 规范作业过程	10	☐ 5.1 作业过程做到工具不落地（5 分） ☐ 5.2 作业过程做到除油布、除尘布等耗材不落地（5 分）			
6. 工具清洁存放	10	☐ 6.1 使用工具后对工具进行清洁（5 分） ☐ 6.2 作业完成后对工具进行复位（5 分）			
完成时间		定额时间 60min，每超过 5min，扣 5 分			
合计					
总评分（各项合计平均分）					

【任务拓展】

拓展知识：中国汽车涂装工业的发展史——爱国创新

我国的涂装业发展，要追溯到建国初期。新中国成立以后，苏联的工业技术随着新中国的发展而被逐步引进。在一些援建的项目中开始建立了涂装生产线，例如，武汉长江大桥的建设完成，其中涂装技术的运用起到了决定性的作用，而这些涂装技术也正是这样一步一步地，慢慢地引进中国。但是，由于当时涂装技术的发展还不成熟，这些生产线一般是钢板焊的槽子加钢结构的喷漆室和干燥室或者干燥炉组合的，采用的是电动葫芦手工吊挂工件运行，并且当时的酸洗槽一般都是钢板衬铅。

随着我国的日益强大，特别是在1978年改革开放以后，我国经济得到了迅猛的发展。与此同时，国外涂装技术也有了很大的发展。因为中国逐步地与世界接轨，我国涂装工业方面的技术，开始通过技术引进和与国外技术的交流来发展与进步。因此，我国涂装技术开始了飞速发展。在此期间，在涂装自动化生产方面，静电喷涂和电泳涂漆技术的推广应用，粉末喷涂技术的研制及推广，加上我国汽车工业等领域的蓬勃高速发展，使涂装工业相关的事业得到了飞速的发展。在世界各地，为改善和保护生态环境，相关法规陆续颁布实施，传统涂装工艺无法靠改善满足法规要求，这促使了汽车涂装技术的创新和变革。国内多家科研单位和民营机构投资开发涂装用化学品，不断创新。

从20世纪90年代初应用水性中涂漆和面漆开始，汽车涂装材料、工艺、设备等相关领域的发展日新月异，使汽车涂装技术水平又迈上了一个新台阶。我国汽车相关环保法规给汽车涂装带来诸多挑战，促使材料、工艺、设备等方面的技术不断创新，一批环保、节能、高效的新技术正在得到普及应用。水性及高固体分涂料、紧凑工艺、全自动喷涂、干式漆雾过滤和热能回收等作为新一代标志性技术，已经成为汽车涂装技术发展的主流，得到快速推广应用。就车身涂装的VOC排放而言，无论应用水性涂料还是溶剂型涂料，都可以满足35g/m²（水性漆3C1B及免中涂漆10~35g/m²，溶剂型高固漆3C1B及免中涂漆20~35g/m²）的控制标准要求。

进入21世纪以后，在汽车涂装生产线中还出现了智能化的喷涂机器人，这代表着涂装机械行业的蓬勃兴起。随着我国科学技术的不断发展，我国的涂装行业将呈现出一片全新的景象！

【思考与练习】

1. 如果所喷涂整车为SUV等较高车型，如何改进喷涂方法？
2. 全车喷涂的顺序是什么？
3. 在喷涂车顶盖时，一般按照什么顺序喷涂？有哪些注意事项？

项目六 颜 色 调 配

【学习目标】

1. 知识目标

1）了解颜色三种属性（色相、明度、彩度）的含义。

2）了解颜色的基色、次级色、补色的含义。

3）掌握颜色调配工具的种类以及使用方法。

4）掌握车身颜色代码获取方法。

5）掌握颜色配方的查询方法。

6）掌握样板的正侧面对比的方法。

7）了解金属色和珍珠色的特点。

2. 能力目标

1）能够正确对颜色从色相、明度、彩度三个方面进行描述。

2）能够熟练地使用颜色调配工具并能够进行正确的颜色调配。

3）能够找到车辆的颜色代码并可以根据代码查询颜色配方。

4）能够熟练地进行配方板和目标板对比，分析其差异之处，并根据色母挂图进行颜色微调。

3. 素养目标

1）培养良好的安全自我防护意识和卫生习惯。

2）培养勇于奋斗、乐观向上，具有自我管理能力的意识，有较强的集体意识和团队合作精神。

3）培养遵纪守法的自觉性。

【任务案例】

2019 款本田思域前翼子板因剐蹭前往 4S 店维修，在中涂底漆打磨完成后，需要进行面漆的喷涂，为了让修补区域的面漆色彩能够与周围旧漆涂层的颜色一致，维修人员根据车身颜色代码进行颜色调配，在面漆以及清漆喷涂完成烘干后，车主将车辆开到光线充足的宽敞地带，发现在侧面看向修好的翼子板时会有微微的黄色，与周边部件颜色出现了色差，最后返回车间重新喷涂。综上所述，为了避免二次施工，需要维修人员掌握的色彩性质、颜色调配、颜色微调等知识，同时也需要维修人员保持精细的调色操作。

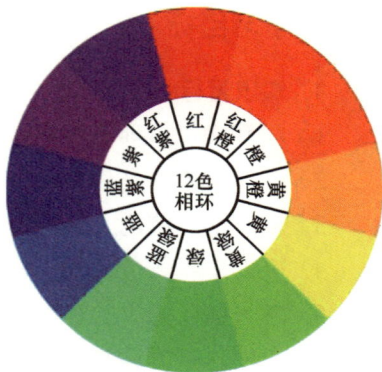
色彩的性质

颜色感知三
要素

【相关知识】

一、色彩的性质

色彩的性质指的是色相、明度和彩度，也可称为颜色的三属性，一个颜色的完整描述需要包含这三个属性。

1. 色相

色相，也可称为色调，色相是色彩的首要特征，如大红、普蓝、柠檬黄等，是区别各种不同色彩的、最准确的标准，事实上任何黑白灰以外的颜色都有色相的属性，而色相也就是由基色、次级色等颜色构成的。色相的特征决定于光源的光谱组成以及有色物体表面反射的各波长辐射的比值对人眼所产生的感觉。

光波波长的长短不同会产生色相差别，即便是同一类颜色，也能分为几种色相，如黄色可以分为中黄、土黄、柠檬黄等，灰色则可以分为红灰、蓝灰、紫灰等，人的眼睛可以分辨出约180种不同色相的颜色。12色相环如图6-1所示。

2. 明度

明度，也叫亮度、深浅度，是眼睛对光源和物体表面的明暗程度的感觉，是颜色在"量"方面的特性。

明度随光辐射强度的变化而变化，是色彩第二个最容易分辨出的属性。同一色相可以有不同的明度，绛红色和粉红色都含有红色，但前者显暗，后者显亮。不同色调也有不同的明度，如在太阳光谱中，紫色明度最低，红色和绿色明度中等，黄色明度最高，人们感到黄色最亮就是这个道理。明度可标在刻度尺上，从黑至白依次排列，如图6-2所示。越近白色，明度越高；越近黑色，明度越低。因此，无论哪个颜色加上白色，都可提高混合色的明度；而加入灰色，则要根据灰色深浅而定。

图 6-1　12 色相环图

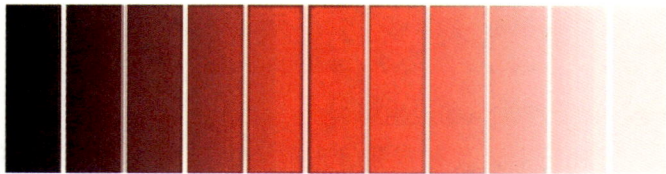

图 6-2　明度变化

3. 彩度

彩度，也叫纯度、鲜艳度或饱和度，表示颜色偏离具有相同明度灰色的程度，是颜色在心理上的纯度感觉。

彩度是色彩的第三个属性，也是一种不易察觉并经常受到曲解的性质。当比较同一色相和明度的两种颜色时，我们才会意识到它的表现形式。进行这种比较时，我们通常会使用"鲜艳""黯淡""鲜亮""浑浊"这样一些词语来进行描述。彩度变化如图6-3所示，从左向右彩度值会相应增加，颜色看上去也更加鲜艳。当某一颜色浓淡达到饱和，而又无白色、灰色或黑色掺入其中时，即称为正色；若有黑色或灰色掺入，即为过饱和色；若有白色掺入，即为未饱和色。

图 6-3 彩度变化

为了准确地描述某一种颜色，人们用色相、明度、彩度三个变量按照一定规则排列而成的三维色空间，我们称之为颜色色系。通过色系可以很好地帮助人们去理解或表示颜色、色差的规律。常见的色系有蒙赛尔色系和劳尔色系。

蒙赛尔色系是各行业最早使用的颜色色系。在蒙赛尔色系中，所有颜色根据明度和彩度的不同分处在相对应的坐标轴上。坐标轴上的数值分别代表颜色的三个属性：色相、明度和彩度。相邻的颜色样本间的颜色差异即为现实中人眼可识别的差异。同样，相邻的颜色样本间的明度或彩度间差异也是现实中人眼可识别的差异，因此，这个颜色体系是不对称结构，呈树状结构。

劳尔色系为德国工业标准色体系，并非为涂料生产商专用。该色系于 1927 年开发，已由最初的 40 种颜色扩展到了 1900 种以上，并成为欧洲工业色彩的标准。

二、颜色的变化

1. 颜色的命名

1）以花草、树木等样色命名，如苹果绿、橙黄、玫瑰红等。

2）以动物特色命名，如孔雀蓝、鹤顶红等。

3）以天、地、日、月、星辰、山水、金属、矿石的颜色命名，如铅白、翠绿、宝石蓝等。

4）以染料或颜料色的名称命名，如苯胺紫、甲基红等。

5）以形容色调的深浅、明暗等形容词命名，如鲜红、朱红等。

6）以抽象名词或形容词命名，如酱紫、满江红等。

2. 颜色混合

（1）颜色分类　颜色可分为有彩色和无彩色两类。有彩色指的是红橙黄绿青蓝紫等颜色，不同明度和彩度的色相都属于有色彩系；无彩色系指的是白色、黑色和白色黑色调和形成的各种深浅不同的灰色。

颜色按照发出物体的不同可分为光源色和物体色两类。生活中常见的光源有太阳、白炽灯、日光灯等；常见的物体如书籍、花朵等。

（2）基色　颜色有数百万个，但均有它们最基本的颜色，即基色。所谓基色是组成其他新颜色的基本色，无法由其他颜色混合而得。相反地，通过混合基色，可产生出其他次级色、三级色等颜色。

光源色具有的 3 种基色，为红、绿、蓝，如图 6-4 所示。

物体色也具有 3 种基色，为红、黄、蓝，如图 6-5 所示。

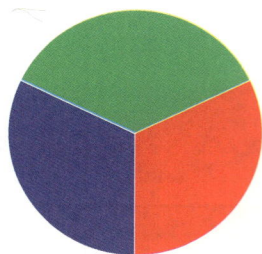

图 6-4　光源色 3 基色　　　　图 6-5　物体色 3 基色

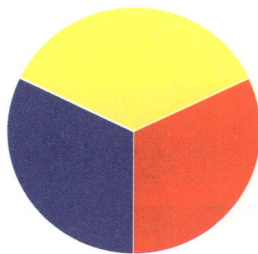

（3）次级色　以 1∶1 比例将两种基色调配而成的一种颜色称之为次级色。

等比例的物体色基色两两相互混合得到物体色为次级色。物体色次级色有紫、绿、橙，如图 6-6 所示。

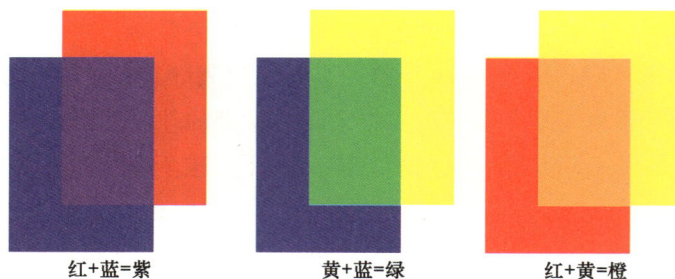

红+蓝=紫　　　　黄+蓝=绿　　　　红+黄=橙

图 6-6　物体色次级色

（4）补色　两个基色形成的一个次级色为另一个基色的补色。对于光源色来说黄和蓝、紫和绿、青和红互为对方的补色；对于物体色来说紫和黄、绿和红、橙和蓝互为对方的补色。

在物体色中我们将基色和次级色组成一个圆环，我们称之为色环，如图 6-7 所示。色环中相对的颜色即为补色，如图 6-8 所示。如果混合两个补色，将会得到一个灰暗的颜色，也可以说两种颜色互相被抵消，如图 6-9 所示。

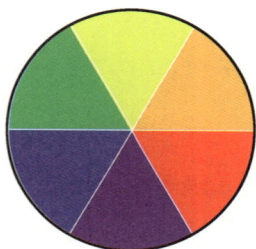

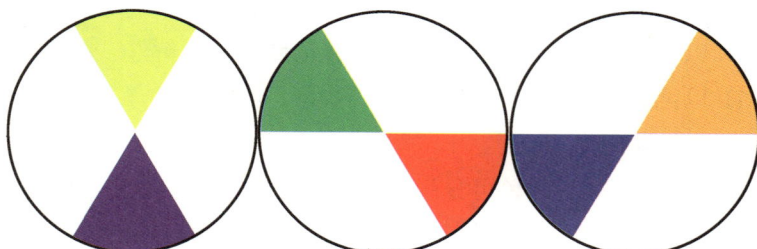

图 6-7　色环　　　　　　　图 6-8　色环中的补色

图 6-9　互为补色的颜色相互混合

（5）颜色混合的类型　颜色混合是指某一种颜色混入一种或多种颜色、构成与原色不同的新颜色。常见的混合有加法混合和减法混合。

色光加法混合。色光相互叠加后会得到混合色光，色光混合会增强明度，混合的色光越多，混合出的颜色明度越高，混合色的光明度等于相混合光明度之和。

物体色减法混合。物体色的混合的实质是色料的选择性吸收，使色光能量减弱。故色料相加，能量减弱，明度越低，彩度下降。而减法混合也会修补漆色母调配的基础。

三、色母特性表

在项目二喷涂设备的使用维护中已经介绍了电子秤、比色灯箱、烘箱、试色板、标准色卡、调漆杯（调漆罐）、调漆比例尺等几种常见的汽车调色设备及工具，在实际调色作业中，还会用到色母特性表。

色母特性表，也称为色母挂图，真实形象地展现了色母的特性。色母挂图的一个显著特点是图中所采用的图标使得色母的 5 大重要特性一目了然：颜色偏向、颜色组群、侧面颜色偏向、正面颜色偏向和纯净度，非常有助于节省调色时间。各涂料生产商提供的色母特性图表形式不一样，但基本原理是一样的。巴斯夫诺缤 66 系列油漆的色母特性表如图 6-10a 所示，巴斯夫鹦鹉 90 系列油漆色母特性表如图 6-10b 所示。

色母挂图

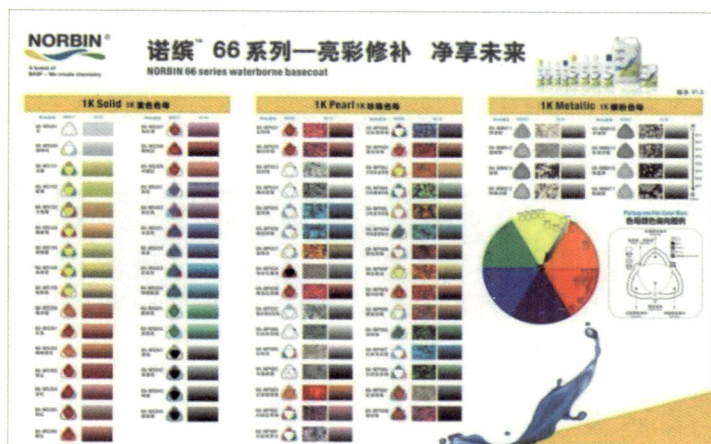

a) 巴斯夫诺缤66系列油漆色母特性表　　b) 巴斯夫鹦鹉90系列油漆色母特性表

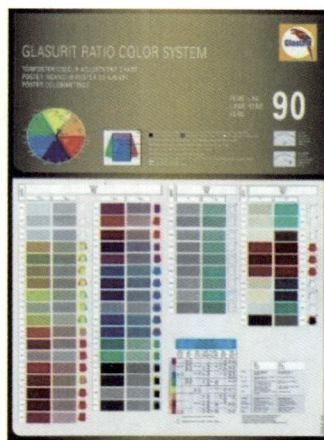

图 6-10　色母特性表（色母挂图）

四、常见配方查询方法

1. 颜色测色仪

颜色测色仪是便携式车色测量工具，其基于 6 角度 12 条光路测量颜色，精确定位油漆颗粒的闪烁、大小及纹理效果，可以快速准确地匹配出最接近的颜色配方。巴斯夫 "RATIO Scan 12/6" 测色仪如图 6-11 所示。

2. 颜色软件 / 管家

颜色软件 / 管家由涂料生产商提供，软件内包含该生厂商旗下所有涂料的颜色说明、调色配方以及国际代码、厂商代码、生产代码等颜色信息，并且会定期更新，以适应车身颜色变化的需

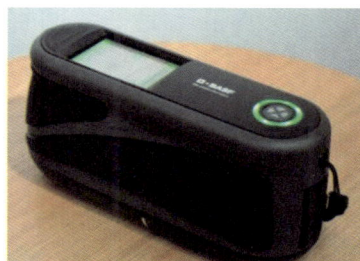

图 6-11　巴斯夫 "RATIO Scan 12/6" 测色仪

求，且有助于颜色和物料的全面管理，并可精确计算维修成本，有效控制汽车修补的每个步骤。巴斯夫颜色管家软件界面如图 6-12 所示。

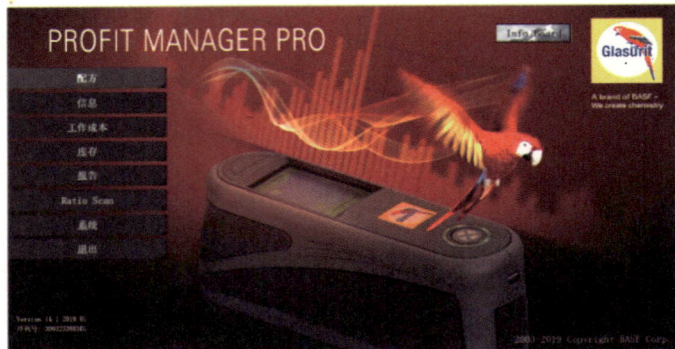

图 6-12　巴斯夫颜色管家软件界面

3. 颜色在线配方查询

不同的油漆涂料厂商均有颜色在线配方查询的服务，包含手机端和计算机端。为乘用车和商用车制造商提供颜色配方信息，在线数据库每天进行更新，帮助配色人员在短时间内从大量配方中选择匹配的配方，每个车色都提供了现有的偏差色明细，可以从中挑选最匹配偏差色，如果没有找到匹配的偏差色，用户也可以提要求开发某个偏差色。

计算机端在线查询结果显示清晰的调配配方（以 g/L 为单位）、价格区间分类、配方更新频率信息、对应的全能对色卡信息等。巴斯夫鹦鹉漆颜色配方计算机端在线查询界面如图 6-13 所示。

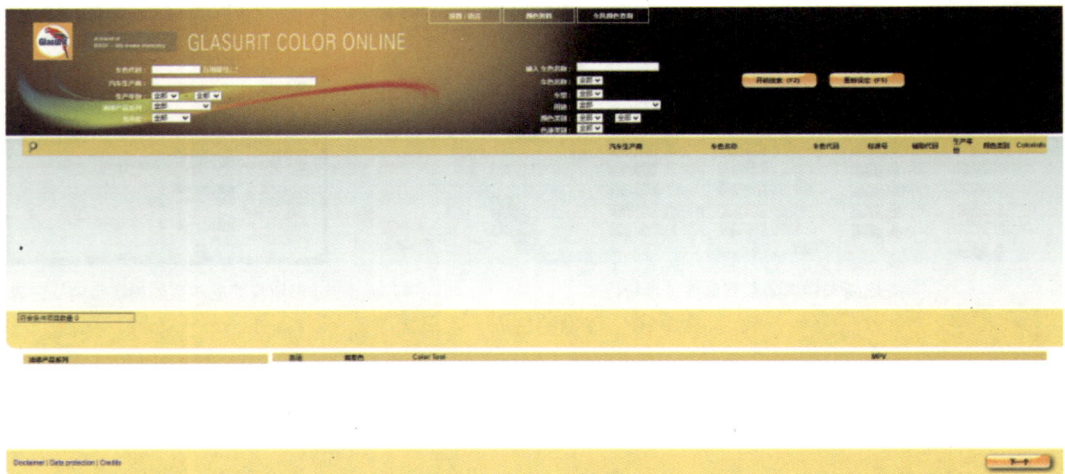

图 6-13　巴斯夫鹦鹉漆颜色配方计算机端在线查询界面

五、计算机调配

随着科学技术的高速发展，尤其是计算机技术的发展，计算机在汽车涂装调色中也得到了广泛的应用。计算机调色即微机调色，它是近几年发展起来的一类高科技自动化调色工艺，是一种先进的调色（调漆）方法。

在计算机调漆的工作中，微机就像一个大型的色漆配方资料库，库中存储有所有色卡配方，用户只需要将需要的漆号和分量输入微机中，就可以直接查阅计算好的配方数据。复色漆和单色漆都由数码标记。各类色漆品种数量达数千种规格，完全能满足汽车制造业和维修行业的使用需求。

1. 车身涂层颜色信息分布

计算机调色系统是通过调取存储在计算机中的油漆配方，根据油漆配方中显示色母的组成和重量，技术人员再进行颜色的微调流程。不同汽车车身上使用的涂层是不相同的，即使同一辆汽车，车身各部位的涂层也可能存在差异。为了使修补层能与原涂层完全一样，涂层性质和结构的确定就显得特别重要，这不仅涉及涂装工艺，而且也是选择涂料的依据。可以通过原厂提供的涂装资料，来确定涂料的品种和涂层的层次关系，确定相配套的修补所需涂料及涂装工艺等。计算机调漆工作中，各种色漆均由油漆代码进行标记，又称为色号。一般轿车的车身面漆在一定部位标有色号，有的在同一台车上的不同位置均可能找到油漆代码，查阅时应仔细观察，东风本田杰德车型的涂层信息分布如图 6-14 所示。

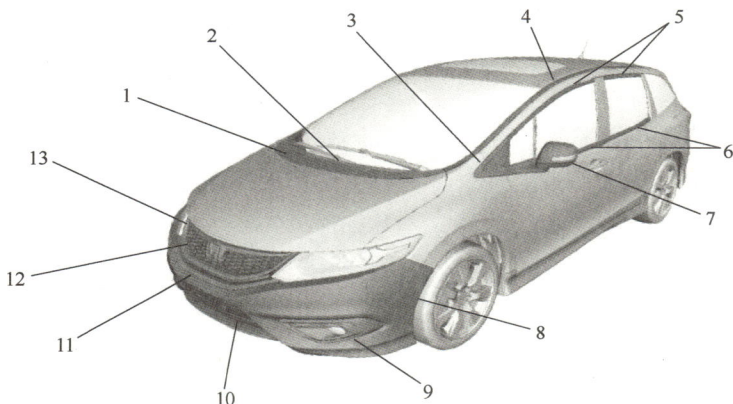

图 6-14　东风本田杰德车型涂层信息分布

1—NH-696　2—NH-696　3—NH-696　4—NH-70 光泽 20　5—NH-70 光泽 20　6—NH-70　7—NH-70 光泽 20
8—车身颜色　9—NH-533 或 NH-547　10—NH-533　11—NH-762X　12—NH-547　13—NH-547

2. 颜色代码获取

（1）能够在车身上查找修补车辆的颜色代码　汽车在生产装配时，其代表车身涂装颜色的编号我们称之为颜色代码，为了便于车身修复及配色，将其颜色代码打刻或粘贴在车身的某一个位置，在进行修补漆调色时首先要找到原车的颜色代码。一般来说在车辆侧身立柱侧铭牌上可以找到，如图 6-15 所示。也有的车辆在发动机横梁上的铭牌也可以找到，如图 6-16 所示。

图 6-15　车辆侧身立柱铭牌侧

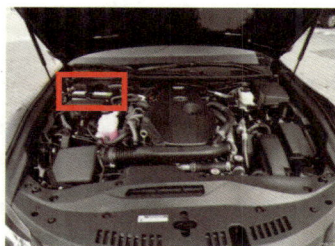

图 6-16　发动机横梁上铭牌处

不同品牌的颜色代码组成也有一定的差异，有的是由字母组成，如图 6-17 a 所示为北京现代某车型颜色代码"NKA"，有的是由字母和数字组成，如图 6-17 b 所示为华晨宝马某车型颜色代码"A17"。

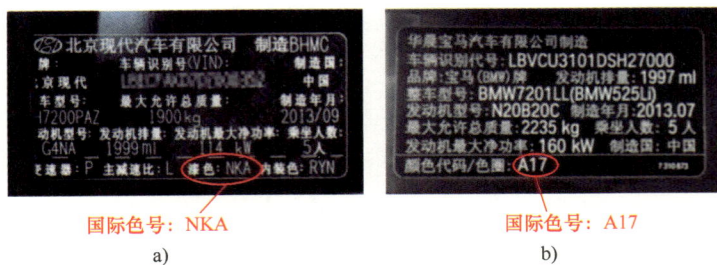

国际色号：NKA
a)

国际色号：A17
b)

图 6-17　车身漆面的颜色代码

（2）未能在车身上查找到修补车辆的颜色代码

1）利用测色仪获得。将车身某处（如车门立柱）用抛光蜡抛光，再将测色仪置于抛光处进行扫描，结合专业软件分析出该车的颜色代码。

2）查找汽车制造商色卡盒。当在车身上未找到修补车辆的颜色代码时，可以查找有关的汽车制造商色卡盒，从中选取合适的颜色色卡组，用颜色近似的色卡逐一与车身对照，选出最吻合的颜色。

3. 配方获取方法

（1）通过色卡组获取　根据所查到的颜色代码找到相应的色卡或色卡组，将所选的色卡与车身某处颜色进行对比，找出最接近的色卡，按照色卡背面的配方调配颜色。查找颜色近似的色卡组做一一比对，也可以找出合适的配方，但较为费时。

参考色卡时需要注意如下事项：

1）所有色卡的配方在颜色调配时，试板都是用自动喷涂机喷涂的，喷涂的效果与手工喷涂的效果肯定不同。但由于手工喷涂的灵活性，有时可以通过施工者改变喷涂的方式，就能得到色卡所显示的颜色。

2）在比较色卡和车身颜色时要考虑到所有可能造成误差的因素，因为一个色卡与车身颜色完全相符的概率非常低。

3）不同的汽车制造商或涂料制造商所提供的色卡有所不同，有的色卡背面有配方，有的无配方。对于没有配方的色卡，其背面往往标有特定的字符代号或条形码，可通过代号或条码阅读器，在调色软件上读取配方。

（2）通过颜色在线查询获取　当能够在车身上找到修补车辆的颜色代码时，就可以在计算机中输入色号，查找出该色号的配方组成。目前，市场上使用的油漆品牌较多，不同品牌色母系统对应的计算机调色系统也不同，世界知名品牌，如巴斯夫、PPG、杜邦等，都提供各自的计算机调色软件系统。以巴斯夫公司为例，巴斯夫公司提供了两种配方在线查询方式，一种是通过手机添加微信公众号查询，另一种是通过计算机登录巴斯夫网站地址在线查询。

登录汽车修补漆生产商的颜色查询网站，输入所查到的颜色代码，选择相应的车型即可获取相应的配方。巴斯夫涂装汽车修补漆手机端颜色查询界面显示的配方列表如图 6-18a 所示，计算机端颜色查询界面显示的配方列表如图 6-18b 所示。

（3）通过汽车修补漆生产商专业软件获取　每个品牌的油漆都有其生产商配套的专业调色软件，通过在软件中输入颜色代码即可获得颜色配方，如图 6-19 所示。也可通过将软件与颜色测色仪连接使用分析出车辆颜色，选择适合的配方，如图 6-20 所示。

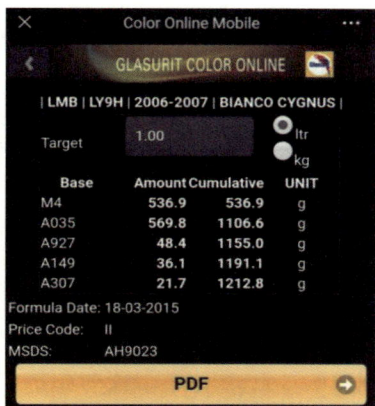

a) 手机端颜色在线配方显示　　　　　　　　　　b) 计算机端颜色在线配方显示

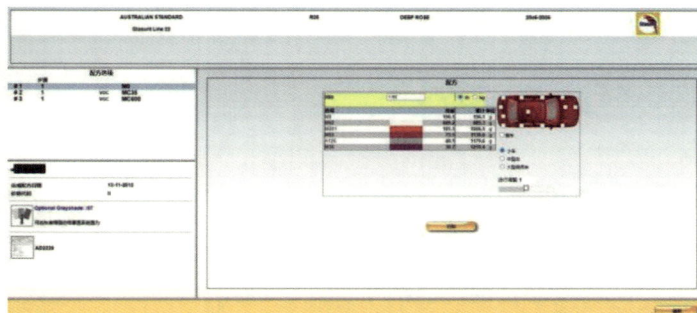

图 6-18　颜色在线配方查询显示

图 6-19　专业软件显示配方　　　　　　　　图 6-20　专业软件与测色仪共同显示配方

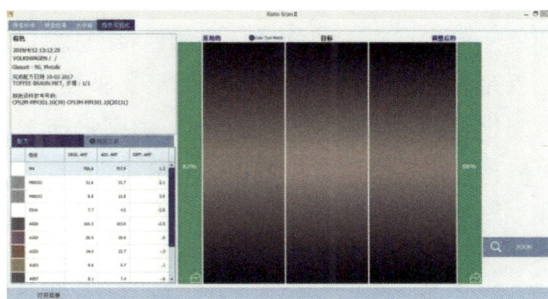

4. 颜色对比方法

按照配方将色母添加并搅拌均匀后，要从色相、明度、彩度三方面与标准色板进行比对，以保证调配的颜色符合标准色板的颜色。

比对方法有湿比色法、点漆法、涂抹法和喷涂法。湿比色法是用调漆棒与车身颜色直接比对；点漆法是将漆点在车身上，待干燥后进行比对；涂抹法是将涂料均匀涂布在车身上，待干燥后进行比对；喷涂法是将漆喷涂在试板上，待干燥后与车身进行比对。前3种方法速度快，但不准确；喷涂法虽然速度较慢，但准确度高。注意喷涂样板时，所选用的喷涂参数（喷涂气压、漆流量等）应严格按照涂料使用说明书的建议调整，以保证与正式喷涂时的参数一致。

在用试样板与车身颜色进行比对时，一定要认真仔细，并最好在自然光下进行，也可在可重现自然光比色箱内进行，更精确的则要在几种标准光源下比对。要等喷涂的样板干燥后再进行对照，从不同的方向观察比对。一般来说我们需要进行正面观察和侧面观察，所谓正面观察是指金属效果最强而色彩效果最弱的角度。侧面观察是指金属效果最弱而色彩效果最强的角度。

维修厂施工中，由于考虑施工进度，往往在样板还没有干燥好就进行比对，由于样板上实际为湿色，而车身上为干色，以此比对的结果是不准确的。样板最好采用车身用铁板，某些喷漆师用硬纸片（如扑克牌）做样板浸涂漆进行比对调色会有很大的误差。

检查试板颜色需要注意以下几点：

1）在光线充足的地方，最好在室外不受日光灯、装饰物、树木的反射光影响的地方。

2）不要在阳光直射或光线不足时检查颜色。

3）当不得不在日光灯或烤房内检查颜色时，注意分辨色差和颜色异构之间的区别。

4）存在微小色差时，正确判断哪些是不得不微调的，哪些是可以利用喷涂方式解决的。

5）充分考虑周围的影响因素，如墙壁、车辆，还要考虑车身修补区域的影响因素，如遮盖膜、氧化、老化、失光等。

6）以第一次印象为准，盯视时间越长，越难以判断。

5. 色差分析

如果颜色的比对结果表明所调颜色与汽车的颜色不一样，则必须鉴定出应添加哪一种色母，继而添加该色母以获得理想结果，这个过程就是精细配色或人工微调。这是一个比较和添加涂料的循环，此循环一而再、再而三地重复，直至获得理想的汽车颜色。

将选择好的色母计量加入配色涂料，并用搅拌杆进行颜色比较，利用试杆施涂法，使新涂层重叠部分以前的涂层，这样可以显示出变化的程度，或者添加色母的效果。如果还没有获得理想的颜色，再一点一点地添加选择的色母，然后进行试杆施涂和颜色比较。在用该种色母进行的精细配色完成后，再找出涂料所缺的另一种颜色。

确定颜色是否调得接近，是一项困难而重要的工作。虽然涂料的颜色越接近汽车的颜色越好，但是在实践中有一个点，达到此点便可认为颜色已经够接近了，不会有问题了。最好使用比色计，用上面的数字表示颜色相差的程度；但是如果没有比色计，那么就必须靠肉眼，最好让尽可能多的人来帮助进行鉴定，得出结论。

六、人工微调

1. 金属色

金属色面漆漆膜不同于素色面漆漆膜的一个显著特点，就是具有随角异色效应（也称为颜色的方向性），即随观察角度的变化而呈现不同的明度和色彩。如图 6-21 所示，在观察金属闪光色漆膜的场合，随目视点 A 和 B 而产生明度差，这种变化的程度称之为随角异色效应性，目视点 A 是正面反射光，明度高，目视点 B 的反射光明度低。

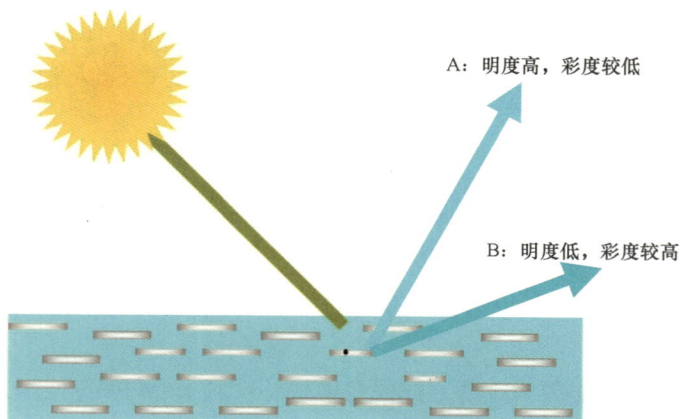

A：明度高，彩度较低

B：明度低，彩度较高

图 6-21　随角异色效应

具有随角异色效应的金属漆，往往正面观察和侧面观察颜色有所差别。如图 6-22 所示，正面看呈现偏紫的银灰色，侧面看呈现粉红色。

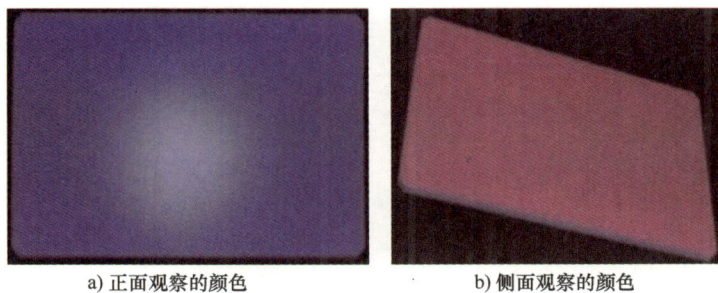

a) 正面观察的颜色　　　　　　　　b) 侧面观察的颜色

图 6-22　金属漆的方向性

　　金属闪光色的调色之所以难，是因为随观察方向的变化，已经调得一致的颜色会呈现出色差。而影响金属闪光色方向性的因素很多，如颜料颗粒的形状、大小，颜料的种类，原色的种类，涂料的种类及涂装方法等。

2. 珍珠色

　　（1）形成机理　　所谓珍珠色，就是要像珍珠一样，从不同的角度看，发出不同的色彩。珍珠是贝壳体内以小的硬颗粒、灰尘或杂质为中心，分泌出天然树脂状物质将其反复覆盖若干层而形成。若观察角度不同，色彩也会有所变化。由于云母是由很薄的薄层叠积而成，光线照射时，分别在一层层薄层上反射、吸收和穿透，产生着微妙的变化，这叫作多重反射。而一般的物体只是在表面反射光线，所以任何角度看颜色都不变。光线在玻璃和透明涂料中基本上是直接穿过，不产生反射，因此呈透明状。不同物体对光的反射差异如图 6-23 所示。

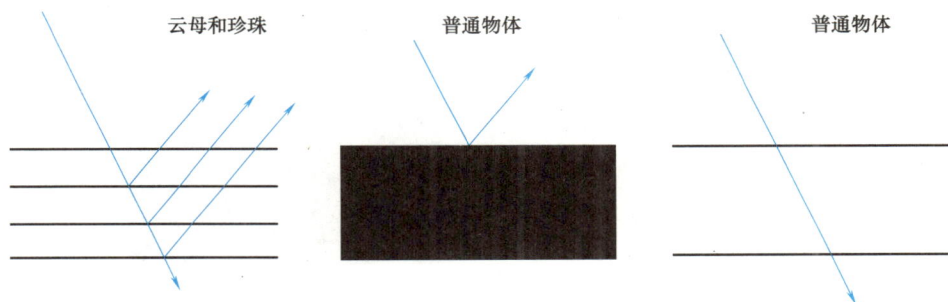

图 6-23　不同物体对光的反射差异

　　珍珠色颜料中的云母，不是天然云母，而是化学合成的物质，但结构上与天然云母基本相同，由于合成云母表面覆盖的钛白的底层色彩的配合作用，光的反射更加复杂，呈现出色彩鲜艳的七彩虹色调。

　　（2）技术难度

　　1）涂装工艺复杂。涂装方式稍有差异就会出现较大色差。珍珠色漆膜的结构，如图 6-24 所示，涂装过程为：在已经完成中涂漆喷涂的板件上，先涂底色层，再涂珍珠色层，最后罩以清漆层。要完成这 3 层涂装，在制造厂流水线上就显得比较费时。而且，珍珠色层厚度的差异，会引起偏光程度不同，由此产生色差。

　　2）局部涂装异常困难。珍珠色涂膜受其底层的颜色、珍珠色的种类和珍珠色层厚度影响，其色彩要发生变化。在进行局部修补时，若这 3 个条件不是和制造厂完全一致，色彩和格调就不可能相同。而这 3 个条件变化范围都很大，要真正完全吻合，是极其困难的。

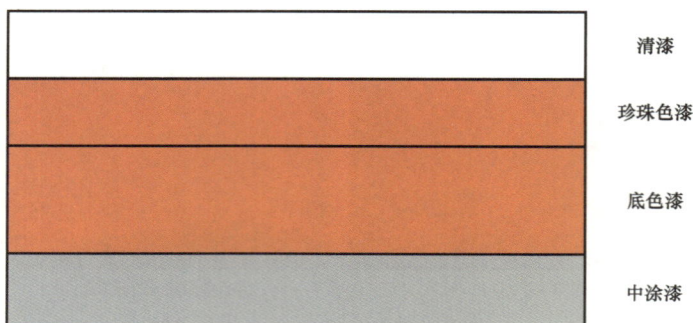

图 6-24　珍珠色漆膜的结构

【实训任务】

技能实训一　颜色配方获取

一、实训工具、设备及耗材

实训车辆、测色仪、颜色在线查询网站、汽车修补漆生产商专业软件，如图 6-25 所示。

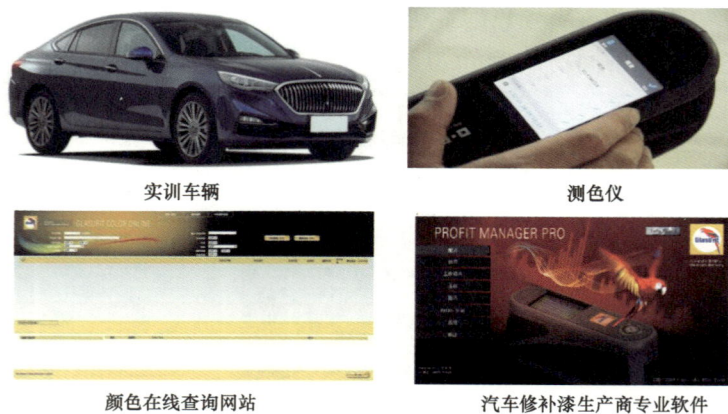

实训车辆

测色仪

颜色在线查询网站

汽车修补漆生产商专业软件

图 6-25　实训工具、设备及耗材

二、作业准备

操作前，必须牢记劳动安全注意事项：

1）必须穿戴好工作服、安全鞋等安全防护用品，才允许操作。

2）必须按照规范操作，时刻注意人身安全，慎防意外情况发生。

3）工作完毕应做好现场 6S 管理。

三、实训过程

1. 查询车身涂层颜色代码

（1）可在车辆上查到颜色代码　以 2021 款东风本田 C-RV 车为例。对于大多数常见车型，颜色代码刻在车身的铭牌上，找到实训车辆的铭牌，其车身颜色代码为 NH883P，如图 6-26 所示。

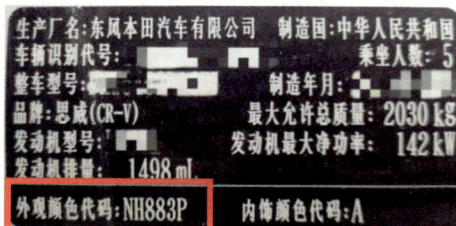

图 6-26　2021 款东风本田 C-RV 颜色代码

查找汽车车身涂层颜色配方

（2）**不可在车辆上查找颜色代码**　有一些车型在车身上是找不到颜色代码的，正如前面所说，面对这样的车型可以通过测色仪检测以及查询汽车制造商色卡盒获得，下面以 2021 款 CR-V 为例，简要介绍通过巴斯夫测色仪获得颜色代码的方法。

1）根据损伤面积，在待维修板件或相邻板件选择合适的测量区域，按照清洁—抛光—清洁的步骤，保证测量区域漆面恢复到完美状态。

2）启动测色仪后，将测色仪进行校准，然后单击主界面右上方的"+"就可以进行新颜色的测量，如图 6-27 所示。

图 6-27　新颜色的测量

3）建立工单。测量完成后，可在测色仪上手动输入工单信息，如工单名称、车厂等，方便工单的区分。保存后，还可以继续对工单编辑，方便修改。

4）转移数据。在计算机端打开鹦鹉颜色软件"Profit Manager Pro"中的"RATIO Scan"测色界面，如图 6-28 所示。通过 WiFi 或是 USB 连接测色仪和计算机端，单击"打开菜单"—"转化测量值"。

图 6-28　RATIO Scan 位置

5）根据所测车型选择最接近的颜色数据，最后确定其颜色代码为 RP37P，如图 6-29 所示。

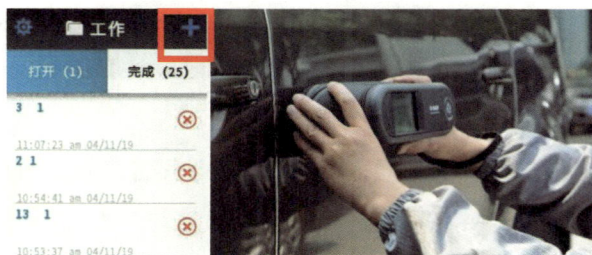

图 6-29　确定颜色数据和颜色代码

2. 获取车身涂层颜色配方

（1）**应用汽车修补漆生产商专业软件查找**　以巴斯夫鹦鹉漆生产商专业软件为例，查找

2021 款 CR-V 车身颜色代码 NH883P 配方。打开鹦鹉颜色软件"Profit Manager Pro"中的配方，如图 6-30 所示。

图 6-30 "配方"选项位置

随后输入颜色代码"NH883P"，按照需求选择油漆系列以及标准色或偏差色，如图 6-31 所示。

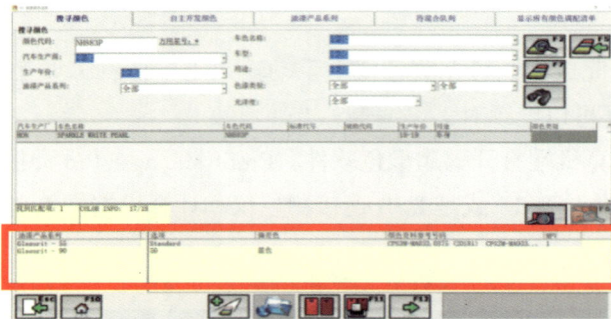

图 6-31 选择油漆系列以及标准色或偏差色

选择鹦鹉 90 系列标准色，其配方如图 6-32 所示。

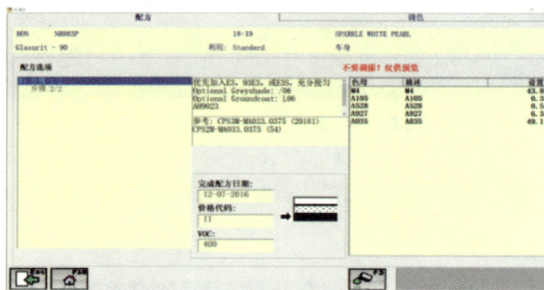

图 6-32 鹦鹉 90 系列标准色配方

车身涂层的颜色代码除了查询汽车修补漆生产商专业软件外，还可以通过其微信公众号和官网进行查询，例如，巴斯夫涂料汽车修补漆公众号或其官方网站。

（2）应用测色仪获得配方 找到符合的车型和颜色体系，进入配方界面，获得该颜色代码对应的配方，如图 6-33 所示。

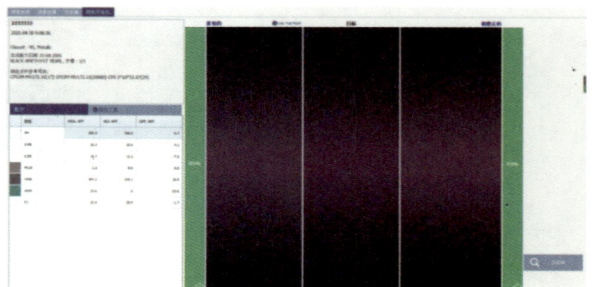

图 6-33 测色仪获得的配方

四、实训小结

1. 获取车身涂层颜色代码的方法有：＿＿＿＿＿＿＿＿＿＿＿＿＿＿＿＿＿＿＿＿＿＿

＿＿＿＿＿＿＿＿＿＿＿＿＿＿＿＿＿＿＿＿＿＿＿＿＿＿＿＿＿＿＿＿＿＿＿＿＿＿＿

2. 获取车身涂层颜色代码和配方的注意事项有：＿＿＿＿＿＿＿＿＿＿＿＿＿＿＿＿

＿＿＿＿＿＿＿＿＿＿＿＿＿＿＿＿＿＿＿＿＿＿＿＿＿＿＿＿＿＿＿＿＿＿＿＿＿＿＿

＿＿＿＿＿＿＿＿＿＿＿＿＿＿＿＿＿＿＿＿＿＿＿＿＿＿＿＿＿＿＿＿＿＿＿＿＿＿＿

五、评价反馈

汽车运用与维修职业技能等级考核标准

"汽车车身漆面养护与涂装喷漆技术"模块（中级）—工作任务"颜色的调配"

"颜色配方获取"子任务考核评价表

评分项	配分	评分标准	自评	互评	教师评价
1. 工位 6S 操作	10	☐ 1.1 整理、整顿（2.5 分） ☐ 1.2 清理、清洁（2.5 分） ☐ 1.3 素养（2.5 分） ☐ 1.4 安全（2.5 分）			
2. 作业前的准备工作	10	☐ 2.1 检查作业所需要的工具设备是否完备，有无损坏（5 分） ☐ 2.2 佩戴好作业需要的劳保用品（5 分）			
3. 查找汽车车身涂层颜色代码	10	☐ 3.1 能正确找到汽车铭牌并记录颜色代码（4 分） ☐ 3.2 能正确运用测色仪确定车身涂层颜色代码（4 分） ☐ 3.3 运用测色仪之前进行了"清洁—抛光—清洁"的步骤（2 分）			
4. 根据颜色代码找出车身涂层颜色配方	50	☐ 4.1 正确应用汽车修补漆生产商专业软件（20 分） ☐ 4.2 正确应用汽车修补漆生产商在线颜色配方查询（15 分） ☐ 4.3 正确运用测色仪确定颜色配方（15 分）			
5. 规范作业过程	10	☐ 作业过程做到工具使用规范（10 分）			
6. 工具清洁存放	10	☐ 6.1 使用工具后对工具进行清洁（5 分） ☐ 6.2 作业完成后对工具进行复位（5 分）			
完成时间		定额时间 15min，每超过 5min，扣 5 分			
合计					
总评分（各项合计平均分）					

技能实训二　计算机调配

一、实训工具、设备及耗材

汽车修补漆生产商专业配色软件，如图 6-34 所示。

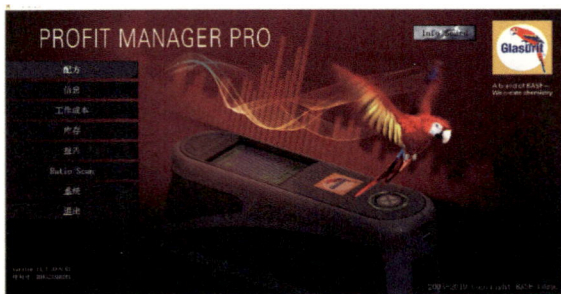

图 6-34　汽车修补漆生产商专业配色软件

二、作业准备

操作前，必须牢记劳动安全注意事项：

1）必须穿戴好防护服、安全鞋、护目眼镜、防溶剂手套、防毒面具等安全防护用品，才允许操作。

2）必须按照规范操作，时刻注意人身安全，慎防意外情况发生。

3）工作完毕应做好现场 6S 管理。

三、实训过程

1）查阅汽车车身上的颜色代码（或利用色卡获得代码）。

2）启动计算机中的调色软件。

3）根据显示屏幕界面提示输入颜色代码。

4）根据屏幕界面提示的配方进行调色。

下面以巴斯夫鹦鹉漆专业配色软件"Profit Manager Pro"查询颜色代码"654"为例，进行计算机调漆配方的使用流程。

① 打开软件，选择配方，在颜色代码处输入"654"搜索，系统出现多个选项，每一项都详细标明了"A3E"的颜色名称、生产年份、色系、汽车生产厂家、相应的品牌代码及原厂代码等信息。根据所要查询的车色信息，单击所需的颜色（使呈蓝色高亮条显示），按确认键，如图 6-35 所示。

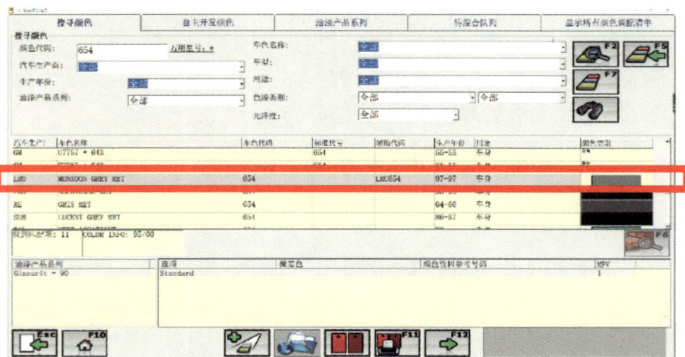

图 6-35　选择需要的颜色

② 在界面下方会呈现不同的配方，可根据所使用的涂料系列和标准色或偏差色进行选择，如图 6-36 所示。

③ 选择合适的配方后系统会随之显示相应的配方，其中包含色母、用量、累计、称入量、

工单号码、客户、调漆员等信息，如图 6-36 所示。

图 6-36　配方选择

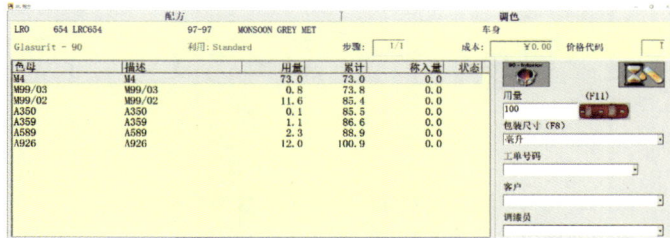

图 6-37　"654"配方

④ 根据受损部位大小，填写合适用量，也可以在界面上单击参考车辆的尺寸、大小以及不同部位，获得建议油漆使用量，最后单击调色即可。

⑤ 单击"调漆"，即出现模拟称量界面，如图 6-38 所示，即相当于使用电子秤，会依次按照配方显示的顺序进行。

如果某个色母不慎加入过多，可通过模拟称量界面来重新计算。根据系统提示输入每个色母的实际称量，如果某个色母加过量了，则系统会提示如何操作。M99/02 加入过量的提示如图 6-39 所示。

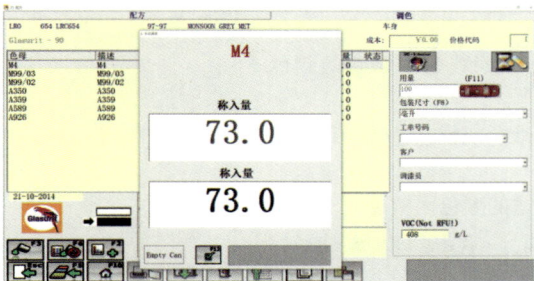

图 6-38　模拟称量界面

图 6-39　M99/02 加入过量的提示

单击"重新计算"，系统将逐个显示配方各色母的新称量值。当 M99/02 加入过量将重新计算 M4 需要添加的重量，如图 6-40 所示。M4 添加完成后单击确定将显示下一色母需要添加的重量值。这样就可按重新计算的配方进行调色。

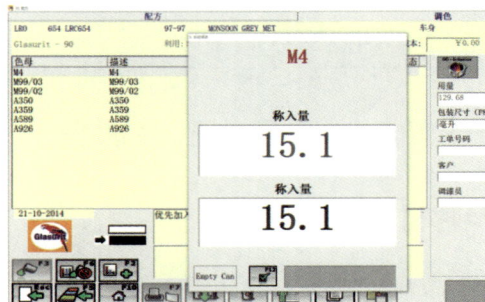

图 6-40　M99/02 加入过量后 M4 需要添加的重量

四、实训小结

1. 计算机调色具备的特点有：＿＿＿＿＿＿＿＿＿＿＿＿＿＿＿＿＿＿＿＿＿＿＿
＿＿＿＿＿＿＿＿＿＿＿＿＿＿＿＿＿＿＿＿＿＿＿＿＿＿＿＿＿＿＿＿＿＿＿＿＿

2. 计算机调色的程序是：＿＿＿＿＿＿＿＿＿＿＿＿＿＿＿＿＿＿＿＿＿＿＿＿＿
＿＿＿＿＿＿＿＿＿＿＿＿＿＿＿＿＿＿＿＿＿＿＿＿＿＿＿＿＿＿＿＿＿＿＿＿＿
＿＿＿＿＿＿＿＿＿＿＿＿＿＿＿＿＿＿＿＿＿＿＿＿＿＿＿＿＿＿＿＿＿＿＿＿＿

五、评价反馈

汽车运用与维修职业技能等级考试标准
"汽车车身漆面养护与涂装喷漆技术"模块（中级）—工作任务"颜色的调配"
"计算机调配"子任务考核评价表

评分项	配分	评分标准	自评	互评	教师评价
1. 工位 6S 操作	10	□ 1.1 整理、整顿（2.5 分） □ 1.2 清理、清洁（2.5 分） □ 1.3 素养（2.5 分） □ 1.4 安全（2.5 分）			
2. 作业前的准备工作	10	□ 2.1 检查作业所需要的工具设备是否完备，有无损坏（5 分） □ 2.2 检查穿戴的劳保用品是否符合计算机调配的实操要求（5 分）			
3. 正确运用颜色调配系统调配颜色	60	□ 3.1 能够根据所要查询的车色信息，选取需要的颜色（15 分） □ 3.2 能根据所选涂料系列、标准色或偏差色选择正确的颜色配方（15 分） □ 3.3 能够根据受损部位确定合适的颜色用量（10 分） □ 3.4 能够根据配方色母重量提示，添加适量的色母（10 分） □ 3.5 如果添加的色母超量能及时更正（10 分）			
4. 规范作业过程	10	□ 作业过程做到工具使用规范（10 分）			
5. 工具清洁存放	10	□ 5.1 使用工具后对工具进行清洁（5 分） □ 5.2 作业完成后对工具进行复位（5 分）			
完成时间		定额时间 15min，每超过 5min，扣 5 分			
合计					
总评分（各项合计平均分）					

技能实训三　使用黏土训练调色技巧

一、实训工具、设备及耗材

红、黄、蓝 3 色太空泥，如图 6-41 所示。

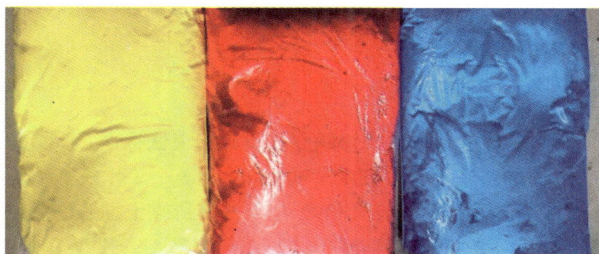

图 6-41　红、黄、蓝 3 色太空泥

二、作业准备

选取质量一致的太空泥，每种颜色各 2 份，如图 6-42 所示。

红色色泥　　　　　　　　　蓝色色泥　　　　　　　　　黄色色泥

图 6-42　各色色泥

扫一扫

使用黏土训
练调色技巧

三、实训过程

1. 获取次级色

将准备好的红、黄、蓝色泥两两等质量混合，即红 - 黄混合、红 - 蓝混合、黄 - 蓝混合，并记录其得到的颜色。

2. 互补色现象

将第一步得到的 3 种颜色，两两等质量混合，观察色相、明度、彩度的变化。

3. 其他色彩

将红、黄、蓝 3 种色泥，按照不同质量两两混合观察颜色变化。

四、实训小结

1. 红、黄、蓝两两等质量混合得到的颜色有：_____
_____
_____

2. 互为补色的两种颜色等质量混合后色相、明度、彩度的变化是：_____
_____

3. 红、黄、蓝按照不同质量两两混合得到的颜色有：_____
_____
_____

五、评价反馈

汽车运用与维修职业技能等级考试标准
"汽车车身漆面养护与涂装喷漆技术"模块（中级）—工作任务"颜色的调配"
"人工微调"子任务考核评价表（1）—使用黏土训练调色技巧

评分项	配分	评分标准	自评	互评	教师评价
1. 工位 6S 操作	10	☐ 1.1 整理、整顿（2.5 分） ☐ 1.2 清理、清洁（2.5 分） ☐ 1.3 素养（2.5 分） ☐ 1.4 安全（2.5 分）			
2. 作业前的准备工作	20	☐ 2.1 检查作业所需要的工具设备是否完备，有无损坏（10 分） ☐ 2.2 佩戴好作业需要的劳保用品（10 分）			
3. 色差分析基本方法	40	☐ 3.1 能获取次级色并总结其规律（15 分） ☐ 3.2 能获取互补色并总结其规律（15 分） ☐ 3.3 能获取其他颜色，并总结其规律（10 分）			
4. 颜色对比确认	20	☐ 能从色相、明度、彩度变化进行颜色对比确认（20 分）			
5. 工具清洁存放	10	☐ 5.1 使用工具后对工具进行清洁（5 分） ☐ 5.2 作业完成后对工具进行复位（5 分）			
完成时间		定额时间 15min，每超过 5min，扣 5 分			
合计					
总评分（各项合计平均分）					

技能实训四　按照配方调配颜色

一、实训工具、设备及耗材

色母搅拌架、色母搅拌罐、电子秤、调漆杯、调漆尺、劳保用品（工作服、防毒面具、护目眼镜、安全鞋、防溶剂手套等）。实训工具及耗材如图 6-43 所示。

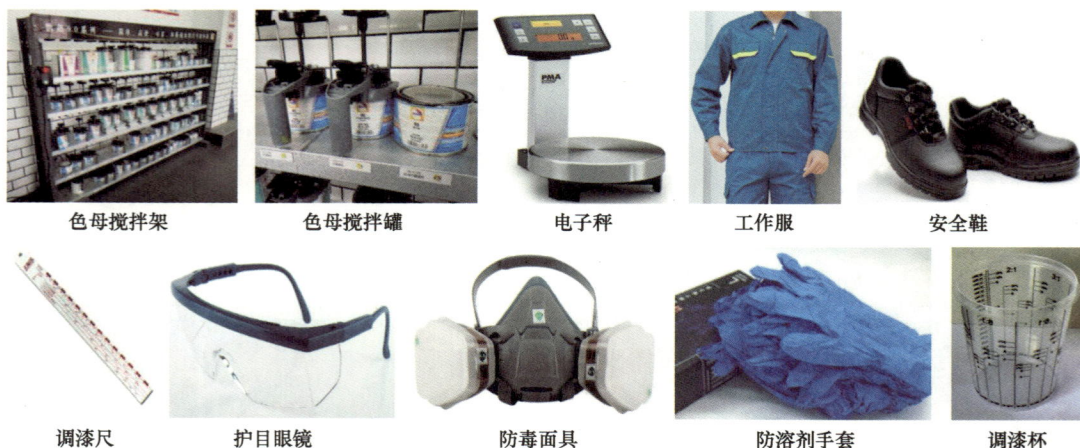

色母搅拌架	色母搅拌罐	电子秤	工作服	安全鞋
调漆尺	护目眼镜	防毒面具	防溶剂手套	调漆杯

图 6-43　实训工具、设备及耗材

二、作业准备

1. 劳动安全

操作前，必须牢记劳动安全注意事项：

1）必须穿戴好防护服、安全鞋、护目眼镜、防溶剂手套、防毒面具等安全防护用品，才允许操作。

2）必须按照规范操作，时刻注意人身安全，慎防意外情况发生。

3）工作完毕应做好现场 6S 管理。

2. 准备色母

根据选好的配方准备需要用的色母。准备色母时需要确认以下几个方面：

1）色母已经搅拌均匀。

2）色母的数量足够。

3）调配涂料的容器是干净的。

4）搅拌尺已准备好。

三、实训过程

1）将电子秤开机预热并调校好。

2）将调漆杯放在电子秤上，并将电子秤归零，如图 6-44 所示。

3）按照配方所列色母的顺序添加色母。配方如图 6-45 所示。

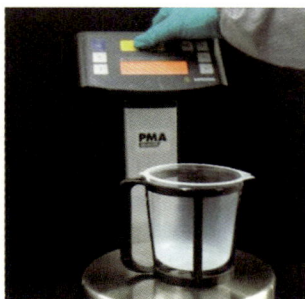

图 6-44 电子秤归零

图 6-45 "654" 配方

在添加色母时，最好首先倾斜漆罐，然后逐渐拉操纵杆，让色母慢慢地倒出，如图 6-46 所示。

如果先拉操纵杆，那么当漆罐倾斜时，则可能有大量色母立即倒出，如图 6-47 所示。

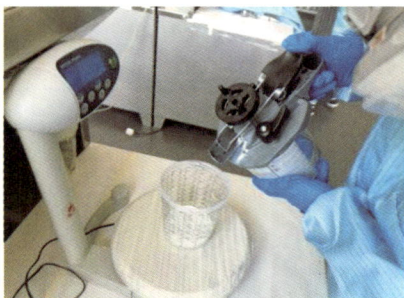

图 6-46 色母慢慢倒出

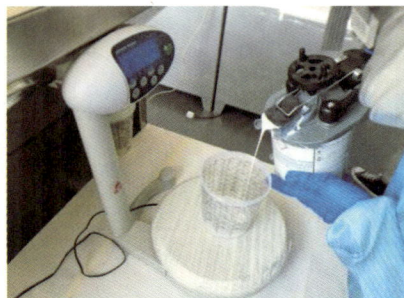

图 6-47 大量色母倒出现象

扫一扫

调漆前的准备

扫一扫

按照配方调配颜色（含试喷、烘烤）

149

为了在倾斜末尾进行精细调整，一定要小心操作操纵杆，以控制色母流量，如图 6-48 所示。虽然各种色母的质量因颜色而异，但在通常情况下，1 滴色母的质量约为 0.03g，3 滴的质量在 0.1g 左右。根据这一规律，在添加用量较少的色母时一定要仔细称重。

每添加完一个色母后需要及时清洁漆罐涂料出口处，防止残余漆料在出口处凝结。清洁漆罐涂料出口如图 6-49 所示。

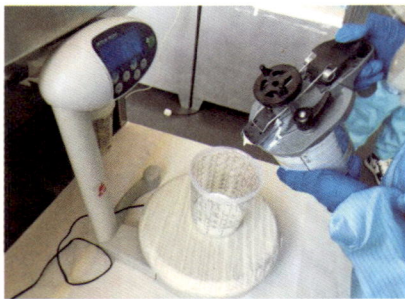

图 6-48　控制色母用量　　　　图 6-49　清洁漆罐涂料出口

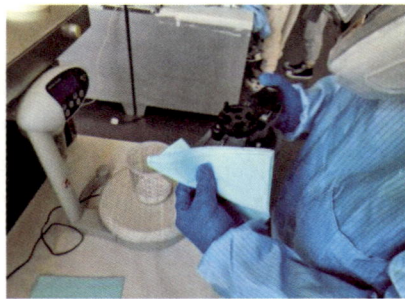

4）在添加完所有色母后，要用搅拌杆或比例尺混合涂料，以产生均匀的颜色。如果涂料粘到容器的内壁，要用搅拌杆刮下涂料，以防产生色差。

四、实训小结

1. 在进行色母添加时注意事项有：＿＿＿＿＿＿＿＿＿＿＿＿＿＿＿＿＿＿＿＿＿＿＿＿
＿＿＿＿＿＿＿＿＿＿＿＿＿＿＿＿＿＿＿＿＿＿＿＿＿＿＿＿＿＿＿＿＿＿＿＿＿＿＿
2. 色母漆罐的使用方法有：＿＿＿＿＿＿＿＿＿＿＿＿＿＿＿＿＿＿＿＿＿＿＿＿＿＿＿
＿＿＿＿＿＿＿＿＿＿＿＿＿＿＿＿＿＿＿＿＿＿＿＿＿＿＿＿＿＿＿＿＿＿＿＿＿＿＿
＿＿＿＿＿＿＿＿＿＿＿＿＿＿＿＿＿＿＿＿＿＿＿＿＿＿＿＿＿＿＿＿＿＿＿＿＿＿＿

五、评价反馈

汽车运用与维修职业技能等级考试标准
"汽车车身漆面养护与涂装喷漆技术"模块（中级）—工作任务"颜色的调配"
"人工微调"子任务考核评价表（2）—按照配方调配颜色

评分项	配分	评分标准	自评	互评	教师评价
1. 工位 6S 操作	10	□ 1.1 整理、整顿（2.5 分） □ 1.2 清理、清洁（2.5 分） □ 1.3 素养（2.5 分） □ 1.4 安全（2.5 分）			
2. 作业前的准备工作	10	□ 2.1 检查作业所需要的工具设备是否完备，有无损坏（5 分） □ 2.2 检查穿戴的劳保用品是否符合调配颜色的实操要求（5 分）			

（续）

评分项	配分	评分标准	自评	互评	教师评价
3. 按照配方进行调配颜色	60	□ 3.1 能够根据所给配方选择正确的色母漆罐（15分） □ 3.2 正确地使用色母漆罐（10分） □ 3.3 能够按照配方添加合适重量的色母，色母误差不超过 ±0.02g（20分） □ 3.4 能正确使用电子秤（15分）			
4. 规范作业过程	10	□ 作业过程做到工具使用规范（10分）			
5. 工具清洁存放	10	□ 5.1 使用工具后对工具进行清洁（5分） □ 5.2 作业完成后对工具进行复位（5分）			
完成时间		定额时间 15min，每超过 5min，扣 5分			
合计					
总评分（各项合计平均分）					

技能实训五 色 板 试 喷

一、实训工具、设备及耗材

调配好的涂料、喷枪、劳保用品（工作服、防毒面具、护目眼镜、安全鞋、防溶剂手套等）、烘烤箱、文丘里式吹风筒。实训工具及耗材如图 6-50 所示。

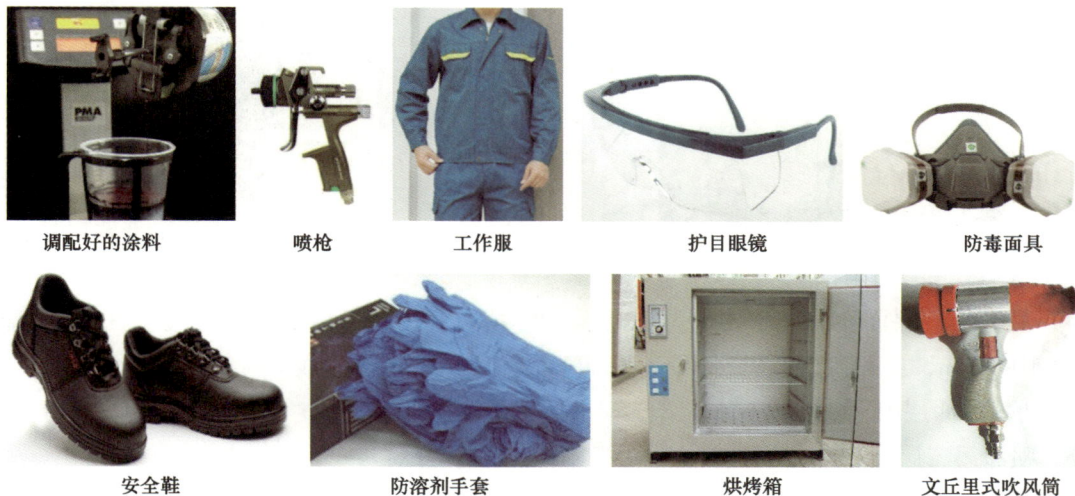

调配好的涂料　　喷枪　　工作服　　护目眼镜　　防毒面具

安全鞋　　防溶剂手套　　烘烤箱　　文丘里式吹风筒

图 6-50　实训工具、设备及耗材

二、作业准备

操作前，必须牢记劳动安全注意事项：

1）必须穿戴好防护服、安全鞋、护目眼镜、防溶剂手套、防毒面具等安全防护用品，才允许操作。

2）必须按照规范操作，时刻注意人身安全，慎防意外情况发生。

3）工作完毕应做好现场 6S 管理。

三、实训过程

以巴斯夫 90 系列鹦鹉水性漆喷涂小样板为例。

1）将调配好的涂料与水性稀释剂充分混合，混合的体积比是 2∶1。水性稀释剂如图 6-51 所示。

图 6-51　水性稀释剂

图 6-52　HVLP1.3mm 口径喷枪

2）根据产品手册的要求，选择 HVLP1.3mm 口径的喷枪，如图 6-52 所示。同时调整好喷枪参数：首先调节出漆量，将涂料调节旋钮拧松，使喷枪的扳机按到最末端，随后将涂料调节旋钮慢慢拧紧，当感觉到扳机微微弹起，则将涂料调节旋钮固定。其次调节喷枪喷幅，将喷幅旋钮旋到最大值，使得喷枪扇面全开。最后调节气压，气压为 2.0bar（0.2MPa）。

3）将小样板置于工作表面，喷涂面积约为 40cm×40cm，如图 6-53 所示，如此可以获得最佳喷涂效果。

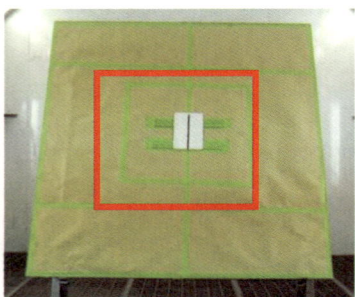

图 6-53　小样板喷涂工作面积

图 6-54　小样板 50% 覆盖程度

4）喷涂第一层面漆。技术要求：小样板 50% 覆盖程度（图 6-54），重叠度为 3/4，半湿层，枪距为 10~15cm，应用文丘里式吹风筒进行闪干，吹风筒与样板成 45° 角，间距 30~40cm，如图 6-55 所示。涂层闪干状态没有水光泽，保证后续 100% 全覆盖。

5）喷涂第二层面漆。技术要求：小样板 100% 覆盖程度，重叠度为 3/4，全湿层，枪距为 10~15cm，闪干。

6）喷涂第三层面漆（效果层）。技术要求：重叠度为 3/4，枪距为 25~30cm，闪干。

7）喷涂第一遍清漆。技术要求：选择 1.3mm 口径喷枪，重叠度 3/4，扇面全开，枪距为 12~15cm，闪干，用手指轻点小样板周围的工作平面上的清漆，如出现拉丝现象即可喷涂第二遍清漆。

8）喷涂第二遍清漆。技术要求：重叠度 3/4，扇面全开，枪距为 12~15cm。

图 6-55　小样板闪干

9）将样板放入烘烤箱进行烘烤。

10）12min 后取出样板与目标颜色进行多角度比对，如图 6-56 所示。

图 6-56　样板与目标颜色多角度比对

四、实训小结

1. 面漆层间闪干未完全会造成的后果有：_____

_____

_____

2. 小样板喷涂的注意事项有：_____

_____

五、评价反馈

汽车运用与维修职业技能等级考试标准
"汽车车身漆面养护与涂装喷漆技术"模块（中级）—工作任务"颜色的调配"
"人工微调"子任务考核评价表（3）—色板试喷

评分项	配分	评分标准	自评	互评	教师评价
1. 工位 6S 操作	10	□ 1.1 整理、整顿（2.5 分） □ 1.2 清理、清洁（2.5 分） □ 1.3 素养（2.5 分） □ 1.4 安全（2.5 分）			
2. 作业前的准备工作	10	□ 2.1 检查作业所需要的工具设备是否完备，有无损坏（5 分） □ 2.2 检查穿戴的劳保用品是否符合调配颜色的实操要求（5 分）			
3. 正确喷涂小样板	60	□ 3.1 根据工序的不同能够选择合适的喷枪（15 分） □ 3.2 能够正确地调节喷枪参数（10 分） □ 3.3 能够按照喷涂小样板的规范要求来进行喷涂（20 分） □ 3.4 能将小样板与车辆颜色（目标颜色）进行比对（15 分）			
4. 规范作业过程	10	□ 作业过程做到工具使用规范（10 分）			
5. 工具清洁存放	10	□ 5.1 使用工具后对工具进行清洁（5 分） □ 5.2 作业完成后对工具进行复位（5 分）			
完成时间		定额时间 15min，每超过 5min，扣 5 分			
合计					
总评分（各项合计平均分）					

技能实训六　色漆微调

一、实训工具、设备及耗材

调配好的涂料、劳保用品（工作服、防毒面具、护目眼镜、安全鞋、防溶剂手套等）、烘烤箱、文丘里式吹风筒、色母挂图。实训工具及耗材如图 6-57 所示。

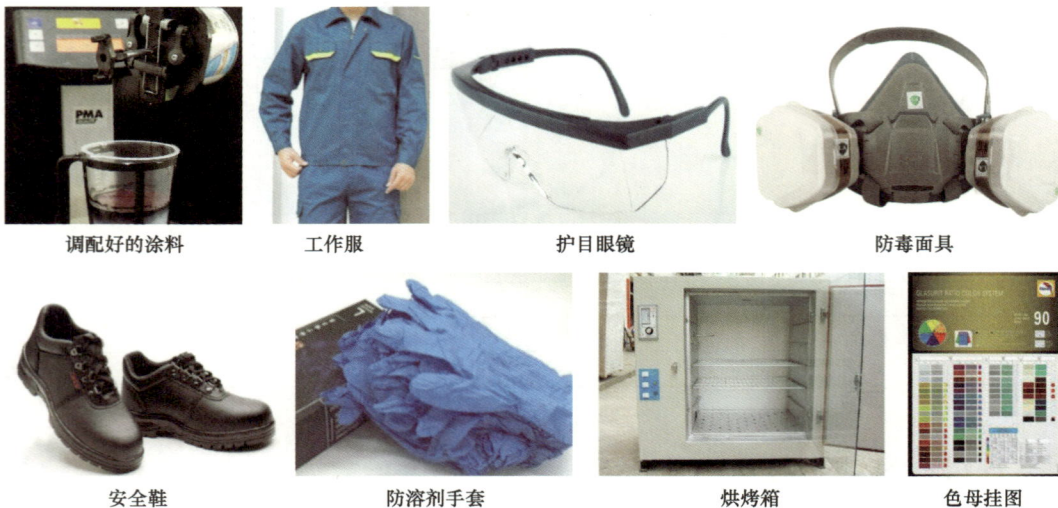

| 调配好的涂料 | 工作服 | 护目眼镜 | 防毒面具 |

| 安全鞋 | 防溶剂手套 | 烘烤箱 | 色母挂图 |

图 6-57　实训工具、设备及耗材

二、作业准备

1. 作业安全

操作前，必须牢记劳动安全注意事项：

1）必须穿戴好工作服、安全鞋、护目眼镜、防溶剂手套、防毒面具等安全防护用品，才允许操作。

2）必须按照规范操作，时刻注意人身安全，慎防意外情况发生。

3）工作完毕应做好现场 6S 管理。

2. 当比色出现色差时，应确定的问题

1）称量正确吗？

2）漆膜彻底干燥了吗？

3）遮盖彻底吗？

4）选择配方正确吗？

三、实训过程

当配方板和目标板颜色出现色差且已经确定称量、配方选择正确以及漆膜彻底遮盖和干燥时，需要将配方进行微调。对比过程中需要从正面和侧面观察配方板和目标板在颗粒、色相、明度、彩度上的不同，并依据色母特性表（色母挂图）确定需要添加的色母（注：添加的色母应为配方中的色母）。

1. 色母特性表（色母挂图）的使用

前面简要介绍了色母挂图的功能，色母挂图真实形象地展现了色母的特性，在颜色微调中色母挂图起到至关重要的作用。色母挂图包括色环、色母特性图标、颜色示例、调色指南四个功能区域。

（1）**色环**　色环当中包括红、黄、蓝三原色，橙、绿、紫次级色，以及互补色信息，根据每种色母在色环的位置，便能掌握该色母的色相、明度及彩度属性。色环越外围的色母彩度越鲜艳，色环越中心的色母彩度越浑浊。色环如图 6-58 所示。

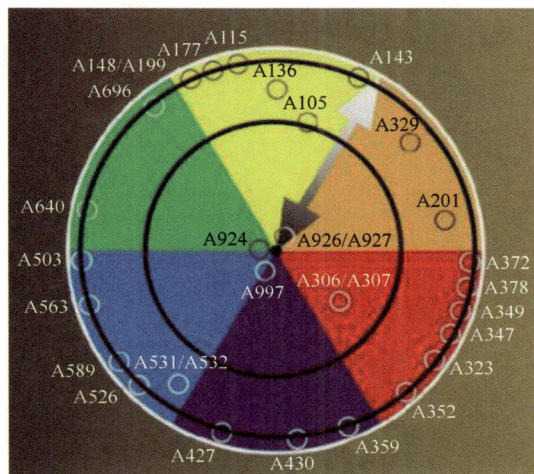

图 6-58　色环

（2）**色母特性图标**　色母特性图标是对色母特性一个很直观的解释，指导了解色母特性，进行颜色微调。色母特性图标包含银粉颗粒大小、色母颜色偏向、颜色组别、侧面颜色偏向、正面颜色偏向、纯净度、饱和度等内容。色母特性图标组成如图 6-59 所示。

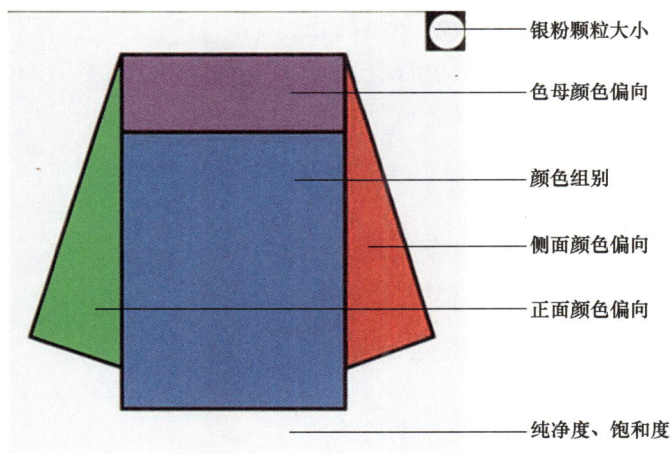

图 6-59　色母特性图标

（3）**颜色示例**　颜色示例分为三部分。第一部分是纯色色母按照比例分别加入 20% 及 80% 的 M99/04 铝粉来展现纯色色母的颜色效果图；第二部分是铝粉色母分别以 100% 和加入 20% 的色母 A640 来展示铝粉效果图；第三部分为珍珠色母分别以 100% 和加入 20% 其他颜色色母混合来展示的珍珠效果图。颜色示例如图 6-60 所示。

图 6-60　颜色示例

（4）调色指南　调色指南是在进行颜色微调时给操作者以提示，其中纵向为需要调整的色相，横向为需要调整颜色正侧面的颜色偏向，横向和纵向的交界位置即为建议添加的色母。在进行颜色微调时一定要用配方中的色母。调色指南如图 6-61 所示。

色母挂图不应该只是作为装饰，色母挂图上对每个色母的正侧面颜色偏向的指示可以很好地帮助调色，即便是对产品系列不熟悉的调色员，只要正确地判断出所调颜色和实际车色的正侧面颜色的差异，就可以很方便地从色母挂图中找出符合这个颜色差异的色母就可以进行量的微调了。

2. 素色漆调色技巧

素色漆的调色遵循颜色的减法混合原则，因为其配方内没有铝粉，故在调色时会稍微简单些。在这里简要地介绍素色漆在明度和彩度上的改变技巧。

明度调整思路：素色漆变浅加白色；素色漆变深加黑色。

彩度调整思路：素色漆变灰加黑色或白色。

3. 金属漆调色技巧

图 6-61　调色指南

金属漆调色同样需要遵循颜色的减法混合原则，因其配方内含有铝粉色母，故在进行颜色比对和微调时需要进行正面和侧面观察，从某种程度上来说，要求侧面颜色的准确程度比正面更高，眼睛直视汽车时，看到的正面远少于眼睛的余光所看到的侧面颜色。

（1）明度调整思路

1）要使金属漆正面变亮，增加配方中已有的银粉色母，同时侧面也变亮。

2）要使金属漆正面变暗，加入黑色色母，同时侧面也变暗。

3）要使金属漆侧面变亮，加入白色色母，同时正面变暗并略带蓝相。

4）要使金属效果更明显，通常应将粗细银粉结合使用。

5）金属漆正面深侧面浅加入细银粉。

6）金属漆正面浅侧面深加入粗银粉。

7）红色变浅只能加橙色。

8）加入银粉控制剂，感觉上会使正侧面银粉颗粒都变粗，使侧面变亮，正面变暗。

（2）彩度调整思路　金属漆变灰加黑色或银粉。

4. 正确匹配颜色的黄金规则

1）新的色母安装搅拌盖前，要用搅拌尺手动彻底搅拌。

2）每一个搅拌盖只能用于一个颜色。

3）每天要开动调漆搅拌机 2 次，每次 15min。

4）确定每一个搅拌头都运转正常。

5）保持搅拌盖油漆出口干净，以保证添加量精确。

6）使用最新的配方软件。

7）要按照配方提供数据精确地调配。

8）注意配方中的提示，例如可能有多个偏差色配方，不要低于配方提示调配的最小量。

9）确认所提供的偏差色，使用最接近的颜色。

10）完全遵守固化剂和稀释剂的混合比例。

11）使用色母挂图和调色指导。

12）喷漆前，调好的油漆需喷涂样板，干燥后再与要修补的区域做比较。

13）确认是在日光条件下匹配颜色，非直射的阳光下，无彩色的环境中。

14）不要在极端的气温条件下储存色母。

15）调漆房内的空气温度必须保持在 15℃ 以上。

16）调漆搅拌机、电子秤必须总是保持清洁。

四、实训小结

1. 加入银粉控制剂的条件是：＿＿＿＿＿＿＿＿＿＿＿＿＿＿＿＿

＿＿＿＿＿＿＿＿＿＿＿＿＿＿＿＿＿＿＿＿＿＿＿＿＿＿＿＿＿＿＿＿

＿＿＿＿＿＿＿＿＿＿＿＿＿＿＿＿＿＿＿＿＿＿＿＿＿＿＿＿＿＿＿＿

2. 正确匹配颜色的规则有：＿＿＿＿＿＿＿＿＿＿＿＿＿＿＿＿＿＿

＿＿＿＿＿＿＿＿＿＿＿＿＿＿＿＿＿＿＿＿＿＿＿＿＿＿＿＿＿＿＿＿

＿＿＿＿＿＿＿＿＿＿＿＿＿＿＿＿＿＿＿＿＿＿＿＿＿＿＿＿＿＿＿＿

注意：

通常可以通过加入银粉的用量来增加金属漆的正面亮度，增加白色色母或银粉控制剂来增加金属漆侧面的亮度，什么时候加白色色母，什么时候加银粉控制剂取决于侧面颜色情况，如果该颜色的侧面像素色一样的表面情况，则加入白色色母，如果在侧面能够看到颗粒闪烁状，则加入银粉控制剂。

注意：

漆膜干燥后颜色会略变深，所以不管是调素色漆还是金属漆，通常都应将湿漆调得略浅些；喷枪喷嘴小，气压高的话，雾化较细，这样喷出来的颜色比较亮；用快干稀释剂，产生的银粉效果比用慢干稀释剂更明亮；同一银粉漆，喷涂的清漆层越厚则颜色越深；喷枪与喷涂对象间距小，会使漆面较湿，形成的漆面颜色较深，颜色鲜艳，喷枪与喷涂对象间距大，则会使漆面较干，形成的漆面颜色较浅，更具金属质感。

五、评价反馈

汽车运用与维修职业技能等级考试标准
"汽车车身漆面养护与涂装喷漆技术"模块（中级）—工作任务"颜色的调配"
"人工微调"子任务考核评价表（4）—色漆微调

评分项	配分	评分标准	自评	互评	教师评价
1. 工位 6S 操作	10	□ 1.1 整理、整顿（2.5 分） □ 1.2 清理、清洁（2.5 分） □ 1.3 素养（2.5 分） □ 1.4 安全（2.5 分）			
2. 作业前的准备工作	10	□ 2.1 检查作业所需要的工具设备是否完备，有无损坏（5 分） □ 2.2 检查穿戴的劳保用品是否符合颜色微调的实操要求（5 分）			
3. 进行颜色微调	60	□ 3.1 能够正确地判断颜色属性（10 分） □ 3.2 能够熟练地使用色母挂图（15 分） □ 3.3 能正确进行差异色调配（15 分） □ 3.4 能够正确进行差异色与目标色比对（15 分） □ 3.5 在微调时能掌握涂料添加方法、数值确认方法（5 分）			
4. 规范作业过程	10	□ 作业过程做到工具使用规范（10 分）			
5. 工具清洁存放	10	□ 5.1 使用工具后对工具进行清洁（5 分） □ 5.2 作业完成后对工具进行复位（5 分）			
完成时间		定额时间 30min，每超过 5min，扣 5 分			
合计					
总评分（各项合计平均分）					

【任务拓展】

拓展阅读：汽车改色是否合法——遵纪守法

在生活中，有些人想要为自己的车做一些独特的改造，于是想将车子的原本颜色改成自己喜欢的颜色。那么车身改色合法吗？我们如果想要对自己的车进行改装，要如何操作才是合法行为，接下来我们一起来学习相关的法律知识。

一、车身改色是否合法

《中华人民共和国机动车登记办法》第二十六条规定，已注册登记的机动车，有下列情形之一的，应当申请变更登记：

1）机动车所有人更改姓名或者单位名称的。

2）机动车所有人住所的地址在车辆管理所管辖区内改变的。

3）改变车身颜色的。

4）更换发动机或者改变燃料种类的。

5）因故损坏无法修复需要更换同型号车身或者车架的。

6）因质量问题，制造厂给机动车所有人更换整车或者更换同型号发动机、车身、车架的。

《中华人民共和国机动车登记办法》第三十条规定，有第二十六条第三项至第六项情形的，机动车所有人应当于变更前填写《机动车登记申请表》，持下列资料，向机动车管辖地车辆管理所申请变更，并交验车辆：

1）机动车所有人的身份证明；

2）《机动车登记证书》。

车辆管理所应当自受理之日起一个工作日内，确认车辆，符合本办法规定的，应当准予变更；对车辆严重损坏无法行驶的，应当由车辆管理所派人确认车辆。

根据以上《中华人民共和国机动车登记办法》的相关法律知识可知，汽车改色需要在变更前申请，经车辆管理所准予变更后，方可以进行变更，变更后，需要重新拍照，更新车辆档案和行车证，才可以合法上路，否则属于违法行为。

二、改装车身颜色的限制

我国法律规定，虽然机动车所有人经申请变更准许后，可以对车身颜色进行改装，但是消防专用红色，工程抢险专用黄色，国家行政执法专用的上白下蓝颜色及搭配，属于特种车专用颜色，普通车辆不能使用。

改装车身颜色的限制主要包括两方面：一是车身改装后的图案和颜色不得和警车、救护车、消防车、工程抢险车等法定标识相同或相似。其次，车主也不许喷涂110、120等特定的符号，车身改色需要到车管所进行颜色变更申请。

【思考与练习】

1. 颜色的三基色是哪几种颜色？

2. 什么叫作互补色？

3. 颜色的调配技能实训过程中涉及哪些职业素养？你是怎么做的？

4. 在进行小样板喷涂过程中，如底色漆层间闪干不足会造成怎么样的漆膜缺陷？

5. 在颜色调配过程中有哪些注意事项？

项目七　漆面缺陷处理

【学习目标】

1. 知识目标

1）了解汽车维修涂装各工序工作质量评价方法。

2）熟悉常见缺陷的类型和成因。

3）熟悉膜厚仪、光泽仪、色差仪、橘皮仪等检测仪器的功用和使用方法。

4）掌握典型涂装缺陷的预防措施和解决方案。

2. 能力目标

1）能够目测判断常见缺陷的类型并分析原因。

2）能使用仪器对车身涂层的膜厚、光泽、色差、橘皮等情况进行检测并能够对检测结果进行分析。

3）能够独立完成常见漆面缺陷的研磨和抛光处理。

3. 素质目标

1）培养良好的质量意识、成本意识、效率意识。

2）培养细致严谨的工作习惯和认真负责的工作态度。

3）通过追求完美的汽车"美妆大师"，培养具备精益求精的工匠精神。

【任务案例】

某汽车维修店，常常因为各种原因造成涂层出现流挂、尘点、橘皮等不同类型的涂装缺陷，严重的涂装缺陷会导致返工，造成材料成本和时间成本的损失和客户满意度的下降。因此必须要对这些缺陷足够重视并进行预防，部分较轻微的涂装缺陷可以通过研磨和抛光等技术手段进行处理，以达到交车标准。

【相关知识】

一、典型涂装缺陷及分析

1. 流挂

（1）流挂的定义　喷漆后在漆膜的垂直面上留有水珠状、雨滴状、大球体状或者水帘状的流

扫一扫

痕叫作流挂，如图 7-1 所示。

（2）流挂产生的原因　造成流挂的原因有很多，最常见的原因是操作不当，但也包括技术（包括前期准备）方面的原因，主要有以下几种：

1）调漆时用了太慢干的固化剂、稀释剂。

2）黏度太低（太稀）。

3）油漆或待喷漆板件的温度太低。

4）喷涂太厚，喷漆太多层。

5）闪干时间太短。

6）喷涂时，喷枪太靠近板件。

7）风帽/喷嘴口径太大。

（3）流挂的预防　确保正确选择和调配固化剂及稀释剂，以适合不同的环境温度和喷涂面积，喷枪必须确保干净，喷嘴和风帽的口径正确。喷涂必须连贯均匀，不走弧线，不犹豫停顿。

（4）流挂的补救　当油漆完全固化后，用漆刨或水磨砂纸去除流痕。使用越是细的砂纸，越是不会对漆膜造成损伤，而且能减少抛光工作量。用抛光蜡抛光，再用高光泽蜡恢复光泽。

2. 橘皮

（1）橘皮的定义　油漆表面纹理差，类似橘皮纹，如图 7-2 所示。

汽车常见的
漆面缺陷及
其预防

图 7-1　流挂

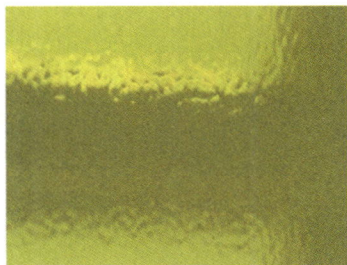

图 7-2　橘皮

（2）橘皮产生的原因　橘皮产生的原因主要有如下几种：

1）喷枪距离板件太远。

2）喷涂气压太低（雾化不良）。

3）漆膜太薄。

4）油漆黏度太高（太稠）。

5）对比喷涂环境及板件大小，选用了太快干的固化剂和/或稀释剂。

6）喷嘴口径太小。

7）层间闪干时间太长。

（3）橘皮的预防　预防橘皮的注意事项主要：

1）喷涂时，喷枪与板件间距应参照技术说明书的规定。

2）喷涂气压应参照技术说明书的规定。

3）始终喷涂湿涂层。

4）应参照技术说明书的规定调整油漆的黏度。

5）选择正确的固化剂和稀释剂。

6）参照技术说明书的规定选择正确的喷枪风帽和喷嘴口径。

7）确保足够的层间闪干时间。

（4）橘皮的补救　对于小缺陷，用 P1200 砂纸打磨表面，再抛光处理；对于较大缺陷，应打磨平整并重新喷涂。

3. 溶剂泡

（1）溶剂泡的定义　滞留在漆膜内的溶剂气化形成的水泡状缺陷表面，如图 7-3 所示。

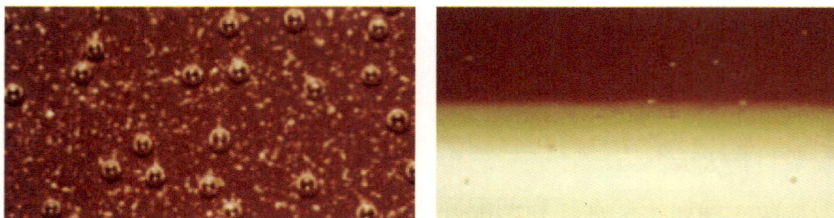

图 7-3　溶剂泡

（2）溶剂泡产生的原因

1）涂层太厚。

2）使用了太快干的固化剂和 / 或稀释剂。

3）层间闪干时间太短。

4）烘烤或红外线干燥前的闪干时间太长。

5）红外线烤灯距离板件太近，导致表面温度过高。

6）采用湿碰湿中涂产品时，层间闪干时间太短。

（3）溶剂泡的预防

1）按推荐膜厚喷涂。

2）据施工温度选择正确的固化剂和稀释剂。

3）遵循推荐的闪干时间。

4）使用红外线烘烤时，遵循推荐的间距和烘烤强度。

5）遵循推荐的层间闪干时间与膜厚。

（4）溶剂泡的补救

1）必须将出现溶剂泡的表面打磨到完好涂层，如果溶剂泡未能完全清除，就会在新涂层施工完成后产生针孔。

2）选择正确的底漆和面漆重新喷涂。

4. 失光

（1）失光的定义　喷漆表面无光泽或哑光，如图 7-4 所示。

（2）失光产生的原因

1）漆膜膨胀。

2）涂层太厚。

3）漆膜老化（因大气中二氧化硫 / 一氧化二氮和潮湿影响和 / 或严重紫外线辐射的综合作用的结果）。

4）调漆时固化剂调配比例不正确。

图 7-4　失光

5）漆膜护理不良或不当。

6）新修复的车辆过早接触不良天气，涂层厚或者新涂层容易对低于露点温度的天气敏感。

7）喷涂时和 / 或干燥时空气循环不足。

（3）失光的预防

1）确保喷涂正确的膜厚以及干燥温度和时间。

2）确保定期进行漆面护理。

3）确保按正确的调配比例调漆。

4）检查喷涂房空气循环系统，必要时更换顶棉和地棉。如有疑问，请咨询喷漆房供应商。

（4）失光的补救

1）尝试用抛光蜡抛光，再用细抛光蜡再次抛光。

2）如果按上述步骤无法恢复光泽，则须重新喷涂失光区域。

5. 灰尘污染

（1）定义　通常由外界杂质造成漆膜表面不规则的小颗粒，呈现各种不同的大小、形状、类型和状态，如图 7-5 所示。

（2）灰尘污染产生的原因

1）喷涂前对底层的清洁不够好。

2）工作服或衣物上的细纤维。

3）脏的过滤棉造成空气供给不良。

4）喷房外的进气口被污染（抛光残留物、细灰等）。

（3）灰尘污染的预防

1）喷涂前彻底清洁表面。

2）使用不掉纤维的工作服或衣物。

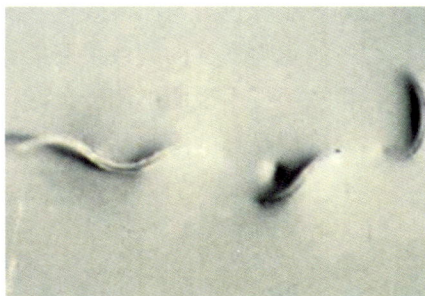
图 7-5　灰尘污染

3）确保定期更换喷漆房过滤棉。

4）确保抛光整理区域远离喷涂区，用通风、过滤的方式将其隔开。

（4）灰尘污染的补救　用细抛光蜡抛光，以适合的高亮度抛光法恢复光泽，更严重的缺陷需要打磨并重喷。

6. 起皱

（1）起皱的定义　当新的涂膜施工后，基底涂层的膨胀和凸起，可能在施工时或干燥时出现起皱。

（2）起皱产生的原因

1）当使用双组分产品进行湿对湿施工时，闪干时间过长（涂层处于胶状时，对其进行了重涂）。

2）重涂溶剂敏感型涂层时，使用了错误的修补材料或喷得厚。

3）作为封闭层的涂层不够厚（喷得薄或之后被磨得多）。

4）基底涂层未彻底干燥固化。

（3）起皱的预防

1）始终遵循推荐的闪干时间。

2）进行溶剂测试，使用正确的施工工艺、正确的漆膜厚度。

3）用产品说明书中建议的漆膜厚度。

4）确保基底涂层干燥固化（重新烘烤或红外线烘烤）。

（4）起皱的补救　打磨缺陷涂膜至正常的涂膜，用适合的底漆和面漆返工（如必要，可剥离缺陷涂膜至无问题的涂层）。

7. 遮盖力差

（1）遮盖力差的定义　透过面漆可以看到底材，如旧漆层、底漆和中涂漆的修补区域，如图 7-6 所示。

（2）遮盖力差产生的原因　由于法规或颜色设计原因，有些密度高的颜料（如含铅颜料）的使用量受到限制，这就会造成遮盖力差，另外也有前处理和喷涂的原因，比如：

1）底层颜色与面漆颜色不匹配。

2）面漆的遮盖力差。

3）面漆黏度太稀。

4）面漆喷涂前未完全调匀。

5）面漆层涂层太薄。

（3）遮盖力差的预防

1）底层颜色需与面漆颜色匹配，特别是喷涂半透明的三工序珍珠漆。

2）遮盖力不佳的颜色采用推荐的底层漆。

3）按照技术说明书调配，稀释色漆。

4）确保足够的漆膜厚度与层间闪干时间。

（4）遮盖力差的补救　干燥后，稍打磨，再重新喷漆。

8. 附着力缺失

（1）附着力缺失的定义　附着力缺失有两种情况：一种是整个涂层与底材失去附着力，另一种是涂层间缺失附着力，如图 7-7 所示。

图 7-6　遮盖力差

图 7-7　附着力缺失

（2）附着力缺失产生的原因

1）底材上残留了会导致附着力缺失的恶物质，如硅油、油污、油脂、蜡、锈蚀、打磨残渣等。

2）底材上喷涂了不适合的底漆或中涂漆。

3）底材打磨不充分。

4）底漆或底色漆喷得太干或太薄。

5）干燥不良。

（3）附着力缺失的预防

1）为防止与底材间的附着力缺失，应在底材（如铝、钢或塑料等）上喷涂正确的底漆和／或中涂漆产品。

2）参见技术说明书或产品罐身的说明正确喷涂底漆。

3）不能喷太厚。

4）喷涂前彻底清洁底材。

（4）附着力缺失的补救

1）去除附着力差的所有涂层。

2）彻底打磨并清洁底材。

3）正确选择底漆和／或中涂漆、面涂，再重新喷涂。

9. 开裂

（1）开裂的定义　漆膜表面出现长度、宽度和深度不一的裂缝，如图 7-8 所示。

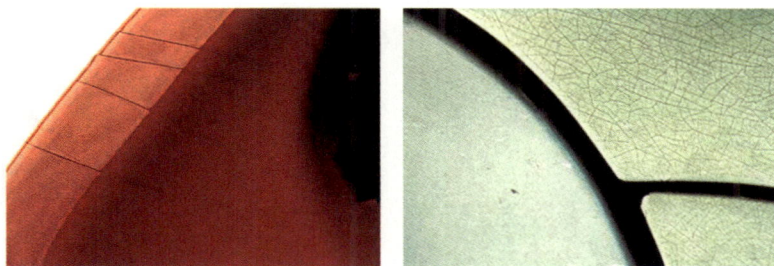

图 7-8　开裂

（2）开裂产生的原因

1）热塑性丙烯酸底材上的漆膜缺陷（如使用了聚酯原子灰，或直接喷涂了侵蚀底漆或合成磁漆），造成漆膜收缩，出现裂缝。

2）修补漆未完全固化或软化（固化剂用量少或未用）。

3）侵蚀底漆上直接喷涂了聚酯类材料油漆。

4）合成磁漆或硝基漆表面过早被重涂。

5）塑料件本身有裂缝。

6）漆面受到紫外线辐射和／或极端温度变化造成的应力损伤。

7）用湿碰湿产品时，层间闪干时间太短。

8）总膜厚太厚。

（3）开裂的预防

1）不同底材需采用对应的施工工艺。

2）固化剂的用量必须准确。

3）确保正确的漆膜结构和工艺。

4）确保正确的闪干时间。

5）避免喷涂过厚。

（4）开裂的补救

1）打磨掉成膜直至底材。

2）确保彻底除去所有的裂缝痕迹。

3）使用适当的底漆和面涂重新补漆。

二、涂装质量检测

1. 漆膜质量检测

（1）膜厚　膜厚正确与否对于修补工作的质量和耐久性具有直接影响。喷涂过厚会导致漆膜表面开裂，增加漆面剥落、粉化、失光和/或产生溶剂泡的风险。喷涂太薄，可能导致附着力差、漆膜成片剥落，并增加造成面漆剥落、失光等缺陷的风险。

膜厚测量单位为微米（µm）。$1µm$ 等于千分之一毫米，一根人类的头发大约为 $70µm$，漆膜厚度的测试通常使用膜厚仪进行，如图 7-9 所示。

（2）遮盖力　遮盖力是指涂料是否能够均匀遮盖底材色差的能力。不同颜色、不同品牌和型号的涂料，其遮盖力有较大差异，喷涂施工前，可以将一定的油漆黏度和漆膜厚度用涂布仪刮涂于黑白格卡纸上用于测定涂料的遮盖效果，如图 7-10 所示。

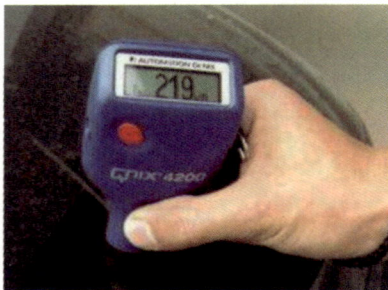

图 7-9　使用膜厚仪检测漆膜厚度

图 7-10　黑白格卡纸

（3）附着力　附着力是漆层应该满足的另一重要性能，附着力极大程度上取决于底材类型，而且预处理和清洁过程也很重要。

漆膜附着力通常使用百格刀通过十字切割法进行测定，所以附着力测试属于破坏性测试，如图 7-11 所示。

（4）橘皮　油漆车身的颜色、光泽、雾影度和表面结构等影响着人们的视觉效果，光泽和映像清晰度常被用来衡量涂层的外观。即使是光泽度很高的涂膜，其外观也会受到表面波动度的影响，光泽的变化并不能控制波动的视觉效果，人们把这种效应称为"橘皮"，橘皮也可定义为"高光泽表面的波状结构"。油漆车身的橘皮可使涂层表面产生斑纹、未流平的视觉外观，如图 7-12 所示。漆膜橘皮程度的测试通常需要使用橘皮仪进行。

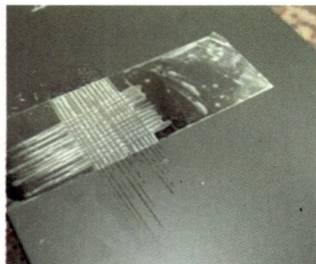

图 7-11　附着力测试

图 7-12　橘皮

（5）光泽度　光泽度是评价高光漆和哑光漆涂层光泽质量或哑光程度的重要参数，是涂装质量的重要评价指标之一。

光泽度是对材料表面反射光的能力进行评价的物理量。因此，它表述的是具有方向选择的反射性质。根据光泽的特征，可将光泽分成几类，我们通常说的光泽是指"镜向光泽"，所以光泽度计，有时也叫镜向光泽度计。

光泽作为物体的表面特性，取决于表面对光的镜面反射能力，所谓镜面反射是指反射角与入射角相等的反射现象。若物体表面为光学平滑面，即表面凹陷间隙小于1/16入射波长，当入射光为平行光束时，则镜面反射光也为平行光束，且完全不受物体本身颜色的影响，入射光为白光，镜面反射光仍为白光。在理论上，光泽被定义为物体表面镜面反射能力与完全镜面反射能力的接近程度，如图7-13所示。对于镜面，入射光几乎全部沿镜面方向反射，对于"无光泽"表面，入射光在任何角度反射都一样，出现所谓漫反射现象。

除了目测评判的定性检查方法外，漆面光泽度效果可以使用光泽仪进行定量检查。

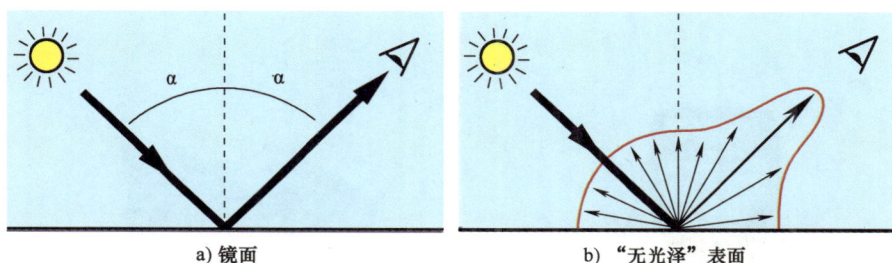

| a) 镜面 | b)"无光泽"表面 |

图 7-13　光泽度检测原理

2. 涂料检测

（1）黏度　涂料黏度是液体涂料的流动性能，液体涂料有稀、有稠，有黏性和流动性，通常流动性越强则黏度越低。涂料黏度受温度影响，通常温度越高，涂料的黏度越低，流动性越好。汽车涂装的施工黏度对涂层施工质量影响较大，黏度是由流体的内部摩擦力即相邻两层流体间的剪应力所产生的。如果剪应力大，分子间会更加紧密地黏附在一起，如液状蜂蜜，流动缓慢。对于剪应力小的物质，如水，水分子之间的黏附松散，所以水的流动较快。

（2）影响涂料质量的因素

1）调配比例。涂料可分为单组分产品和双组分产品。双组分涂料（通常也被称为2K涂料）自身不会固化，应遵从规定的固化剂调配比例，加入适当的固化剂产品并混合均匀。

如果改变调配比例，就会使涂料应有的各反应物的比例不一致，如果加入过少的固化剂，那么涂料将没有足够的反应来形成最佳交联，涂膜会过于柔软；如果加入过多的固化剂，则交联反应会过快和/或形成的交联太过密集。这两种情况都会导致严重的技术问题，例如粉化、剥落、耐候性差或漆膜分层，因此一定要"始终"使用规定的固化剂并遵守规定的调配比例。

2）触变性。触变液体在储藏时处于黏稠、刚性的状态（凝胶状态）。分子之间相互连接形成一种框架结构。

施工前，应先摇晃或搅拌以破坏其框架结构，变成液态产品；施工后，又会恢复到凝胶状态。这种现象产生的原因是在生产过程中加入了某些添加剂（例如酸和盐），所以尽管这类油漆喷涂较湿，但不容易在垂直表面产生流挂。

3）存储时间和环境。所有的汽车涂料产品，均需在适当的温度和湿度条件下储存和使用，若储存环境条件恶劣，则常常导致涂料性能的下降甚至无法使用而报废。

三、涂装质量检测仪器

1. 膜厚仪

膜厚仪，也叫膜厚测试仪，如图 7-14 所示，分为手持式膜厚仪和台式膜厚仪两种，手持式膜厚仪又有磁感应镀层测厚仪、电涡流镀层测厚仪、X 射线荧光镀层测厚仪。手持式磁感应镀层测厚仪，利用从测头经过非铁磁覆层而流入铁磁基体的磁通的大小，来测定覆层厚度。也可以测定与之对应的磁阻的大小，来表示其覆层厚度。目前常用的磁感应膜厚仪，分辨率达到 0.1um，允许误差达 1%，量程可达 10mm。

2. 光泽仪

光泽仪，也叫光泽度仪，是用来测定陶瓷、油漆、油墨、塑料、大理石、铝、五金等材料表面光泽度的仪器，如图 7-15 所示。高精度光泽仪按照角度分为高光泽、中光泽和低光泽三种类型。

图 7-14　膜厚仪

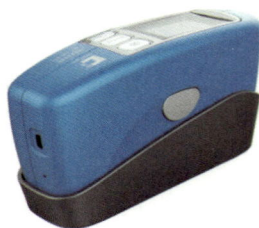

图 7-15　光泽仪

光泽仪的测量原理如图 7-16 所示。仪器的测量头由发射器和接收器组成，发射器由白炽光源和一组透镜组成，它产生一定要求的入射光束。接收器由透镜和光敏元件组成，用于接收从样品表面反射回来的锥体光束。

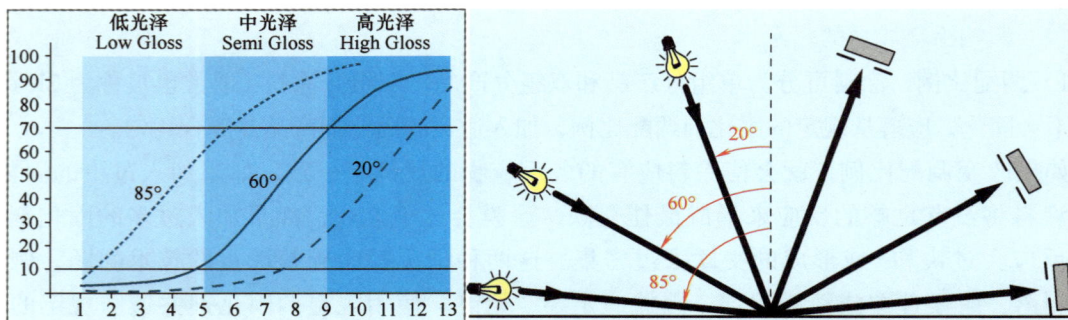

图 7-16　光泽仪测量原理

3. 橘皮仪

涂装行业普遍采用橘皮仪来测量橘皮的状况，如图 7-17 所示。

橘皮按人眼远看物体和近看物体分成长波和短波。长波模拟的是人眼距离产品表面 2.5m 的观察结果，短波模拟的是人眼距离产品表面 50cm 的观察结果。长波和短波的数值越大，说明指标越差，橘皮越严重。

4. 色差计

色差计又称为便携式色度仪、色彩分析仪、色彩色差计。

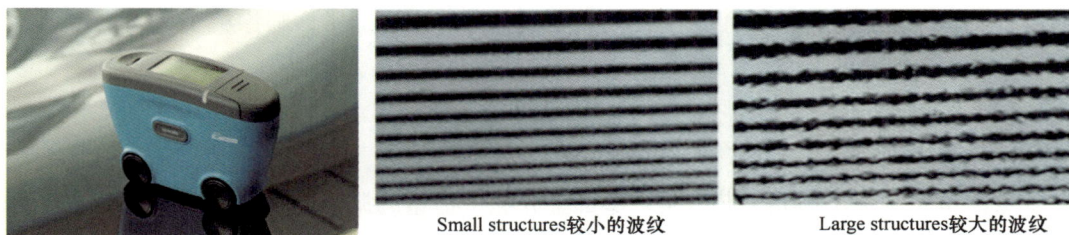

| Small structures较小的波纹 | Large structures较大的波纹 |

图 7-17　橘皮仪

色差计是一种简单的颜色偏差测试仪器，即制作一块模拟与人眼感色灵敏度相当的分光特性的滤光片，用它对样板进行测光，关键是设计这种感光器的分光灵敏度特性，并能在某种光源下通过计算机软件测定并显示出色差值。自动比较样板与被检品之间的颜色差异，输出 CIE L、a、b（国际照明委员会 CIE 于 1976 年公布的一种标准色彩模式）三组数据和比色后的 ΔE、ΔL、Δa、Δb 四组色差数据，提供配色的参考方案。

根据色差计测色后显示的数据结果，如图 7-18 所示，可进行如下分析：

色差数据 Lab 坐标系如图 7-18 所示，根据色差计测色后显示的数据结果，可求得总色差。

总色差的公式为：

$$\Delta E=\sqrt{(\Delta L)^2+(\Delta a)^2+(\Delta b)^2}$$

式中，ΔE 表示总色差的大小

　　　　$\Delta L=L$ 样品 -L 标准（明度差异）

　　　　$\Delta a=a$ 样品 -a 标准（红 / 绿差异）

　　　　$\Delta b=b$ 样品 -b 标准（黄 / 蓝差异）

　　　　$\Delta L+$ 表示偏白，$\Delta L-$ 表示偏黑

　　　　$\Delta a+$ 表示偏红，$\Delta a-$ 表示偏绿

　　　　$\Delta b+$ 表示偏黄，$\Delta b-$ 表示偏蓝

不同行业对产品色差范围的要求是不一样的，目前国际还没有统一的标准色差范围，主要是由生产厂商与客户沟通协商产品的色差范围。

5. 漆膜硬度计

漆膜硬度计是适用于漆面干燥后涂膜硬度测定的设备仪器，如图 7-19 所示。

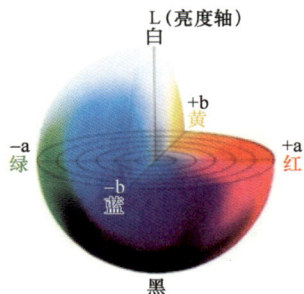

图 7-18　色差数据 Lab 坐标系

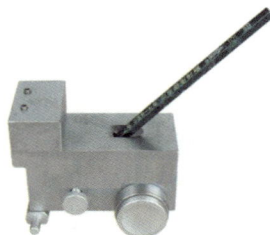

图 7-19　漆膜硬度计

铅笔硬度计属机械式，依据 GB/T 6739—2006 标准设计制造，笔尖重负是（1000±5）g，它以铅笔的硬度标号来测定涂膜的硬度，其优点是体积小、重量轻，便于试验室和施工现场的硬度测定。仪器为机械式，三点接触被测表面（两点为轮，一点为笔芯），始终保证被测涂膜形成 45°夹角，用力水平推动仪器运动，即可完成测试过程，测定涂膜抵抗变形的能力。此方法是按手工

操作而设计制造，测试的漆膜硬度以所使用铅笔的标号表示。通常，喷涂施工完成烘烤干燥后的漆膜应当达到 HB 的硬度。

四、漆面研磨和抛光工艺

车身漆面抛光是手工抛光工艺，是在漆面上先涂上适量的抛光蜡，再逐渐调高抛轮转速，对漆膜表面进行抛磨。

1. 抛光设备及工具

（1）抛光设备

1）抛光机。抛光机是一种研磨机，用于漆面抛光、上蜡及机械研磨，如图 7-20 所示。手动式抛光机可配合使用羊毛轮、海绵轮等抛光轮对漆膜表面实施抛光作业。

图 7-20　抛光机

抛光机的工作原理是：电动机带动安装在抛光机上的海绵或羊毛抛光盘高速旋转，由于抛光盘和抛光剂（抛光蜡）共同作用并与待抛表面进行摩擦，进而可达到去除漆面污染、氧化层、浅划痕的目的。

抛光盘的转速一般在 800~3000r/min，多为无级变速，施工时可根据需要随时调整。抛光机的类型有：直心式、偏心式；按动力来源有气动和电动两种。气动式比较安全，但需要气源；电动式容易解决动力源问题，但一定要注意用电安全。

2）打磨机。常见的打磨机如图 7-21 所示。

图 7-21　打磨机

（2）抛光工具

1）工作灯。常见的工作灯如图 7-22 所示。

图 7-22　工作灯

2）抛光盘清洁桶。常见的抛光盘清洁桶如图 7-23 所示。

3）喷壶。常见的喷壶如图 7-24 所示。

图 7-23　抛光盘清洁桶

图 7-24　喷壶

4）清洁巾。常见的清洁巾如图 7-25 所示。

2. 漆面抛光的产品

（1）抛光蜡　抛光蜡是一种包含有磨料微粒的乳液或者膏状物，由油性物质、水、表面活性剂和增稠剂组成。磨料微粒一般为二氧化硅或氧化铝。普遍的情况是抛光蜡中的磨料微粒越大，其抛光的切削力也越大，但抛光的圈痕也越重。

（2）抛光盘　抛光机的主要附件是抛光盘，如图 7-26 所示。抛光盘安装在抛光机上，与研磨剂或抛光剂共同作用完成研磨 / 抛光作业。

图 7-25　清洁巾

图 7-26　抛光盘

抛光盘用来配合抛光机和抛光蜡给漆面抛光，按材质分为羊毛抛光盘、海绵抛光盘、兔毛抛光盘等；按照尺寸分为 8in 盘（约 20cm）、7in 盘（约 18cm）、6in 盘（约 15cm）、5in 盘（约 12.5cm）等；按照颜色分为白色盘、黄色盘、黑色盘、蓝色盘等；各类抛光盘的研磨切削力性能均有不同程度的差异，抛光盘软硬程度和表面形状也有区别，建议根据需要区别使用。

1）羊毛抛光盘。羊毛抛光盘为传统式切割材料，研磨能力强、功效大，研磨后会留下旋纹，使用时要谨慎。

羊毛抛光盘一般分为白色和黄色两种。一般白色羊毛抛光盘切削力强，能去除漆面严重瑕疵，配合较粗的蜡打磨进行快速去除橘皮或修饰研磨痕；黄色羊毛抛光盘切削力较白色羊毛抛光盘弱，一般配合细蜡来抛光漆面，去除漆面粗蜡抛光痕及轻微擦伤痕。

2）海绵抛光盘。海绵抛光盘切削力较羊毛抛光盘弱，不易留下旋纹，能有效去除中度漆面的瑕疵。抛光盘底背有自粘贴，可快速转换抛光轮。可用于车身普通漆和透明漆的研磨和抛光，一般用作羊毛抛光盘之后的抛光、打蜡之用。建议抛光机转速为 1500~2500r/min。

海绵抛光盘按颜色一般可分为以下三种：黄色盘（一般作研磨盘，质硬，用以消除氧化膜或划痕）、白色盘（一般作抛光盘，质软、细腻，用以消除发丝划痕或抛光）、黑色盘（一般作还原盘，质软、柔和，适合镜面抛光）。

3）兔毛抛光盘。兔毛抛光盘切削力介于羊毛抛光盘和海绵抛光盘之间，底部有自粘贴，建议抛光机转速为1500~2500r/min。

（3）其他抛光耗材

1）漆面研磨砂纸。漆面研磨常用砂纸包括水砂纸（P1000、P1500、P2000）、精磨砂纸（P1000、P2000）、金字塔砂纸（P1500、P3000），如图7-27所示。

扫一扫

抛光剂

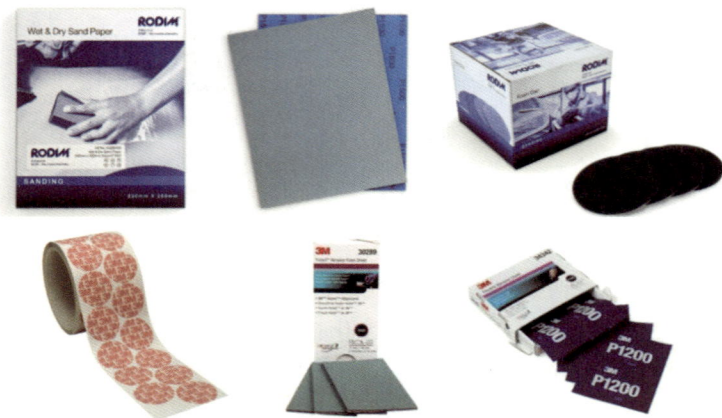

图7-27　漆面研磨常用砂纸

2）漆面抛光蜡。漆面抛光蜡包括抛光粗蜡、抛光镜面蜡等，如图7-28所示。

图7-28　漆面抛光蜡

3. 漆面处理的步骤

漆面处理一般分为漆面打磨、粗抛光、镜面抛光三个主要步骤。

注意：

在进行漆面处理之前，务必要检查漆面干燥状态。

（1）漆面干燥状态检查　涂料（油漆）的干燥（固化）时间由涂料生产商指定，根据所用涂料种类、环境温度、涂层厚度以及用来稀释涂料混合物的稀释剂的不同，所需要的干燥时间也不同。

重要提示：如果流挂瑕疵内的漆料未完全干燥，应先彻底干燥（先用红外干燥）再进行后续打磨与抛光步骤，如果干燥不彻底，有可能因为正在干燥的漆料收缩而在打磨区域内留下阴影。

（2）漆面研磨

1）漆面研磨的目的。通过漆面研磨可以去除清漆层表面的部分缺陷，这些缺陷通常包括：纹理不一致的漆膜（橘皮纹）、尘点（表面颗粒、污染物）、流挂、橘皮、失光等。典型的可抛光处理的漆面缺陷类型有：轻微的流挂和橘皮；清漆层的尘点和颗粒；轻微的针眼缺陷；轻微的表面划痕；局部的飞漆和表面失光。

2）漆面打磨的方式。漆面打磨有两种传统方式：手动湿打磨和机器干打磨。

现在，有很多维修站开始采用机器半湿打磨的方式，在提高工作效率和质量的同时减少灰尘，改善工作环境条件。

3）漆面研磨方法：

① 研磨流挂缺陷。可用打磨块配合 P800 到 P1000 砂纸水磨，打磨需仔细，最终应与相邻表面同样平整。去除如尘粒等小瑕疵，可用打磨块、P2000 和 P2500 砂纸水磨，砂纸需润湿。

② 研磨橘皮和尘点缺陷。如要去除漆面上较大区域内的瑕疵则应干磨，配合使用 P1500 砂纸，以及相配的打磨软垫。砂纸应干净无尘，因为尘粒堵塞砂纸后，打磨时会在漆面上产生较深划痕。为了最大程度减少前次打磨产生的打磨痕，应该用 P3000 砂纸金字塔精细研磨砂纸（用喷雾器润湿砂纸）再水磨一遍。

（3）漆面粗抛光

1）粗抛光的目的。去除前道漆面打磨遗留下的打磨痕迹，恢复漆面的平整和一定光泽。

2）漆面抛光的过程。漆面抛光是使用一种乳液态或膏状的研磨物质（俗称抛光蜡/抛光剂）与羊毛或海绵质地的抛光盘配合以去除漆面上打磨痕迹的过程。

3）漆面粗抛光方法：

① 单动作抛光机 + 抛光盘（羊毛轮或白色海绵轮）+ 抛光蜡。

② 双动作抛光机 + 抛光盘（羊毛轮）+ 抛光蜡。

抛光机转速应为 1200~1400r/min（2 级或 3 级），否则板件会急速升温。用白色海绵轮以及一定量的粗抛光蜡对瑕疵打磨处进行抛光。开始抛光时，应略微施压，然后缓慢减少施压，这样抛光作用才能有效发挥，如图 7-29 所示。

（4）镜面抛光

1）镜面抛光的目的。去除粗抛光工序遗留下的抛光圈痕，恢复漆面的光亮和色泽。

2）漆面镜面抛光方法。常用镜面抛光方法有两种：

① 单轨转动抛光机 + 抛光盘 + 抛光蜡（推荐在技术更熟练时采用）。

② 双轨转动抛光机 + 抛光盘（黑色或蓝色海绵轮）+ 抛光蜡，使用双动作抛光机可以避免抛光炫纹缺陷的产生。

图 7-29　漆面粗抛光

4. 抛光工作注意事项

1）操作人员的手、脚要远离旋转的抛光头。

2）操作人员不得踩住电源线或将电源线缠入抛光头内。

3）操作人员必须安全着装。

4）抛光区域不得超过电源线的长度。

5）操作人员不得擅自将操作手柄脱手。停机时，必须在抛光机完全停止旋转后，方可松开手柄。

6）不能使用粘有灰尘、污垢的抛光垫抛光。积垢太多的抛光垫无法清洗干净时，应及时更换。

7）更换、安装抛光垫时，必须切断电源。

5. 抛光质量检查

镜面抛光时，对每一个抛光区域随时检查抛光效果。在每个抛光步骤之后，推荐使用"3M漆面清洁增艳喷雾"与高品质擦拭布对抛光过的表面进行清洁。如果还可见无光泽区域，则需要重复上个抛光步骤。这也相当于检查抛光效果，目的是为了消除重复出现的去除瑕疵留下的打磨痕。

如果深色车身上飞溅到抛光蜡，可使用一个干净、无尘泡沫抛光海绵轮对这个区域进行抛光，以防反复擦拭可能造成的细微划痕。

抛光表面冷却后，使用漆面清洁增艳喷雾检查抛光质量，如果维修区域与原漆面之间不存在区别，则可继续进行精密抛光操作。如果维修区域仍可见，重复"抛光"的操作步骤。

【实训任务】

技能实训一　检查漆膜缺陷

一、实训工具、设备及耗材

已完成漆面修补的实训板件、放大镜、工作灯、膜厚仪、劳保用品（工作服、防毒面具、护目眼镜、安全鞋、防溶剂手套等），如图 7-30 所示。

| 实训板件 | 工作服 | 安全鞋 | 防溶剂手套 |

图 7-30　实训工具、设备及耗材

二、作业准备

操作前，必须牢记劳动安全注意事项：

1）必须穿戴好工作服、防毒面具、护目眼镜、防溶剂手套等劳动安全防护用品，才允许操作。

2）必须按照规范操作，时刻注意人身安全，慎防意外情况发生。

3）工作完毕应做好现场 6S 管理。

三、实训过程

（一）检查清漆层之下的涂装缺陷

1. 板件平整度检查

大范围、多角度，观察板件，对板件损伤区域的平整度进行检查。

2. 检查砂眼、砂纸痕等打磨痕迹

对板件上存在的各类砂纸痕迹进行检查。

3. 检查色漆均匀度和遮盖效果

对板件喷涂色漆区域的均匀度和遮盖效果进行检查。

4. 检查其他处于清漆层之下的涂装缺陷

如尘点、流挂、银粉发花等缺陷。

（二）检查清漆层的涂装缺陷

1. 检查有无流挂缺陷

观察板件有无流挂缺陷。

2. 检查漆面纹理是否均匀

对板件漆面纹理状态进行检查，检查有无橘皮现象，有无漏喷现象，检查漆膜纹理是否均匀一致。

3. 检查清漆层光泽效果

检查清漆层有无失光缺陷，清漆层光泽度是否符合交车标准，是否均匀。

（三）检查结果的记录和处理策略

序号	缺陷类型	缺陷范围	缺陷程度	缺陷成因分析	缺陷处理意见

注意：
1）检查板件油漆干燥程度。
2）小组内部成员之间对缺陷类型的检查结果进行交流和探讨。
3）独立判断和分析缺陷成因后再进行内部讨论。
4）注意区分清漆层缺陷和底层缺陷。

四、实训小结

1. 个体防护用品：＿＿＿＿＿＿＿＿＿＿＿＿＿＿＿＿＿＿＿＿＿＿＿＿＿

＿＿＿＿＿＿＿＿＿＿＿＿＿＿＿＿＿＿＿＿＿＿＿＿＿＿＿＿＿＿＿＿＿＿＿

2. 实操步骤：＿＿＿＿＿＿＿＿＿＿＿＿＿＿＿＿＿＿＿＿＿＿＿＿＿＿＿＿＿

＿＿＿＿＿＿＿＿＿＿＿＿＿＿＿＿＿＿＿＿＿＿＿＿＿＿＿＿＿＿＿＿＿＿＿

3. 注意事项：＿＿＿＿＿＿＿＿＿＿＿＿＿＿＿＿＿＿＿＿＿＿＿＿＿＿＿＿＿

五、评价反馈

汽车运用与维修职业技能等级考试标准
"汽车车身漆面养护与涂装喷漆技术"模块（高级）
"检查漆膜缺陷"工作任务考核评价表

评分项	配分	评分标准	自评	互评	教师评价
1. 工位 6S 操作	10	□ 1.1 整理、整顿（2.5 分） □ 1.2 清理、清洁（2.5 分） □ 1.3 素养（2.5 分） □ 1.4 安全（2.5 分）			
2. 作业前的准备工作	10	□ 2.1 检查作业所需要的工具设备是否完备，有无损坏（5 分） □ 2.2 检查穿戴的劳保用品是否符合调配颜色的实操要求（5 分）			

（续）

评分项	配分	评分标准	自评	互评	教师评价
3. 检查清漆层之下的涂装缺陷	40	□ 3.1 检查板件平整度（10分） □ 3.2 检查砂眼、砂纸痕等打磨痕迹（10分） □ 3.3 检查色漆均匀度和遮盖效果（10分） □ 3.4 检查其他处于清漆层之下的涂装缺陷（10分）			
4. 检查清漆层的涂装缺陷	30	□ 4.1 检查有无流挂缺陷（10分） □ 4.2 检查漆面纹理是否均匀（10分） □ 4.3 检查清漆层光泽效果（10分）			
5. 提出正确处理策略	10	□ 针对缺陷程度提出正确处理策略（10分）			
完成时间		定额时间15min，每超过5min，扣5分			
合计					
总评分（各项合计平均分）					

技能实训二　去除尘点

一、实训工具、设备及耗材

完成漆面修补后有清漆层缺陷的实训板件、放大镜、太阳枪、膜厚仪、劳保用品（工作服、防毒面具、护目眼镜、安全鞋、防溶剂手套等），实训工具、设备及耗材如图7-31所示。

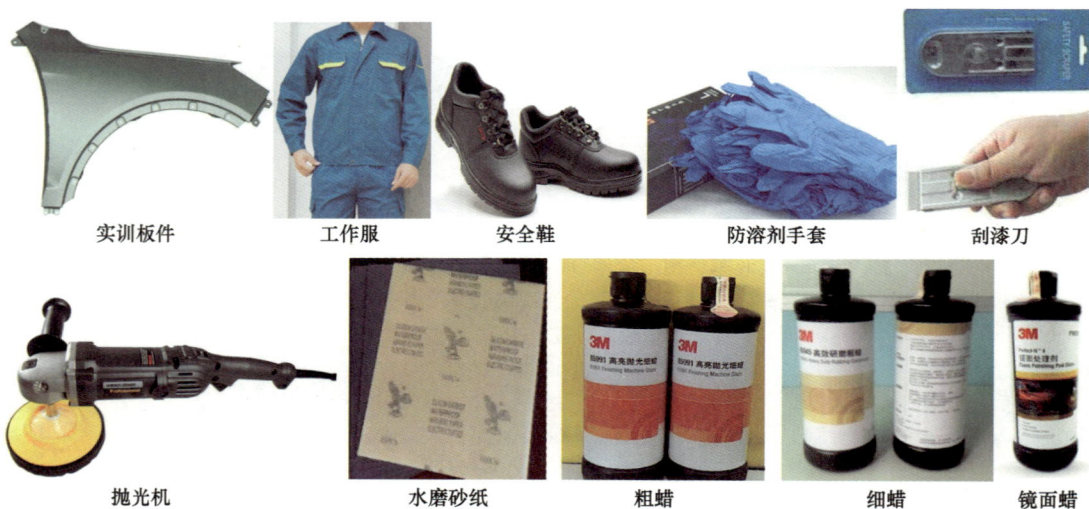

| 实训板件 | 工作服 | 安全鞋 | 防溶剂手套 | 刮漆刀 |

| 抛光机 | 水磨砂纸 | 粗蜡 | 细蜡 | 镜面蜡 |

图7-31　实训工具、设备及耗材

二、作业准备

1. 操作前，必须牢记劳动安全注意事项

1）必须穿戴好工作服、防毒面具、护目眼镜、防溶剂手套等劳动安全防护用品，才允许操作。

2）必须按照规范操作，时刻注意人身安全，慎防意外情况发生。

3）工作完毕应做好现场 6S 管理。

2. 选择漆面研磨设备、工具和耗材

打磨机、隔水垫、手磨板、砂纸。

三、实训过程

扫一扫

去除尘点

1. 标记

在汽车板件上查找尘点，总结为"一看、二摸、三标记"，标记时，面积可以稍大，方便进行尘点研磨，如图 7-32 所示。

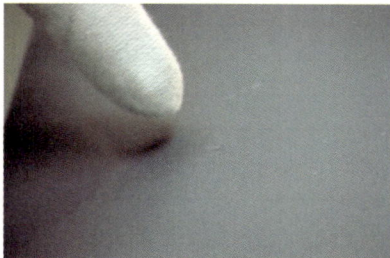

图 7-32　查找尘点

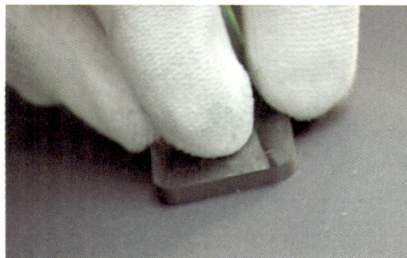

图 7-33　点修尘点

2. 点修

使用点修刮刀去除尘点，将高点去除，如图 7-33 所示。

3. 点磨

点磨分为两种，一种是手动点磨，另一种是机器点磨。

（1）手动点磨　使用点修磨头配合 P2000 砂纸，进行湿润性研磨，至表面平整，并做相应检查，如图 7-34 所示。

（2）机器点磨　使用 2.5 号磨头配合 P1500 砂纸，进行机器研磨，如图 7-35 所示。

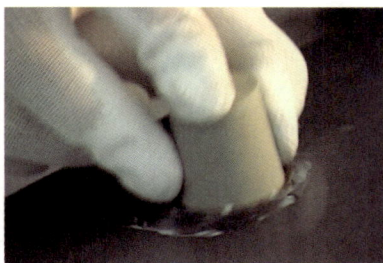

图 7-34　手动点磨

图 7-35　机器点磨

4. 清洁

研磨完成后，需对表面彻底清洁，如图 7-36 所示。

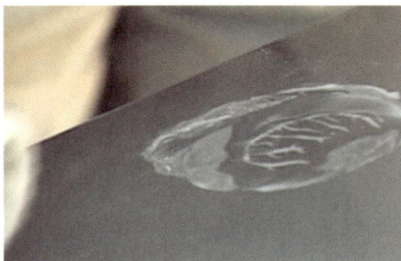

图 7-36　清洁

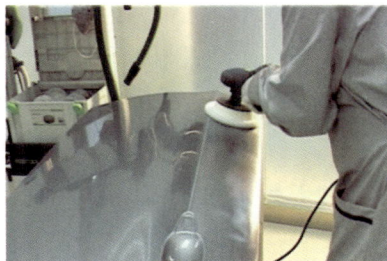

图 7-37　抛光

注意：

点修刮刀由高硬度合金制成，在使用时要平放，注意平面与汽车板件漆面保持平行，与板件弧度贴合，缓慢移动，每次修刮时不要太用力，轻轻地来回修刮，不要刮伤其他完好的漆面，慢中求细、慢中求精，直至被刮修位置略高于正常表面。

注意：

使用打磨机研磨时，不需要喷水，要先接触板件表面再启动打磨头，采用平式研磨，避免倾斜，打磨时注意切勿磨穿周围漆面，并检查板件表面是否已经平整。

扫一扫

抛光

5. 抛光

使用抛光机安装羊毛抛光球，转速由低档位逐渐变换到高档位，配合抛光剂，实施抛光作业，如图 7-37 所示。

6. 检查效果

抛光后，使用反差清洁指示剂及百洁布检查抛光效果，如图 7-38 所示。

图 7-38　检查效果

四、实训小结

1. 个体防护用品：_____

_____

2. 实操步骤：_____

_____

3. 注意事项：_____

五、评价反馈

汽车运用与维修职业技能等级考核标准
"汽车车身漆面养护与涂装喷漆技术"模块（高级）—工作任务"漆面喷涂缺陷的
诊断分析及处理策略""去除尘点"子任务考核评价表

评分项	配分	评分标准	自评	互评	教师评价
1. 工位 6S 操作	10	□ 1.1 整理、整顿（2.5分） □ 1.2 清理、清洁（2.5分） □ 1.3 素养（2.5分） □ 1.4 安全（2.5分）			
2. 作业前的准备工作	10	□ 2.1 检查作业所需要的工具设备是否完备，有无损坏（5分） □ 2.2 检查穿戴的劳保用品是否符合调配颜色的实操要求（5分）			
3. 去除尘点	50	□ 3.1 能进行尘点的查找和标记（10分） □ 3.2 能使用点修刮刀去除高点（15分） □ 3.3 能使用手工或者机器进行点磨（15分） □ 3.4 能对表面进行彻底清洁（10分）			
4. 抛光作业	30	□ 4.1 能使用抛光机进行抛光作业（20分） □ 4.2 能使用反差清洁指示剂及百洁布检查抛光效果（10分）			
完成时间		定额时间 20min，每超过 5min，扣 5 分			
合计					
总评分（各项合计平均分）					

【任务拓展】

情智故事：追求完美的汽车"美妆大师"——精益求精

一位涂装技术过硬的喷涂技师，是使事故车辆重新焕发容光、提升颜值的保障。汽车涂装跟女孩化妆一样，看上去简单，却是个难度不小的技术活。看似薄薄一层的漆面在汽车涂装工艺中分了底漆层、原子灰层、中涂层、面漆层等多层，而且每一层漆面厚薄不一，因而要求喷涂的角度、距离、气压也各有差异。在喷涂过程中，由于工艺的不足，为了省事，很快把车漆喷完，会遗留很多后遗症，很容易造成漆面的缺陷。

汽车喷涂作业的每一道工序都至关重要，都要仔细把关，要以"竞赛级"的标准来评判效果，漆膜有没有达到要求，丰满度、彩度等有没有达到要求，每一道工序没做到位都要扣分，因为一道工序的工作没做到位，后续工作的质量就没办法保证。

当然，追求完美的背后，是不厌其烦地检查、清洁、打磨、喷涂，任何一个步骤容不得半点差池。都说汗水铸就精品，但在汽车涂装行业，汗水往往会毁掉一个精品。喷漆的主要场所是40~60℃的烤漆房，而且需要穿戴厚重的喷漆服和防毒面具，汗水成了时刻警惕的对象，特别是夏天喷漆的时候更要注意，汗水不能掉到漆面上，否则除了返工就没有别的办法了。要成为一名追求完美的汽车"美妆大师"，就不能急于求成，这种精益求精的态度需始终贯穿汽车喷漆职业生涯。

【思考与练习】

1. 水性漆在涂装时易产生哪些缺陷？
2. 简述尘点产生的原因和预防措施。
3. 简述流挂产生的原因和预防措施。
4. 影响涂料质量的因素有哪些？
5. 常见的涂装质量检测仪器有哪些？

参 考 文 献

［1］吴兴敏,宋孟辉,郭大民 . 汽车修复涂装技术［M］. 北京:高等教育出版社,2017.
［2］北京中车行高新技术有限公司职业教育培训评价组织 . 汽车运用与维修(含智能新能源汽车)1+X 证书制度 - 职业技能等级标准［M］. 北京:高等教育出版社,2019.
［3］彭小龙 . 车身修补涂装工艺实训与技能考核［M］. 广州:广东教育出版社,2014.
［4］吴金生,边铁勇 . 汽车涂装基础［M］. 北京:高等教育出版社,2018.
［5］王锋,李支道 . 汽车涂装工艺［M］. 北京:人民交通出版社,2018.
［6］李扬 . 汽车涂装技术［M］. 北京:机械工业出版社,2015.
［7］郭宏伟,刘美灵 . 汽车涂装［M］. 北京:人民交通出版社,2013.
［8］宋东方 . 汽车涂装技术［M］. 北京:化学工业出版社,2011.
［9］李肖铮 . 汽车涂装技术［M］. 北京:中国劳动社会保障出版社,2010.